JN078562

認知症ケア標準テキスト

改訂6版
認知症ケアの実際 II：各論

■ 一般社団法人 日本認知症ケア学会 編
株式会社 ワールドプランニング

The Japanese Society for Dementia Care

株式会社 ワールドプランニング

● は じ め に

　2004年6月に「認知症ケア標準テキスト」の初版，同年11月には改訂版を発刊し，このたび，改訂6版を発刊することになった．本書は，わが国の認知症ケアの標準的テキストとして多くの専門家や学生に愛用されてきたが，2013年には英語版テキスト，そして2015年には中国語版が発刊され，東南アジア諸国でも広く活用されている．とくに，2016年7月には，本書の知識を基本とした認知症ケア専門士の認定試験がフィリピンと台湾で，それぞれの母国語に翻訳され実施された．いまや，認知症ケア専門士の輪が世界に広がりつつある．

　「改訂6版・認知症ケアの実際Ⅱ：各論」は，これまで版を改訂し，認知症ケアの現場での身体的サインや認知症の行動・心理症状（BPSD）の発症要因，その対応方法を分かりやすく解説してきた．また，実際に遭遇する身体疾患や緊急時のサインへの対応は，認知症ケアに携わるすべての人の実践で役立つと確信している．

　BPSDや身体合併症等が存在する認知症の人の支援について，認知症施策推進総合戦略（新オレンジプラン）では，「医療機関・介護施設等での対応が固定化されないように，退院・退所後も，そのときの容態にもっともふさわしい場所で適切なサービスが提供される循環型の仕組みを構築する」と述べている．この戦略は，居住系サービスの整備と利用の推進をうたったもので，認知症人の新たな居宅サービスの構築を意味しており，それらにも認知症ケア専門士などの専門職が対応していかなければならない．

　2000（平成12）年に介護保険法が施行されて20年以上が経過したが，施設・病院等での身体拘束は，「緊急やむを得ず身体的拘束等を行う場合の適正な手続き」として「例外3原則」（①切迫性，②非代替性，③一時性）の適応

iv

を挙げている．この適応の解釈は施設側に任されているが，認知症の人の身体拘束を完全に廃止するには，これらの例外が施設のつごうのよいように使用されないような具体的な指針が欠かせない．また，身体拘束や虐待といった人権侵害を疑わせるケアに対しては，十分な監視が必要であり，それを担うのが認知症ケア専門士，認知症ケア上級専門士であることには疑う余地がない．

認知症の人の尊厳を支える医療・介護等の方略として，End of Life（EOL）Care の実践が注目されている．その人の人生の終末をその人の意思・意向に沿って支援すること，そのあり方については，初期の段階から死に至る時期まで，その人の人生を見つめながら，本人の意思決定を尊重する支援が求められる．その 1 つの方法が EOL care であり，このサービスでは，医療・介護等の有機的な連携の推進が欠かせない．多職種間の連携では，連携パスなどのツールを有効活用できるコンピテンシー（力量）が求められる．

認知症の医療・介護・福祉等に携わる専門家自身が，ケアの力量を高めることで，質の高いケアが提供され，それにより認知症の人が，安心して日常の生活を送れることはいうまでもない．本書が読者の日常のケアの実践に少しでも役立つことを心から祈っている．また，本書の知識を修得した証として，認知症ケア専門士の資格獲得に関心をもっていただくことを期待する．

2022 年 10 月

認知症ケア関連テキスト開発委員会
第 3 巻「認知症ケアの実際Ⅱ：各論」
担当委員　石　原　哲　郎
　　　　　鈴　木　みずえ

一般社団法人日本認知症ケア学会
認知症ケア関連テキスト開発委員会

（五十音順）

執筆者一覧 （五十音順）

改訂5版・認知症ケアの基礎

あわた　しゅいち　　第3章　認知症の人の推移と現状

石原　哲郎　　脳と心の石原クリニック
いしはら　てつろう　　第2章　認知症の人と私たちのかかわり

今井　幸充　　医療法人社団翠会和光病院
いまい　ゆきみち　　第4章　認知症ケアの変遷と課題

宇良　千秋　　東京都健康長寿医療センター研究所
うら　ちあき　　第10章　認知症予防

長田　久雄　　桜美林大学大学院老年学研究科
おさだ　ひさお　　第1章　人の老いと認知症

加藤　伸司　　東北福祉大学総合福祉学部
かとう　しんじ　　第6章　認知症の人の心理的特徴

繁田　雅弘　　東京慈恵会医科大学精神医学講座
しげた　まさひろ　　第5章　認知症の医学的特徴

西下　彰俊　　東京経済大学現代法学部
にしした　あきとし　　第7章　認知症の人と社会的環境

結城　拓也　　社会福祉法人仁愛会
ゆうき　たくや　　第9章　認知症のチームケアと担い手

六角　僚子　　三重県立看護大学
ろっかく　りょうこ　　第8章　アセスメントすることの意義と視点

改訂5版・認知症ケアの実際Ⅰ：総論

石原　哲郎　　　　脳と心の石原クリニック
いしはら　てつろう　第9章　若年性認知症の人への支援―Ｖ

伊東　美緒　　　　群馬大学大学院保健学研究科
いとう　みお　　　第3章　認知症の人とのコミュニケーション

今井　幸充　　　　医療法人社団翠会和光病院
いまい　ゆきみち　　第8章　認知症の人への医療支援

梅﨑かおり　　　　帝京科学大学医療科学部
うめざき　かおり　　第5章　認知症のアセスメント・ケアプランと実践

大久保幸積　　　　社会福祉法人幸清会
おおくぼ　ゆきつむ　第7章　認知症の人への施設支援

島田　千穂　　　　佐久大学人間福祉学部
しまだ　ちほ　　　　第1章　認知症ケアの原則と方向性―Ⅲ

鈴木みずえ　　　　浜松医科大学臨床看護学講座
すずき　みずえ　　　第1章　認知症ケアの原則と方向性―Ⅳ
　　　　　　　　　　第4章　情報収集とアセスメントのためのツールの活用

諏訪さゆり　　　　千葉大学大学院看護学研究院
すわ　さゆり　　　　第11章　事例報告のまとめ方

堀内　ふき　　　　佐久大学
ほりうち　ふき　　　第1章　認知症ケアの原則と方向性―Ⅰ，Ⅱ

松本　一生　　　　医療法人圓生会松本診療所
まつもと　いっしょう　第6章　認知症の人への在宅支援

箕岡　真子　　　　東京大学大学院医学系研究科客員研究員／箕岡医院
みのおか　まさこ　　第2章　認知症ケアの倫理

山口　喜樹　　　　社会福祉法人名古屋市社会福祉協議会名古屋市認知症相談支援
やまぐち　よしき　　センター
　　　　　　　　　　第9章　若年性認知症の人への支援―Ⅰ～Ⅳ

吉川　悠貴　　　　東北福祉大学総合福祉学部
よしかわ　ゆうき　　第10章　認知症の人と身体拘束・虐待

改訂6版・認知症ケアの実際Ⅱ：各論

足立　　啓　　和歌山大学名誉教授
あだち　けい　　第7章　施設・在宅における環境支援—Ⅰ

今井　幸充　　医療法人社団翠会和光病院
いまい　ゆきみち　　第3章　認知症の行動・心理症状（BPSD）とそのケア—Ⅲ～
　　　　　　　　　　　　Ⅵ，Ⅷ～Ⅺ

植田　　恵　　帝京平成大学健康メディカル学部
うえだ　めぐみ　　第5章　リハビリテーション—Ⅳ

遠藤　慶一　　医療法人慶誠会遠藤歯科クリニック
えんどう　けいいち　　第1章　認知症の医療とケア—Ⅲ

大久保幸積　　社会福祉法人幸清会
おおくぼ　ゆきつむ　　第2章　認知症のケア技術の実際

岡本加奈子　　宝塚医療大学和歌山保健医療学部
おかもと　かなこ　　第7章　施設・在宅における環境支援—Ⅱ

髙橋　正彦　　たかはしメモリークリニック
たかはし　まさひこ　　第6章　非薬物療法

竹田　德則　　名古屋女子大学医療科学部
たけだ　とくのり　　第5章　リハビリテーション—Ⅰ，Ⅱ

角　　德文　　香川大学医学部
つの　のりふみ　　第3章　認知症の行動・心理症状（BPSD）とそのケア—Ⅰ，
　　　　　　　　　　　　Ⅱ，Ⅶ

中村　　祐　　香川大学医学部
なかむら　ゆう　　第4章　薬物療法の知識

堀内　ふき　　佐久大学
ほりうち　ふき　　第8章　認知症の人の終末期ケア

三重野英子　　大分大学医学部
みえの　えいこ　　第1章　認知症の医療とケア—Ⅰ

山上　徹也　　群馬大学大学院保健学研究科
やまがみ　てつや　　第5章　リハビリテーション—Ⅲ

山田　律子　　北海道医療大学看護福祉学部
やまだ　りつこ　　第1章　認知症の医療とケア—Ⅴ

山本　恵子　　　九州看護福祉大学看護福祉学部
やまもと　けいこ　　第1章　認知症の医療とケア—Ⅱ

湯浅美千代　　　順天堂大学大学院医療看護学研究科
ゆあさ　みちよ　　第1章　認知症の医療とケア—Ⅳ

改訂6版・認知症ケアにおける社会資源

綾部　貴子　　　梅花女子大学
あやべ　たかこ　　第5章　認知症の相談窓口

池田惠利子　　　公益社団法人あい権利擁護支援ネット
いけだ　えりこ　　第3章　認知症の人に対するフォーマルケア—Ⅴ

岡田　進一　　　大阪公立大学大学院生活科学研究科
おかだ　しんいち　　第4章　認知症の人に対するインフォーマルケア—Ⅳ

岡田　直人　　　北星学園大学社会福祉学部
おかだ　なおと　　第3章　認知症の人に対するフォーマルケア—Ⅸ

笠原　幸子　　　四天王寺大学人文社会学部
かさはら　さちこ　　第3章　認知症の人に対するフォーマルケア—Ⅰ

狩野　徹　　　岩手県立大学社会福祉学部
かのう　とおる　　第3章　認知症の人に対するフォーマルケア—Ⅲ. 2

鎌田　松代　　　公益社団法人認知症の人と家族の会
かまだ　まつよ　　第4章　認知症の人に対するインフォーマルケア—Ⅱ

神部　智司　　　大阪大谷大学人間社会学部
かんべ　さとし　　第3章　認知症の人に対するフォーマルケア—Ⅳ

白澤　政和　　　国際医療福祉大学大学院医療福祉学研究科
しらさわ　まさかず　　第1章　認知症の人にとっての社会資源とは
　　　　　　　　第3章　認知症の人に対するフォーマルケア—Ⅹ

進藤　由美　　　国立研究開発法人国立長寿医療研究センター
しんどう　ゆみ　　第2章　地域で認知症の人を支えるために—Ⅰ

塚田　典子　　　日本大学商学部
つかだ　のりこ　　第3章　認知症の人に対するフォーマルケア—Ⅷ

内藤佳津雄　　　日本大学文理学部
ないとう　かつお　　第3章　認知症の人に対するフォーマルケア—Ⅱ. 1〜8

x

西元　幸雄　　株式会社ケアサポート四日市
にしもと　ゆきお　　第3章　認知症の人に対するフォーマルケア―Ⅱ．9

福富　昌城　　花園大学社会福祉学部
ふくとみ　まさき　　第2章　地域で認知症の人を支えるために―Ⅱ

増田　和高　　武庫川女子大学文学部
ますだ　かずたか　　第3章　認知症の人に対するフォーマルケア―Ⅵ，Ⅶ

森　　一彦　　大阪公立大学客員教授
もり　かずひこ　　第3章　認知症の人に対するフォーマルケア―Ⅲ．1

矢吹　知之　　認知症介護研究・研修仙台センター
やぶき　ともゆき　　第4章　認知症の人に対するインフォーマルケア―Ⅰ，Ⅲ

「改訂 6 版・認知症ケアの実際Ⅱ：各論」

目　　次

第1章

認知症の医療とケア

Ⅰ．日常の健康管理

1．認知症の人の健康管理を支える目的
1）自分で健康を管理する力の支援

　人は成長・発達の過程のなかで，自分の健康を自立・自律して管理するスキルを身につけていく．図1-1に示すように，人は普段の生活のなかで，「お腹がすいた」「今日は仕事がはかどる」等，その人にしか分からない主観的な感覚を自覚するとともに，「朝食を全部食べた」「排便が1回あった」と生活状態を客観的に把握しながら自分の身体の調子の善し悪しをみている．そしてときに，不快や不調といった異変に気づくと，過去の経験や知識を照合させながら，「この状態は，自分にとって望ましい状態なのか」「今後どうなるのか」「過去に同じ経験はなかったか」「助けを求めたほうがよいか」と考える．そして，「注意深くようすをみる」「他者に状態を伝え相談する」「休養をとる」等の対処行動をとる．

　こうしてみると，自分の健康状態を適切に認識し対処する生活行為は，知的機能を最大限に使っていることが分かる．認知症の人にとって，自立・自律した健康管理がむずかしくなる理由はここにある．

　しかし，認知症の人も認知症を発症するまでは，生活のなかで築いてきた健康に対する価値観や習慣に基づき，自分なりの方法で健康管理をしていたのである．ケア提供者には，健康管理の主体は認知症の人であることを前提に，その人の健康管理能力を個別的に見極めながら対応することが求められる．たとえば，便秘がちな人の腹部に手を当て，張りを観察しながら，「お腹が張っていますね」「お通じに行きたい感じがしますか」とたずねるかかわりは，本人が自分の身体感覚を認識し，表現することを助けるケアになり，その人にある健康管理能力を支援することに通じる．

2）身体合併症の予防と早期対処

　図1-2に示すように，認知症の人は認知症症状を背景に，健康管理を適切に自律して行うことがむずかしくなり，その結果，身体合併症を生じやすい．とりわけ高齢者では，加齢に伴う予備力や適応力の低下から，新たな老年症候群や老年病が起こる危険性がある．また，糖尿病，高血圧症，過去の外傷

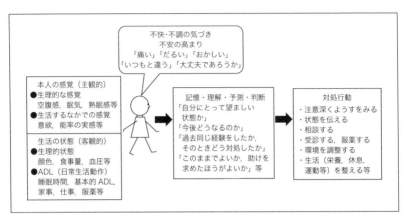

図1-1　個人が日常生活のなかで行う健康障害への対処過程

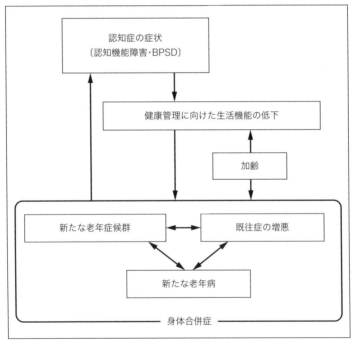

東京都健康長寿医療センター：認知症の総合アセスメント；認知症の早期発見，診断につながるアセスメントツールの開発に関する調査研究事業．16-17，東京都健康長寿医療センター研究所，東京（2012）をもとに作成．

図1-2　認知症と身体合併症の関係

表1-1　認知症の人に生じやすい身体症状・身体疾患

身体症状	運動症状	パーキンソニズム，不随意運動，パラトニア，痙攣，運動麻痺
	廃用症候群	筋萎縮，拘縮，心拍出量低下，低血圧，肺活量減少，尿失禁，便秘，誤嚥性肺炎，褥瘡
	老年症候群	転倒，骨折，脱水，浮腫，食欲不振，体重減少，肥満，嚥下困難，低栄養，貧血，ADL低下，難聴，視力低下，関節痛，不整脈，睡眠時無呼吸障害，排尿障害，便秘，褥瘡，運動麻痺
	その他	嗅覚障害，慢性硬膜下血腫，悪性症候群
身体疾患	全身疾患	脱水症，低栄養，電解質異常など
	呼吸器疾患	誤嚥性肺炎，慢性閉塞性肺疾患，肺結核，肺がんなど
	循環器疾患	高血圧症，うっ血性心不全，虚血性心疾患，心房細動など
	消化器疾患	消化性潰瘍，腸閉塞，肝硬変，アルコール性肝障害，がんなど
	腎疾患	腎硬化症，高血圧性腎症，糖尿病性腎症，慢性腎不全など
	内分泌・代謝疾患	糖尿病，甲状腺機能低下症など
	泌尿器科疾患	下部尿路障害，尿路感染症，前立腺肥大症・がんなど
	整形外科疾患	骨粗鬆症，骨折など
	皮膚科疾患	褥瘡，白癬，疥癬など
	眼科疾患	視力障害，白内障，緑内障など
	耳鼻咽喉科疾患	難聴，めまいなど
	神経・筋疾患	脳血管障害，パーキンソン症候群など
	口腔疾患	齲蝕，歯周病など

東京都健康長寿医療センター：認知症の総合アセスメント；認知症の早期発見，診断につながるアセスメントツールの開発に関する調査研究事業. 16-17，東京都健康長寿医療センター研究所，東京（2012）をもとに作成.

や手術等の既往歴がある場合，病状が増悪しやすい．身体合併症が生じると，身体の内部環境の変化や不快・苦痛により，認知症の症状が悪化し，さらに生活機能が低下する．健康管理を的確に支援することで，この悪循環を未然に防ぎ，早期に断ち切る必要がある．

　認知症の人に生じやすい身体症状および身体疾患を表1-1に示す．老年症候群は高齢者に多くみられ，医療だけでなく介護，看護が必要な症状や徴候の総称[1]と定義されている．高齢者では，誤嚥性肺炎を発端に，脱水，せん妄，転倒，骨折が次々と引き起こされ，健康障害が連鎖して生じる．そのた

表1-2　認知症の症状に影響する身体的要因

項　目		内　容
不　調	不快を伴う感覚	痛み，倦怠感，疲労感，かゆみ，めまい，しびれ，尿意切迫感，脱力感，胸焼け，冷え・熱感など
	生理的状態の変調	便秘，排尿障害（尿閉，頻尿），脱水，下痢，発熱，睡眠障害，低栄養，低血糖，高血糖など
疾　患		・慢性疾患：呼吸・循環器疾患，糖尿病，高血圧などの増悪 ・急性疾患・感染症：心筋梗塞，肺炎，尿路感染症，歯肉炎など ・外傷：骨折，打撲，火傷など
治　療		・薬物の副作用 ・手術や検査による身体侵襲 ・治療上の制限：ベッド上安静，点滴に伴う四肢の動きの制約など
感覚障害		・聴覚機能の低下：難聴，補聴器の不具合による聞こえづらさなど ・視覚機能の低下：老視，視野狭窄，明暗順応の低下など

め，医療・介護チームは，身体合併症の危険性を予測し，予防的ケアと早期発見・対応に努める必要がある．

3）認知症症状の悪化防止と早期緩和

　認知症の認知機能障害（中核症状）や行動・心理症状（Behavioral and Psychological Symptoms of Dementia；BPSD）には，「環境要因：入院・転居による環境変化，不適切な室内環境やかかわり方等」「心理・社会的要因：寂しさ，孤独・孤立，不安等」とともに，「身体的要因（表1-2）」が影響する．

　痛みやかゆみといった不快を伴う感覚は，本人にしか分からない身体感覚である．知覚された不快を言葉で適切に伝えることがむずかしい場合，そのサインが不穏・興奮あるいは無気力等のBPSDとして現れることがある．

　生理的状態の変調とは，本人の自覚の有無にかかわらず，身体内部で生じる病的状態を意味する．脱水は，本人に自覚がなくても，生体内では水分・電解質バランスの乱れから循環不全が生じ，BPSDやせん妄の引き金になる．

　「最近注意が散漫で落ち着かない」「しだいに無気力・無欲になってきた」「怒りっぽくなってきた」等，変化に気づいたとき，認知症が進行したと早急に結論づけず，身体的要因が影響していないかアセスメントする必要がある．食事や運動による便秘の改善，適切な薬物療法や食事療法による糖尿病

のコントロール，医師や薬剤師との連携による多剤服用の調整といった健康支援により身体的要因を排除・低減することで，BPSD が緩和する可能性がある．

２．身体的健康のアセスメント

身体的健康のアセスメントの目的は，認知症の人が自立した生活を送るうえで基盤となる身体の健康状態を把握し，健康維持，疾病・障害の予防と早期発見に資する健康管理上の課題を明らかにすることである．

１）系統的なアセスメント

現在の健康課題を的確に評価し，今後起こりうる身体合併症を予測するには，身体の健康状態を全体的にとらえる必要がある．そのためには，表 1-3 に示すような枠組みを用い，系統的に情報を収集する．

（1）健康障害の種類と経過

認知症の原因疾患，症状と経過をとらえる．同時に，身体疾患・身体症状（表 1-1）や既往歴について，もれなく把握することで，認知症の病状経過に伴う身体合併症のリスクを検討する．

（2）身体機能・構造の状態

生命維持にかかわるバイタルサインをはじめ，栄養状態，水分出納，皮膚の状態について情報収集を行う．さらに，生活機能に直結する睡眠・覚醒リズム，摂食・嚥下，排泄，運動・感覚に関する情報を得る．これらの情報に基づき，認知症の人の生命と生活を支える全身の諸機能が十分に発揮されているかを検討する．

（3）治療・健康法

治療は，病気の治癒や症状緩和に向けた医療介入であるが，認知症の人や高齢者にとっては，ときにマイナスに影響することがある．高齢者の薬物療法においては，薬の代謝・排泄にかかわる生理機能の低下，多剤服用，服薬管理能力の低下等により，薬物有害事象が生じやすい．その人にとって健康回復・維持を助ける薬物療法に成り得ているのかを評価するには，医師に治療目的・目標や処方内容を確認したうえで，本人の服薬に対する言動と行動を観察し，薬物療法がもたらす生活の質（Quality of Life；QOL）の変化を

表1-3　認知症の人の身体的健康をアセスメントする際の枠組み

健康障害の種類と経過	1．認知症 　　原因疾患，診断年月，発症から現在までの経過，現在の中核症状・BPSD 2．現在の身体疾患・身体症状 　　治療中の疾患，身体に現れている不調や症状，検査データ，本人が表現する／訴える苦痛や不調 3．既往歴 　　過去の身体疾患・外傷，手術歴，アレルギー・禁忌の有無，出産経験
身体機能・構造の状態	1．バイタルサイン 　　意識レベル，体温，呼吸，脈拍，血圧 2．栄養状態 　　身長・体重，BMI，体重減少率，血液検査データ（血清アルブミン値など），食事の摂取量・内容（カロリー，栄養素） 3．水分出納 　　水分の摂取量（食事，飲水，点滴など）と喪失量（尿，便，発汗，浸出液など） 4．皮膚の状態 　　頭髪，顔面，耳孔，頸部，腋窩，胸部，腹部，背部，陰部，臀部，上肢（上腕～手指・爪），下肢（大腿～足趾・爪）の状態，乾燥・浸軟・傷・発赤・腫脹・褥瘡などの有無 5．睡眠・覚醒 　　24時間の睡眠・覚醒リズム，総睡眠時間，入眠状況，熟眠感や気分 6．摂食・嚥下機能 　　歯・歯肉・舌・口腔粘膜の状態，義歯の適合，咀嚼・嚥下の状態，むせの有無，食事にかかる時間，食事に対する認識・集中・ペース 7．排泄機能 　　排尿：回数（日中／夜間），リズム，量，性状，尿意の有無，爽快感 　　排便：回数，周期，量，性状，便意の有無，腹部や肛門周囲の状態，爽快感 8．運動・感覚機能 　　姿勢（円背），関節の変形・関節可動域，筋力・握力，平衡感覚，聴覚（聞こえの状態）・補聴器の使用，視覚（視力，視野等）・眼鏡の使用，嗅覚，味覚，触覚
治療・健康法	1．受診状況 　　受診先，受診頻度，治療内容 2．薬物療法（認知症に対して／身体疾患に対して） 　　治療目的・目標，薬の名称，服薬開始日／変更日，用量・用法，薬物有害事象の有無，服薬に対する本人の言葉や行動 3．その他の療法（食事療法，理学療法，作業療法，言語聴覚療法など） 　　治療目的・目標，内容，治療開始日，治療に対する本人の言葉や行動 4．健康法 　　自分の健康のためと考え行っている療法や習慣

把握する必要がある.

　また, 治療に関する情報収集と並行し, 認知症の人が生活するなかで, 自分の健康のために続けてきた健康法 (ぬるめの湯にゆっくりつかる, 野菜ジュースを飲む等) をたずね, その人にとっての健康習慣をどのように支えていくかを検討する.

　身体的健康のアセスメントは, 医療・看護・介護の連携によって成り立つ. 「認知症・身体合併症と治療に関する医学的情報」と「生活のようすからとらえた身体の生理的状態や生活機能に関する情報」を総合し分析することで, 身体的健康の評価を行う. そして, 今後起こりうる健康障害を予測する.

　健康障害を予測して日常生活のケアに当たることによって, ケア提供者の気づきの感度が上昇する. 予測に基づいて意図的に認知症の人が生活するようすを注意深く観察するため, 変調を早期に察知し, すみやかな対応をとることが可能となる.

2）かかわるなかでのアセスメント

　ケア提供者は, 認知症の人とかかわるその時々において, 対象の健康状態を判断している. 朝のあいさつを交わしながら, 認知症の人の姿勢, 顔色, 表情, 目の輝き, 声の明瞭度やトーン, 会話の内容とその継続時間を観察している. 同時に, 尿臭や口臭等のにおいを感じ, 相手の手に触れながら体温や皮膚の状態をとらえている. ケア提供者自身の視覚, 聴覚, 触覚, 嗅覚すべてを使い, 生命維持にかかわる異常が起きていないか, 安定した健康状態であるかを常に判断している.

　認知症の人の生命を守り, 健康と安楽を保証するため, ケア提供者には知識に基づいた観察力と感性が求められる. 身体内部の状態は, 年齢, 病気や環境の影響を受けながら刻々と変化する. そして, その変化は, 普段との違いとして生活する姿のなかに現れる. ケア提供者は, 身体内部の病的変化を意味する生活上の反応を見逃さず, 予測される健康障害を想定したタイムリーなケアを提供しなければならない.

3）経過記録の意義と方法

　認知症の人の健康管理をチームで行うには, 観察した事実を記録に残し, その情報 (事実・データ) を共有する必要がある.

　認知症の人それぞれの生理的状態の標準「通常の値や状態」をチームで共有しておくことで，病的変化の兆しを見逃さずに早期に対応することが可能となる．いつもの生理的状態は，体温や血圧の測定値，食事の摂取量，排泄回数や量等の観察・測定データを連続して記録することでとらえられる．この経過記録があれば，「通常は，朝食をほぼ全量摂取，体温は 35 度台」という人に，「今朝から元気がなく朝食は数口摂取．体温は 37 度」という状態が起こったとき，その人の標準との比較によって，「発熱が生じている．病的変化の現れ」であると判断し，医療チームとの連携を早期に図ることができる．

　また，「少しずつ食事の量が落ちてきた」とゆるやかな変化に気がかりを感じたとき，経過記録を数か月前までさかのぼり，そこに記された事実・データを確認することで，この気づきの確かさを裏づけることができる．

　経過記録の様式には，叙述的記録と経時的記録がある．叙述的記録は，ケアの実施内容やケアに対する反応を客観的に記述する方式である．ケア提供者が観察した認知症の人の言葉，表情や行動について，だれが読んでも同じように理解できるよう客観性のある記述を心がける．たとえば，「食欲が乏しい」という表現は，ケア提供者の解釈を記したものであり，観察した事実ではない．「**朝食を食べようとしないため勧めると，ようやく 5 口食べるが，『いりません』と顔をしかめる**．いつものようすと違い，活気や食欲が乏しい」と，観察した事実（太字）と解釈・判断を区別しながら記したい．観察した事実を記録するには，本人の言葉をそのまま載せ，表情や行動はできる限り客観的な表現を用いる．量や程度は，「高い」「少ない」と表記せず，数値を示すほうがよい．

　経時的記録は，観察項目をあらかじめ設定し，それらの経過を分かりやすくグラフや表で記録する方法である．観察結果を図表で記録する際，程度や性状を数値化あるいは記号化する場合がある．このとき，数値・記号の判定基準をチーム内で統一しておく必要がある．食事摂取量について，「まったく食べない」を 0，「全量摂取」を 5 とする場合，1〜4 はそれぞれどの程度の摂取量を示すのかを具体的な基準を設けてチーム内で共通理解する．

　客観性のある経過記録は，認知症の人の健康状態を適切に判断するための有用な情報源になる．さらに，医療・介護チーム内での情報伝達・共有が円

滑に行われ，個別性のある健康支援に取り組むことを可能にする．

3．全身状態の観察・測定による健康チェック
1）バイタルサイン

　バイタルサイン（Vital Sign）とは，生命活動の表れであり，生命徴候ともよばれる．一般的には，呼吸，体温，脈拍，血圧を指し，認知症ケアにかかわる職種が共通して把握する指標である．

　バイタルサインの正確な観察・測定は，健康支援の基本である．

　（1）体温

　腋窩や舌下等で測る体温は，身体内部の温度である核心温を推定した数値である．人の体温は，外気温，時間帯，運動，食事，入浴等の影響を受けながらも，間脳の視床下部にある体温中枢によって，一定の幅のなかで調節されている．平常の体温を平熱といい，これを正常体温とみなす．平熱は個人差があるため，個々の標準値を把握しておく必要がある．

　認知症の人に体温測定を行うとき，体温計をわきに挟んだことを忘れて腕を動かし，うまくいかないことがある．そのため，ケア提供者は，認知症の人の理解度に応じた方法で正確に測定しなければならない．腋窩での体温測定時の要点を以下に述べる．

　①体温計

　電子体温計の計測方式には，予測式と実測式がある．予測式は，測定開始時の温度上昇から最終的な体温を予測し算出する方式で，測定時間が20〜90秒と短い．実測式は，測定時間が10分以上で，正確な体温を測定する場合に用いる．認知症の人をどちらの方式で測定するかは，体温測定の目的や方法を理解できるか（認知機能の状態），落ち着いて平静な状態を保てるか（BPSDの状態），どの程度正確な値が必要か（診断上の理由）等によって選択する．

　②測定時間

　運動・外出，食事，入浴直後は避け，30分〜1時間程度室内で安静にしてから測定する．

　③測定上肢

　左右差を生じることがあるため，同じ側で測定する．麻痺がある人の場合

は，健側で測定する．

④説明と同意

測定する前に，本人の理解力やコミュニケーション能力に応じた説明をし，同意を得て行うことを原則とする．

⑤観察・測定の方法

体温計を挟む前に，腋窩に手を当て発汗の有無を観察する．発汗が認められる場合は，乾いたタオルで拭く．反対に，乾燥が認められる場合は，脱水の可能性を疑う．

体温計を挟むとき，体温計の先が腋窩の深い部分に当たるように，前下方から上に向けて差し込む．この位置には腋窩動脈が走行している．

体温計が斜め下から差し込まれた状態で，腋窩を密着させるように上腕を内側に寄せる．このとき，測定しているほうの手掌を上に向けるとしっかり密着できる．電子音が鳴るまで，やさしく上腕を支え固定を助ける．測定後は，本人が安心できるよう声をかけ，衣服を整える．

(2) 呼吸

呼吸は，生命維持に必要な酸素を取り込み，代謝で生じた二酸化炭素を排出する生理機構である．吸気時，肋間筋により肋骨が挙上し，横隔膜が下方移動することで胸郭が広がり，空気が肺胞に取り込まれる．肺胞から動脈中に拡散した酸素は，全身の組織細胞に運ばれ，エネルギー産生に利用される．そこで生じた二酸化炭素は静脈血中に拡散され，肺まで運ばれ呼気時に排出される．

安静時の呼吸回数は，成人で14～20回/分である．1回換気量（1回の呼吸で出入りする空気の量）は500 mlであり，そのうち150 mlが気道内にとどまり，350 mlが肺胞でのガス交換に関与する．肺活量は，最大に吸入して最大に呼出する空気量であり，性別，年齢，体格等に影響される．加齢とともに肺活量は減少するが，1回換気量は変わらない．

呼吸は，呼吸数（1分間の呼吸回数），深さ，リズム等を観察し，普段との違いに注目する．臥位で寝たままでは息苦しいため座位姿勢をとる「起座呼吸」，呼吸困難が強く鼻翼が動く「鼻翼呼吸」，下顎を動かして息を吸う「下顎呼吸」は緊急を要する状態であり，迅速に医療機関につなぐ必要がある．

　パルスオキシメータを用いて測定される経皮的動脈血酸素飽和度（SpO$_2$）は，酸素を運ぶ役割をもつ赤血球中のヘモグロビンのうち，酸素と結びついているヘモグロビンの割合を示し，呼吸・循環機能を評価する指標となる．健康な人の数値は96〜99％であるが，慢性的な呼吸・循環障害がある人では90％前後のこともある．他のバイタルサインと同様，普段の値を把握しておき，それよりも低値を示し全身状態の急変を伴う場合には，ただちに医師に報告する．

　(3) 脈拍

　心臓が収縮し血液が送り出される瞬間，その圧力が全身の動脈の壁に伝わる．脈拍は，その圧力を触知するものであり，心臓のポンプ機能や駆出された血液の循環状態を反映する．

　脈拍の観察は，体表面近くを走行する動脈で行われる．一般的には，掌側手根部の橈骨側（母指側）を走る橈骨動脈で拍動を触知する．観察時，測定者は，まず自分の非利き手で相手の手を下から支える．次に，利き手の示指，中指，環指をそろえ，指腹を少し立てるように橈骨動脈の走行に沿って置く．3本の指に拍動が触知されるよう指の圧を調整したあと，1分間，脈拍数，リズムや強さを観察する．安静時の成人の脈拍は60〜80回/分で，規則的なリズムを刻む．

　脈拍の観察は，測定者が両手を使い相手の身体に触れることで行われる．そのため，観察前に脈拍をみることを説明し同意を得ること，ていねいに支えて触れることが原則である．触れた瞬間，緊張や不快が生じないよう，測定者は自身の手を清潔にし，温めておく．そして，安定した姿勢をとり，脈をみせてもらうことを本人に分かるように伝え，握手やタッチングをしながら自然な流れのなかで測定する．

　(4) 血圧

　心臓は，収縮（血液を押し出す）と拡張（血液をためる）を絶え間なく繰り返している．心臓が収縮し血液が駆出された瞬間，動脈の壁にはもっとも大きな圧力が加わる．その値を収縮期血圧（最高血圧）という．拡張期血圧（最低血圧）は，心臓が次の駆出に向けて拡張した瞬間，動脈の壁にかかる圧力を指す．血圧は，心臓から送り出される血液の量や末梢血管の硬さを反映

14

する．駆出される血液量が少なければ血圧は低くなり，動脈硬化で末梢血管の抵抗性が増せば血圧は高くなる．

　血圧は，年齢のほか，外気温，食事，運動，喫煙，ストレス等により変動するが，自律神経とホルモンの調節により一定の範囲で維持している．日本高血圧学会高血圧治療ガイドライン2019では，高血圧の基準を家庭血圧で135/85 mmHg以上，診察血圧で140/90 mmHg以上としている．

　一般的に行われる上腕動脈での血圧測定の方法を説明する．まず，血圧計のマンシェット（腕帯）に内蔵されたカフ（ゴム嚢）の中央が上腕動脈の走行上に位置するように巻く．その際，マンシェットの下端は肘窩から上2 cm程度に位置し，指が1～2本入る程度の強さで巻く．そして，マンシェットを巻いた部分と心臓が同じ高さになるよう，腕の高さを整える．橈骨動脈で測定する手首式電子血圧計の場合も，測定部が心臓と同じ高さになるよう，前腕の位置を整える．カフに空気が送り込まれると，カフの圧迫によって上腕動脈の血流が遮断される．ここから徐々にカフの空気が抜け，圧迫が緩められると血流が再開する．その最初の拍動が収縮期血圧である．やがて拍動音が消失するが，この時点の測定値が拡張期血圧になる．

　認知症の人の場合は，マンシェットの装着やカフの圧迫で緊張が高まり抵抗を示すことがある．また，いったん測定の同意を得たあとでも，上着を脱いでもらおうと介助したとたんに，「寒いのになぜ脱ぐのか」と驚かれることがある．測定者が早く測定しようと焦ると，その焦りが表情やマンシェットを巻く手つきを通して伝わり，認知症の人の不安や緊張をさらに強める．室温等の環境を適切に整え，ゆったりとした態度で測定するよう心がける．

２）身体計測

　日常の健康管理として，身長，体重を定期的に計測し，体格の変化を把握することは，栄養状態や身体疾患の病状評価において重要なデータを提供することにつながる．

（1）身長

　身長は，立位姿勢での床面から頭頂までの高さであり，骨格を支える骨・関節，筋肉の変化を反映する．高齢者に多くみられる骨粗鬆症は，早期にいちじるしい骨萎縮を示す胸腰椎に，椎体圧迫骨折や変形が生じて，腰背痛，

身長短縮，円背（背中が丸くなる）の3症状を呈する[2]．身長の短縮や姿勢の変化は，骨粗鬆症の影響を知る手がかりとなる．

(2) 体重

体重は，栄養評価の重要な指標である．食事，排泄や運動の影響を受けるため，食事前に排尿・排便をすませたあとに測定する等，同じ条件で測定する．裸体か薄い下着での測定が望ましいが，施設や病院では羞恥心や保温を考慮し，着衣のまま測定することが多い．その場合，できる限り少ない着衣で測定する．のちに着衣の重量を測定し，その分を体重から引くようにする．

認知症の人にとって，体重測定は負担が少ないうえ，健康状態を簡便に把握できるため，測定日を決め継続して実施したい．測定値は変動経過が分かるように一覧表やグラフで記録し，医療・介護チームで共有する．

体重を用いた栄養指標には，体格指数や体重減少率がある．

①体格指数（BMI）

肥満度を評価する体格指数（Body Mass Index；BMI）は，体重（kg）÷身長（m）÷身長（m）で求める．日本肥満学会の基準は，「低体重」が18.5未満，「普通体重」が18.5以上25未満，「肥満」が25以上である．

②体重減少率

体重減少率（％）は，（平常時体重－現在の体重）÷平常時体重×100で求める．体重減少率が1か月で5％以上，3か月で7.5％以上，6か月で10％以上であれば，中等度以上の栄養障害[3]と判断し，栄養改善策を検討する．

定期的な体重測定により観察される体重変動は，身体の不調や疾病の兆候を表すサインとしてとらえることができる．徐々に体重減少がみられる場合，血液検査データ（血清アルブミン値，血清総コレステロール値等），食事摂取状況や活動状況の観察記録を総合し，低栄養になっていないかアセスメントを行う必要がある．反対に，急な体重増加とともに息切れや下肢の浮腫がみられた場合は，心不全の増悪を考え医師に報告する．

4．日常生活の観察による健康チェック

高齢者の病気の現れ方は非典型的であり，たとえば肺炎でも高熱を伴わない，心筋梗塞でも胸痛の訴えがない等がある．病気の症状がはっきりしない

ことが多く，ケア提供者は，認知症の人の生活に深くかかわりながら，健康障害を予見するサインを見逃さないような観察の視点をもつ必要がある．

1）コミュニケーション

認知症の人とコミュニケーションを図るうえでの観察の視点を述べる．

（1）姿勢

身体症状があると，その苦痛を回避するために特定の姿勢をとろうとする．痛みがある場合，その部分をかばうような姿勢をとり，冷汗や落ち着かずじっとしていないようすがみられる．呼吸困難があれば起座位で前かがみとなり，息苦しさを自ら回避する姿勢をとる．

（2）意識状態

開眼の有無や持続時間，あくびの頻度により覚醒レベルをとらえる．また，声かけに対する答え方，表情変化，視線の動き等，反応の速さとその持続性から，注意集中の程度を確認する．

（3）清潔状態

頭皮・毛髪，顔の皮膚は正常で清潔であるか，口臭，尿臭，便臭はないかをケア提供者の視覚と嗅覚を使い観察する．口唇や口腔内の乾燥は，脱水兆候の可能性がある．

（4）顔貌・表情

顔色不良（蒼白，黄色，紅潮，黒っぽい），血中の酸素不足を意味する口唇色のチアノーゼ（暗赤色）は，身体疾患を示すサインであり，見過ごせない．

（5）視力・聴力

眼鏡・拡大鏡あるいは補聴器の有無，使用したときのみえ方や聞こえ方，新聞や雑誌に対する関心，会話時の聞き違い・聞き返し・聞き逃しの状態，生活環境（照度や音）の影響を観察する．

（6）発声・発語

声が出ない，ろれつが回らない，言葉がなかなか出てこない，言葉は出るが意味をなさないといった状態は，構音障害や失語等の言語障害が背景にあることを示唆する．

（7）手に触れる

あいさつや会話のなかで，認知症の人と握手をして手に触れることでさま

ざまな情報が得られる．冷感や熱感，皮膚の乾燥・湿潤，触覚の知覚（さわっ
た感じが分かるか），握力，手指の動きとその左右差から，感覚・運動機能や
循環機能の状態が観察できる．

２）食　　事

　認知症の人の食事場面では，食事に集中できない，次々に食べ物を口に入
れる，右側のものばかり食べる，食事を拒否する，飲み込むのに時間がかか
る，何度も咳き込む等，おいしく安全に自立して食べることに障害を抱える
ようすがみられる．摂食嚥下過程は，①先行期（認知期），②準備期（咀嚼
期），③口腔期，④咽頭期，⑤食道期の 5 期からなる．誤嚥を予防し自立した
食事の可能性を検討するために，食事介助をしながら摂食嚥下過程に沿った
観察を行う必要がある．

　（1）先行期

　食べ物を認知し口まで運ぶ過程である．先行期の障害には，記憶障害，失
認，失行，注意障害といった認知症の中核症状が影響する．また，食べ物の
形状・色の知覚，香りの知覚，上肢の運動機能，手の巧緻性，姿勢の保持力，
空腹感等が関連するため，これらの要因が先行期の障害にどのように影響し
ているかを観察する．

　（2）準備期

　食べ物を口に取り込み，咀嚼し，食塊を形成する過程である．口唇の開閉，
歯・歯肉・舌・口腔粘膜の状態，義歯の適合性，唾液の分泌，味覚・温度覚，
食べこぼしや流涎の有無を観察する．

　（3）口腔期

　舌の運動によって，食塊を咽頭に送り込む過程である．舌の動きは，舌を
前に突き出す，左右の口角をなめる，「タ・ダ」「カ・ガ」の発音によって評
価できる．口腔期に障害があると，食塊の送り込みが遅く，飲み込めないた
め，口のなかに食物残留がみられる．

　（4）咽頭期

　嚥下反射により食塊が咽頭から食道に送られる過程である．飲み込む瞬
間，喉頭が挙上して嚥下反射が起こり，一瞬で食塊は咽頭を通過する[4]．こ
の現象は，ゴクンと飲み込む瞬間，のど仏（甲状軟骨）が急速に挙上する動

きをみることで分かる．食事介助の際，相手の口元に目がいきがちであるが，のど仏の動きを観察することで嚥下力が判断できる．また，食事中，声質が変わり，湿性さ声（ゴロゴロ）が聞こえる場合は，食塊が咽頭に残っていることを意味し，誤嚥のリスクが高い．

　むせや咳払いは，咳反射で気道に侵入する異物を排除する防御反応であり，むせイコール誤嚥ではない．嚥下障害の直接原因となる疾患を確認するとともに，食事の形態，姿勢，介助方法（一口量，タイミング，スプーンの選択等）との関係で，むせの発生要因を検討する．

　（5）食道期

　食塊が食道の蠕動運動で胃に運ばれる過程である．脳血管障害や食道疾患等で食道の蠕動運動障害が生じると，胃食道逆流や食道残留が起こり，胸焼け，胸のつかえ感や嘔気・嘔吐がみられる．食後すぐに横になると逆流が容易に起こり，誤嚥性肺炎のリスクが高まる．

3）排　　泄

　排尿・排便は生命維持に欠かせない生理機構であると同時に，羞恥心やプライバシーにかかわる営みでもある．したがって，毎日毎回，排尿・排便状態と排泄物の観察を通して健康状態を把握するとともに，その時々の排泄行為が気持ちよく自立してできるよう支援する必要がある．

　認知症の人の多くは，認知機能障害を背景とする排泄行為の障害に加え，加齢，身体疾患や薬物療法による排泄機能の障害を伴う．また，尿失禁や便秘による苦痛は，BPSD の引き金にもなる．その人の健康と尊厳を支えるために，日々の継続した観察がきわめて重要となる．

　（1）排尿

　健康な成人の 1 日の排尿量は 1,000～1,500 ml，排尿回数は日中（起床から就寝まで）が 4～7 回，夜間（就寝から翌日起床まで）が 0 回である．そして，200～500 ml の尿を 30 秒以内で排出し，膀胱内の残尿はない[5]．正常な尿は，淡黄色から黄褐色で濁りはなく，排尿直後は無臭である．

　表1-4 に示す排尿の異常のうち，無尿や尿閉は緊急性が高い．無尿は，尿が生成されておらず，腎臓が機能していない状態を意味する．尿閉は，膀胱にたまった尿を排出できない状態である．急性の尿閉では，恥骨上部が膨隆

表 1-4　排尿の異常

分　類	用　語	状　態
性状の異常	膿尿	炎症によって尿中に白血球が混じった状態
	血尿	尿中に血液（赤血球）が混じった状態
尿量の異常	多尿	2,500 ml／日以上
	乏尿	400 ml／日以下
	無尿	100 ml／日以下
尿回数の異常	頻尿	日中：起床から就寝まで 8 回以上 夜間：就寝から翌日起床まで 1 回以上排尿のために起きる（夜間頻尿）
尿排出の異常	排尿困難	尿が出にくい，排尿開始から終了まで時間がかかる
	尿閉	膀胱内に尿がたまっているが排出できない
蓄尿の異常	尿失禁	尿が不随意に漏れる ・切迫性尿失禁：尿がたまったとき膀胱が収縮し間に合わない．尿意あり．1 回量が少なく頻尿を伴う． ・腹圧性尿失禁：腹圧がかかると漏れる． ・溢流性尿失禁：尿閉が生じ膀胱内の残尿が漏れ出す． ・機能性尿失禁：排尿機能には問題ないが，認知症，失語症，ADL 低下等により介助のタイミングが合わず漏れる．

し苦痛が強く，BPSD が生じるきっかけにもなる．

　排尿機能を適切にアセスメントするには，排尿日誌を用いた観察が有用である．1 日 24 時間における排尿時刻，排尿量，尿失禁や尿意切迫感の有無，飲水量等を記録し，排尿のリズムや異常を把握する．

　(2) 排便

　排便は，1～3 日に 1～3 回みられ，ある程度のいきみで 150～250 g の形のある便をまとめて出す[5]．尿は神経機構の働きで排出されるが，便は神経機構の働きに加え，腹圧をかけて横隔膜を押し下げいきむことで排出される．そのため，排便時には，安定した座位姿勢が保持できるか，座位保持ができるトイレ環境であるか，いきみを可能にする腹筋や呼吸・循環機能は整っているかを観察する必要がある．

　高齢者に多い便秘は，加齢に伴う大腸の蠕動運動や腹筋の筋力低下，食

タイプ1		コロコロ便	木の実のようなコロコロしたかたいかたまりの便，ウサギの糞のような便	便秘傾向
タイプ2		かたい便	短くかたまったかたい便	
タイプ3		ややかたい便	水分が少なく表面にひび割れのある便	普通便
タイプ4		普通便	表面がなめらかでやわらかい，あるいはヘビのようなとぐろを巻く便	
タイプ5		やややわらかい便	水分が多く非常にやわらかい便，はっきりとした境界のあるやわらかい半固形の便	
タイプ6		泥状便	形のない泥のような便，境界がほぐれてふわふわとやわらかい粥状の便	下痢傾向
タイプ7		水様便	かたまりのない水のような便	

出典）北川公子著者代表：系統看護学講座専門分野Ⅱ；老年看護学．第9版，169，医学書院，東京（2018）．

図1-3　ブリストル便性状スケール

事・飲水量の減少，身体疾患や薬等，複数の要因によって生じる．これらの要因に関する情報収集とともに，排便の周期，便性（図1-3）と量[6]，そわそわする，怒りっぽくなる等の便意の現れ方，腹部の膨満，嘔気や食欲の有無を観察する．

4）入　浴

　入浴介助は，全身の皮膚の状態，骨格や可動性を観察する機会になる．

　高齢者の皮膚は，保湿能が低下し乾燥やかゆみが生じやすい．乾燥に伴うかゆみは，皮脂の分泌が少ない腰部や下背部，大腿から下腿前面に現れやすいため，乾燥やかいたあとがないか観察し，保湿ケアにつなげる．一方，皮膚面が密着し，汗や排泄物で湿潤しやすい鼠径部，陰部，足趾間，女性の乳房下，腋窩，麻痺や関節拘縮で固く握り込んだ手掌は，浸軟（しんなん）が起こりやすい．浸軟は，湿潤により皮膚角質層の水分が増加し，ふやけた状態である．保護機能が低下するため，皮膚感染症や褥瘡を招きやすい．

　ときに虐待のサインが，複数のあざや傷，ひどく汚れた皮膚，生殖器の傷として現れている場合もある．

表 1-5　高齢者にみられる病気の特徴

①高齢者に特有な病気がみられる
②ひとりで複数の病気をもっている
③重症化しやすく回復が遅れる
④個体差が大きい
⑤症状が非定型的
⑥水・電解質の異常，精神症状を起こしやすい
⑦薬物の副作用が出現しやすい
⑧社会環境が予後に影響する

平井俊策：高齢者に多い病気とその徴候．（日本認知症ケア学会編）改訂・認知症ケアの実際Ⅱ：各論，ワールドプランニング，東京（2006）より一部改変．

　頭から足のつま先まで全身を観察し，皮膚の乾燥，浸軟・湿潤，外傷，皮疹等はないか，むくみや変形はないかをていねいに確認し，異変の早期対応につなげたい．

　入浴中は，温熱刺激や浮力により，筋の緊張が緩和し，関節の動きも滑らかになる．ゆっくりと痛みのない範囲で手足の関節を動かし，可動性を観察する．このとき，心身共にリラックスしているため，日ごろの思いや回想が自然に表出される．そのため，コミュニケーションをゆったりと図り，認知症の人の語りに耳を傾けたい．

Ⅱ．高齢者に多い病気とその徴候

1．高齢者の病気の特徴

　高齢者は若年者と同じ病気に罹患しても，若年者とは違った経過や症状を呈することが多い（表1-5）．さらに，治療や薬に対する反応も高齢になると変化する場合がある．同じ人であるのに，歳を重ねることでなぜ変わっていくのであろうか．その理由を項目ごとに簡単に述べる．

1）高齢者に特有な病気がみられる

　人が誕生してから死に至るまで，歳を重ねることを加齢（aging）という．こうした，だれにでも起こる機能低下を伴う変化を「老化」という．老化は，生理的老化と病的老化の2つに分けられる．

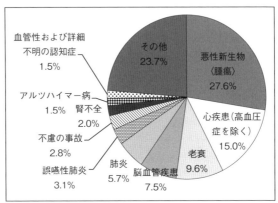

出典）厚生労働省（2021）「令和2年（2020）人口動態統計年計（概数）の概況」（https://www.mhlw.go.jp/toukei/saikin/hw/jinkou/geppo/nengai20/dl/gaikyouR2.pdf）

図1-4　主な死因別死亡数の割合（2020年）

　生理的老化はだれにでも起こり，その変化は元に戻ることはなく，生理機能の低下を伴う．一方，病的老化は，一部の人の一部の機能に起こるもので，有害な構造上の変化を伴うこともある．必然的に起こる生理的老化と，病気として症状を示す病的老化を区別することはむずかしい．たとえば，白内障や骨粗鬆症のように老化にも密接な関係があるが，病気として症状を呈する疾患もあるからである．

　高齢者の老化による主な影響は，循環器系では動脈硬化や心拍出量低下などから心筋梗塞や脳梗塞などのリスクが高まり，呼吸器系では肺の弾性が低下し換気量の減少や肺活量の減少，それに伴い肺炎など呼吸器感染のリスクが高まるなど，若年者とは違い生理的老化が疾患や病的老化につながりやすいという特徴がある．それらが原因で，要介護あるいは死に至ることもある．

　わが国における主な死因別死亡者数の割合をみると，図1-4に示すように悪性新生物，心疾患，老衰が上位を占めている．生理的老化で寿命を全うする「老衰」による死亡は9.6％である．死因別の年次推移（図1-5）をみると，1位の悪性新生物とともに肺炎の増加がいちじるしい．がんは，老化に伴い減少する細胞が突然変異で異常増殖するもので，遺伝や環境も原因になる

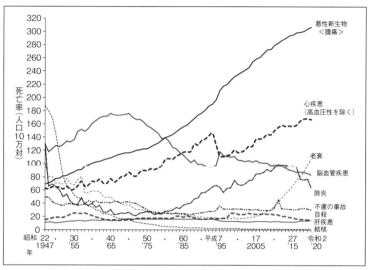

注：1）平成 6 年までの「心疾患（高血圧性を除く）」は，「心疾患」である．
　　2）平成 6・7 年の「心疾患（高血圧性を除く）」の低下は，死亡診断書（死体検案書）
　　　（平成 7 年 1 月施行）において「死亡の原因欄には，疾患の終末期の状態としての心
　　　不全，呼吸不全等は書かないでください」という注意書きの施行前からの周知の影
　　　響によるものと考えられる．
　　3）平成 7 年の「脳血管疾患」の上昇の主な要因は，ICD-10（平成 7 年 1 月適用）によ
　　　る原死因選択ルールの明確化によるものと考えられる．
　　4）平成 29 年の「肺炎」の低下の主な要因は，ICD-10（2013 年版）（平 29 年 1 月適用）
　　　による原死因選択ルールの明確化によるものと考えられる．
出典）厚生労働省（2021）「令和 2 年（2020）人口動態統計年計（概数）の概況」（https://
　　　www.mhlw.go.jp/toukei/saikin/hw/jinkou/geppo/nengai20/dl/gaikyouR2.pdf）

図 1-5　主な死因別にみた死亡率（人口 10 万対）の年次推移

といわれている．心疾患と脳血管障害は動脈硬化が原因となるが，それ以外
にも生活習慣やストレスなど環境要因もある．急増する肺炎には，ワクチン
接種などさまざまな対策がとられている．
　このように老化は，遺伝や性別，人種などの内的要因と，生活習慣や環境
などの外的要因の影響も受ける．また，現存機能や基礎体力など高齢者は個
人差も大きい（図 1-6）．そのため，同じ疾患でも若年者とは違いさまざまな
症状を呈するのである．

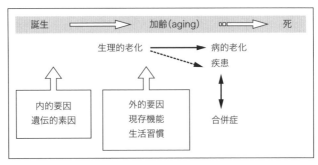

図1-6　老化と疾患の関連

2）1人で複数の病気をもっている

　高齢者は，若年者と比べると老化により生理機能が減退しているため，環境の変化などで体調を崩しやすい．これを恒常性維持能力の低下という．そのため，治療を行っても病気が慢性化しやすく症状も非定型的で潜在化しやすい．また，体力・予備力低下により若いころに患った病気の再燃や，1つの病気から合併症や併発症を起こし障害が残ることもある．このような理由で高齢者は，複数の病気をもつことが多く，発見したときには重症化していることも少なくない．治療に伴う多剤併用によるリスクや，病気による生活影響などもアセスメントすることが大切である．

3）重症化しやすく回復が遅れる

　高齢者は，老化に伴う各臓器の機能低下により生態防御反応が低下し，若年者と比較すると感染しやすい．また，症状が潜在化しやすいことによる発見の遅れや，病気に対する抵抗力が乏しいことなどから，回復が遅れ重症化することがある．血液データや体温などの検査値にも変化がないことがあるため，いつもとようすが違うなど日ごろの観察が早期発見と重症化防止には重要となる．

4）個体差が大きい

　たとえば，同じ70歳であっても白髪やしわが少なく若くみえる人とそうでない人がいる．前述したように，老化には個体差が大きい．それは，遺伝的素因などの内的要因と生活習慣や生活環境などの外的要因により，老化の速度や程度に違いが出てくるからである．そのため，病気についても症状の出

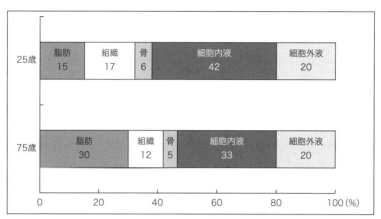

岩本俊彦：老化と病気の理解. 11, へるす出版, 東京 (1998) をもとに作成.

図1-7　加齢に伴う身体の構成成分の変化

現や経過にも個人差があり，年齢とともに個体差が顕著になる．

5）症状が非定型的である

　個体差は，症状の現れ方にも影響する．たとえば，骨折をすると骨折部位の疼痛と腫脹で動くことが困難になるが，高齢者は骨折に気づかないこともある．とくに，認知症高齢者では，その傾向が多くみられる．特定の部位に手がいく，いつもより元気がない，食事量が減ったなどのいつもと違う状況を見逃さないことが重要である．そのため，高齢者の症状を観察する際は，その人の生活や行動を包括的に観察しアセスメントすることが必要となる．

6）水・電解質の異常，精神症状を起こしやすい

　人の身体の水分量は，乳児では体重の約70％，成人は60～65％，高齢者は50～55％と年齢とともに減少する．さらに，身体の構成成分も高齢者は，細胞外液の変化はないが，脂肪分が増加し，体細胞の減少に伴い細胞内液は減少する（図1-7）．また，高齢者は「喉が渇いた」と感じる渇中枢が若年者と比較して低下しているため，夏のニュースでよく聞かれる脱水を起こしやすい．さらに，下痢など体液の喪失によっても脱水を招き，電解質異常によるふらつき，重症化すれば意識障害や精神症状を呈することもある．高齢者は電解質異常を起こしやすいため，水分出納バランスとともに気温や湿度など

の気候変動や活動状況，身体状況に合わせて，適切な水分摂取を勧める．

７）薬物の副作用が出現しやすい

　高齢者は加齢により，薬物の吸収・分布・代謝・排泄機能が低下しやすい．薬の吸収は，加齢による影響は少ないが，胃酸分泌の減少や腸管血流量および腸管の蠕動運動の減弱などで，薬物の吸収速度とともに吸収量も低下する．そのため，若年者よりも薬効が出現するまでに時間を要することがある．また，低体温の高齢者は，直腸の血流量が減少していることから，座薬が溶けるのに時間がかかるため，座薬挿入から薬効を得るまで時間を要する．

　薬物の分布では，加齢に伴い筋肉量や細胞内液が減少し，脂肪組織が増加する．そのため，水溶性薬物の分布容積が減少し，急激に血中濃度が上昇することがある．一方，脂溶性薬物は，分布容積が増大するため，血中濃度は上昇しにくいが，薬の効きすぎや薬理作用が長引くことがある．

　加齢に伴う肝機能低下により，薬物代謝機能も低下する．そのため，薬物の半減期が延長し，薬が体内に残りやすくなり，薬効時間が延長する．若年者は薬効が切れる時間でも，高齢者は代謝機能の低下によりまだ薬効があるうちに，次の薬の時間を迎えてしまう．そこで薬を内服すると，血中濃度がさらに上昇し，薬が効きすぎてしまうことがある．また，高齢者は，腎機能とくにクレアチニンクリアランス（腎臓の糸球体が老廃物などを取り除く力）や糸球体濾過量（値）（Glomerular Filtration Rate；GFR）も低下するため，解毒作用が低下し薬物の排泄が遅くなり，副作用が出現しやすくなる．

　薬に対する生体の感受性（薬物感受性）が変化するため，薬効も変化する．したがって，薬を使用する際，用量や用法は慎重に決められる．処方を遵守し，異常があれば自己判断で薬の中断や増量はせず，医師に相談することが重要である．さらに，多剤併用している高齢者は，薬の飲み合わせや薬との食べ合わせにより，薬効が得られない，あるいは新たな副作用が出現することもあるためお薬手帳を確認するなど注意が必要である．

８）社会環境が予後に影響する

　国際生活機能分類（International Classification of Functioning, Disability and Health；ICF）に示されたように，環境は健康状態に大きく影響する．とくに，身体介護が必要な場合や認知機能低下がある場合など，自己決定が

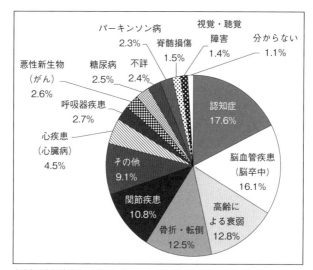

出典）厚生労働省（2020）「2019年国民生活基礎調査の概況」（https://www.mhlw.go.jp/toukei/saikin/hw/k-tyosa/k-tyosa19/index.html）.

図1-8　要介護度別にみた介護が必要となった主な原因

困難な高齢者は顕著である．ここでいう環境は，気候や住宅環境といった物理的なものに加え，介護者や家族など高齢者を取り巻く人も含む．不適切なケアは，病気や障害を悪化させることがある．一方，適切なケアによりBPSD が緩和されるなど，ケアを必要とする高齢者にとって，「人」も大切な環境のひとつである．さらに，介護サービスなど社会保障などの制度や，外出に伴う生活環境整備といった社会環境も，ケアの質や患者の予後に大きく影響する．

　高齢者が要介護になった原因[7]をみると，1位が認知症（17.6％），2位が脳血管疾患（脳卒中）（16.1％）と続く（図1-8）．これは，高齢者に多い特徴的な疾患（表1-6）と比較すると分かるように，要介護あるいは後遺症や障害を伴う病気に高齢者は罹患しやすい．介護保険制度により，利用できる施設も増えたが，施設入所待機者も少なくない．在宅介護といっても，核家族化が進むなか，老々介護も多く，介護負担のみならず経済的負担も重なる．また，高齢者自身がサービスや制度自体を知らない場合や，サービス機関への

表1-6 高齢者に多いまたは特徴的な病気

神経系	脳血管障害（脳梗塞，脳出血など），脳腫瘍，硬膜下血腫，パーキンソニズム，変性疾患（アルツハイマー型認知症，パーキンソン病），各種神経痛など
循環器系	高血圧症，心不全，虚血性心疾患（心筋梗塞，狭心症），閉塞性動脈硬化症，不整脈，起立性低血圧，大動脈瘤，弁膜症
呼吸器系	肺炎，肺結核，慢性閉塞性肺疾患，呼吸不全，肺がん
消化器系	胃・十二指腸潰瘍，逆流性食道炎，悪性腫瘍（胃，腸，膵，胆嚢など），胆石症，肝硬変，腸閉塞，食道裂孔ヘルニア
内分泌・代謝系	糖尿病，甲状腺がん，更年期障害，アジソン病，肥満，高脂血症
運動器系	骨粗鬆症，変性性関節症，変形性脊椎症（頸椎含む），関節リウマチ，大腿骨頸部骨折，脊椎圧迫骨折
感覚器系（皮膚疾患含む）	白内障，緑内障，加齢黄斑変性症，糖尿病性網膜症，老人性難聴，味覚障害，嗅覚障害，老人性疣贅，帯状疱疹，皮膚掻痒症
腎・泌尿器系	腎不全（急性・慢性），腎硬化症，糖尿病性腎症，多発性嚢胞腎，尿路感染症，糸球体腎炎，腎盂腎炎
血液疾患	貧血，悪性リンパ腫，白血病，多発性骨髄炎，骨髄異形成症候群
感染症	MRSA，疥癬，真菌，ウイルス（ヘルペス，ノロ，インフルエンザなど）
性器疾患	前立腺肥大，前立腺がん，子宮がん，卵巣がん
その他	薬物アレルギー，薬疹，アルコール依存症，熱中症，低体温症，歯周病

アクセスが困難である場合など，社会環境の格差も無視できない．社会環境を十分に生かせず，対応の遅れにつながることもある．このように，高齢者の病気の予後は，自身の健康状態のみならず，退院後の社会環境による影響が大きいといえる．

2. 生活習慣病とメタボリックシンドローム

生活習慣病は「成人病」とよばれていたが，食事などの生活習慣が病気の原因あるいは増悪因子となることからこのように改名された．生活習慣病の範囲は決まってはいないが，死の四重奏ともいわれる高血圧，糖尿病，肥満，脂質異常症（従来の高脂血症が2007年7月に改名）は，進行すると動脈硬化を進行させ，心筋梗塞や脳梗塞を招くなど全身症状を呈することから，とく

表1-7　成人における血圧値の分類

分　類	診察室血圧（mmHg）			家庭血圧（mmHg）		
	収縮期血圧		拡張期血圧	収縮期血圧		拡張期血圧
正常血圧	＜120	かつ	＜80	＜115	かつ	＜75
正常高値血圧	120-129	かつ	＜80	115-124	かつ	＜75
高値血圧	130-139	かつ/または	80-89	125-134	かつ/または	75-84
Ⅰ度高血圧	140-159	かつ/または	90-99	135-144	かつ/または	85-89
Ⅱ度高血圧	160-179	かつ/または	100-109	145-159	かつ/または	90-99
Ⅲ度高血圧	≧180	かつ/または	≧110	≧160	かつ/または	≧100
（孤立性）収縮期高血圧	≧140	かつ	＜90	≧135	かつ	＜85

出典）日本高血圧学会高血圧治療ガイドライン作成委員会（2019）「高血圧治療ガイドライン2019（JSH2019）」（https://www.jpnsh.jp/data/jsh2019/JSH2019_noprint.pdf，2021.10.31）.

に注意が必要である．これらはメタボリックシンドロームとよばれている．これら以外にも，虚血性心疾患，痛風，がんなどがある．これらは，「老年病」の原因となるものもある．

　生活習慣病やメタボリックシンドロームは，初期の自覚症状がほとんどないため，進行してから気づくこともある．高齢者ケアにおいて，生活習慣病予防は老年病予防にも重要であるため，最初にこれらの疾患を説明し，その後，それ以外の老年期に多い疾患について述べる．

1）高血圧

　70歳以上の高齢者の7割が高血圧[8]といわれる．高血圧の診断基準は，2019年に改訂された（表1-7）．

　改訂では，病院などで測る診察室血圧と，自宅で自分で測る家庭血圧に分けて数値が示された．いずれか一方でも収縮期血圧が140/90 mmHg以上，または拡張期血圧が90 mmHg以上であれば高血圧と診断される．

　加齢とともに高血圧患者は増加するが，高齢者の高血圧の主な原因は，成人期からの本態性高血圧，収縮期高血圧や自律神経またはホルモンバランスの影響，食塩の成分であるナトリウムの過剰摂取などがある．高血圧を長期間放置すると，強い力が持続的に血管壁にかかるため，動脈硬化が進行する．

表1-8　高血圧治療ガイドライン2019による高血圧者における生活習慣の修正項目

1．	食塩減塩　6 g/日未満
2．	野菜・果物の積極的摂取*
	飽和脂肪酸，コレステロールの摂取を控える
	多価不飽和脂肪酸，低脂肪乳製品の積極的摂取
3．	適正体重の維持：BMI（体重［kg］÷身長［m］^{2}）25未満
4．	運動療法：軽強度の有酸素運動（動的および静的筋肉負荷運動）を毎日30分，または180分/週≧行う
5．	節　酒：エタノールとして男性20-30 ml/日以下，女性10-20 ml/日以下に制限する
6．	禁　煙

生活習慣の複合的な修正はより効果的である
＊カリウム制限が必要な腎障害患者では，野菜・果物の積極的摂取は推奨しない
　肥満や糖尿病患者などエネルギー制限が必要な患者における果物の摂取は80 kcal/日程度にとどめる
出典）日本高血圧学会高血圧治療ガイドライン作成委員会（2019）「高血圧治療ガイドライン2019（JSH2019）」（https://www.jpnsh.jp/data/jsh2019/JSH2019_noprint.pdf, 2021.10.31）．

脳の血管では脳出血や脳梗塞，心臓では心筋梗塞など重篤な疾患の原因になる．また，強い心臓の収縮は，心肥大になるなどさまざまな合併症を招くため，コントロールが必要となる．

　高血圧治療ガイドライン2019に示された高血圧者における生活習慣の修正項目（表1-8）でも，最初に食塩制限が示されている．それ以外には，脂質異常症や肥満防止のための食事や運動習慣など，生活習慣の複合的な修正がより効果的であるとしている．

　血圧は，起床から就寝までの間に，食事や活動，精神状態やストレスなどの影響を受け，随時，変動している．家で測定する「家庭血圧」は，病院での測定より低めになることが多い．医師の前など病院では緊張して血圧が上昇する「白衣高血圧」もあるが，危険なものはほとんどない．健診や病院での血圧は正常で，それ以外で高血圧になる「仮面高血圧」に分類される人もいる．

　さらに，朝方の血圧上昇がいちじるしい「早朝高血圧」もある．これは，早朝の心筋梗塞や脳卒中の原因とも考えられ，家庭血圧の観察が重視されて

いる．家庭血圧の測定では，家庭用血圧計のなかでも上腕での測定が望ましく，起床後 1 時間以内に測定する．その際，排泄はすませ，食事前・内服前がよいとされている．夜は，就寝前で入浴や排泄，食事や飲酒直後は避けて測定する．血圧は，座位で 1～2 分安静にしてから測定する．

高血圧予防も重要であるが，低血圧といわれる収縮期血圧が 100 mmHg 以下の場合や，急激な血圧低下，薬物療法による血圧の下がりすぎなど，血圧は低くても健康障害を招くため，医療機関への相談を勧める．

2）動脈硬化

動脈硬化とは，動脈の壁が肥厚して硬くなり，弾性を失った状態をいう．血液中にコレステロールが増えると，血管壁が傷つき，そこから血管壁内部に LDL（Low Density Lipoprotein；低比重リポタンパク質）が入り，LDL は酸化される．酸化 LDL コレステロールが動脈壁内に入ると異物と認識される．それを排除するため単球が血管壁に入りマクロファージとなり酸化 LDL コレステロールを取り込む．LDL が過剰になると，マクロファージが壊れて，血管壁の内側にコレステロールの塊ができる．塊が巨大化し，血管壁が隆起し，血管の内腔が狭くなる．この塊を覆う被膜が破れると血栓ができ，血管内腔の狭小化や血管を詰まらせる（塞栓）ことがある．動脈硬化が脳動脈で起これば脳血栓，冠状動脈で起これば心筋梗塞や狭心症，四肢で起これば閉塞性動脈硬化症，それ以外には大動脈瘤や腎硬化症などを起こす（図1-9）．

動脈硬化は，アテローム（粥状）硬化，中膜硬化（メンケベルグ型硬化），細小動脈硬化の 3 つに分けられるが，一般的にはアテローム硬化を示すことが多い．

血圧は，動脈硬化の進行の目安となる．収縮期血圧は，心臓が血液を拍出する際の血管抵抗を示している．動脈硬化が進行すると血管の弾力が低下し，より強く拍出しないと血液が流れにくくなるため，収縮期血圧が上昇する．また，拡張期血圧は，大動脈の弾力を反映しているため，年齢とともに弾力が低下し，拡張期血圧も低下する．つまり，動脈硬化が進行すると，収縮期血圧は上がり，拡張期血圧は下がり，脈圧が大きくなる．

動脈硬化の原因となる危険因子は，生活習慣と関連しており，高血圧，脂質異常症，糖尿病，喫煙，肥満，飲酒などの影響が大きい．影響の程度は，

32

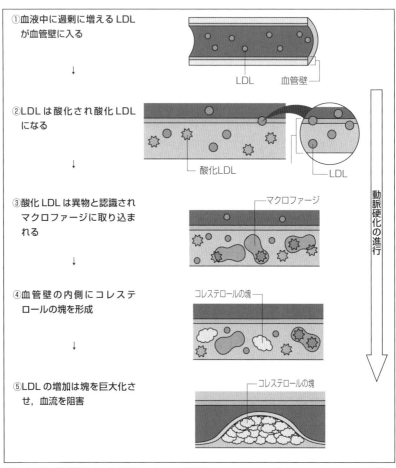

①血液中に過剰に増える LDL
　が血管壁に入る

LDL　血管壁

②LDL は酸化され酸化 LDL
　になる

酸化LDL　LDL

③酸化 LDL は異物と認識され
　マクロファージに取り込ま
　れる

マクロファージ

④血管壁の内側にコレステ
　ロールの塊を形成

コレステロールの塊

⑤LDL の増加は塊を巨大化さ
　せ，血流を阻害

コレステロールの塊

動脈硬化の進行

横手幸太郎：脂質異常症・動脈硬化．（NHK 出版編）NHK きょうの健康大百科，46，NHK 出版，
東京（2010）より一部改変．

図1-9　動脈硬化の概要

臓器により異なる．

3）虚血性心疾患

　心臓の栄養動脈である冠状動脈が，硬化や閉塞，強度の狭窄などの病変を
生じ，心臓が必要とする酸素が不足して起こる病気の総称である．狭心症と
心筋梗塞は代表的な疾患であり，いずれも動脈硬化が関与する．

狭心症は，一過性の心筋虚血（酸素不足）で胸痛や胸部不快感などの症状がみられる．発作の誘因からみて，労作（運動）時に起こるものを労作性狭心症，安静時に起こるものを安静狭心症という．労作時のみならず安静時にも狭心発作を起こすものを不安定狭心症という．不安定狭心症は急性心筋梗塞に移行しやすく，早期治療が必要となる．

心筋梗塞は，ある程度持続した心筋虚血や冠状動脈の閉塞による心筋細胞の壊死で，強い胸痛や胸の圧迫感または絞めつけられる絞扼感，冷や汗，吐き気や嘔吐，呼吸困難，左肩・上肢への関連痛などの症状があり，死に至ることもある．最近では，急性心筋梗塞と不安定狭心症を合わせて急性冠性症候群（Acute Coronary Syndrome；ACS）とよぶ．認知症の人は，自覚症状を訴えられず発見が遅れる場合もある．胸痛発作は，時間経過が予後に影響するため早期対応が重要である．

4）脳血管障害

脳血管障害は，病理学的変化から閉塞性（虚血性）脳血管障害と出血性脳血管障害とに分けられる．前者は脳梗塞といわれる，脳血栓症，脳塞栓症，一過性脳虚血発作（Transient Ischemic Attack；TIA）に大別され，後者は脳内出血とくも膜下出血に分けられる（図1-10）．

脳血栓症は，高血圧や糖尿病，脂質異常症，喫煙などのリスクが動脈硬化を促進し，血管内に血栓をつくり虚血性変化が生じ梗塞が起こる．数時間から数日単位で進行し，高齢者に多く発症する．脳塞栓症は，心房細動などの不整脈や心弁膜疾患，脱水などにより，心臓で血栓ができ，それが血流で脳に運ばれ，脳血管を詰まらせる．数秒〜数分で発症し，若年者でも発症する．

脳血管障害の主な症状は，左右いずれかの片麻痺，意識障害，半身のしびれや知覚鈍磨などの感覚障害，ろれつが回らない（構音障害），失語，視野欠損，物が二重にみえるなどの視覚障害がある．TIAは脳血栓症で多くみられ，症状は一過性で数分〜数時間で自然に症状が消失するものもあるが，再発やさらに大きな発作の前兆ということもある．「FAST」（表1-9）[9]といわれる脳梗塞の徴候に気づいたら，医療機関を受診することが望ましい．

脳出血のなかでも，くも膜下出血は中高年に多く，発症直後の死亡や後遺症で要介護状態になる場合が多い．脳動脈瘤破裂が大半を占め，それ以外で

34

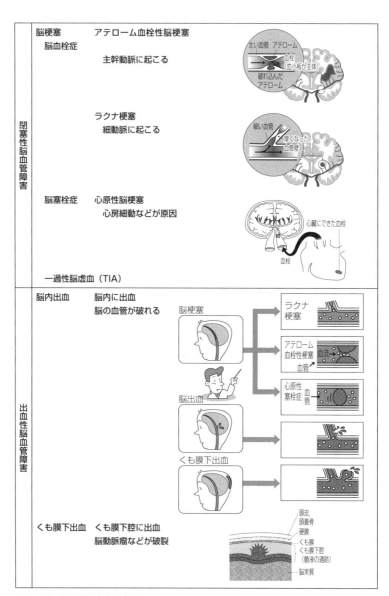

図1-10 脳血管障害の概要

表1-9　脳梗塞のサイン「FAST」

Face	顔	笑うと顔の歪みが強調
Arm	腕	両腕を上げると麻痺側が下がる
Speech	会話	短文を滑らかに話せない，繰り返せない
Time	時間	一刻も早く救急車で受診

出典）峰松一夫，ほか（2013）「平成22年度循環器病研究開発費『新しい脳卒中医療の開拓と均てん化のためのシステム構築に関する研究』」(http://kintenka.stroke-ncvc.jp/postar2.html).

は脳動静脈奇形や外傷などがある．高血圧が原因となることも多く，家族性も指摘される．主な症状は，突然の激しい頭痛，嘔吐，意識消失，頭蓋内圧亢進症状，発熱や痙攣，髄膜刺激症状などがある．クリッピングやコイル塞栓術など，その人の状態に応じた術式が選択される．

　脳内出血は，脳実質内の出血であり，細動脈硬化など高血圧が原因の半数以上を占める．突然の発症が多く，運動麻痺や感覚障害，頭痛，嘔吐，意識障害や失語症を伴うこともある．発症部位では視床や被殻出血が多く，血腫除去や脳室ドレナージなどの外科的処置も行われる．

　脳血管障害は，急性期の適切な治療が予後に大きく影響する．さらに，再発防止も重要である．

5）糖尿病

　糖尿病とは，インスリンの分泌量や作用の不足で生じる糖，タンパク，脂質の代謝異常を示す．高血糖が持続し，血管が損傷しさまざまな合併症を引き起こす．腎障害や膵臓の腫瘍，薬剤などの疾患により起こる高血糖を二次性糖尿病，それらの基礎疾患がないものを一時性糖尿病という．一時性糖尿病は，インスリンの絶対的欠乏によるインスリン依存型のⅠ型糖尿病と，インスリン非依存型のⅡ型糖尿病とに分けられ，Ⅰ型糖尿病は，わが国の糖尿病全体の約3％以下と少数で，若年者に多く感染や遺伝的素因，自己免疫などが原因である．Ⅱ型糖尿病は高齢者に多く，遺伝以外にも老化に伴う脂肪や糖質の増加，筋肉の減少や，肥満，運動不足など生活習慣が原因となる．Ⅱ型糖尿病では，口渇や尿量の増加，体重減少といった自覚症状が出るのは，症状が進行してからであり，高齢者では症状が非定型で血糖値の変動が少なく，気づいたときには，糖尿病の3大合併症といわれる「糖尿病性網膜

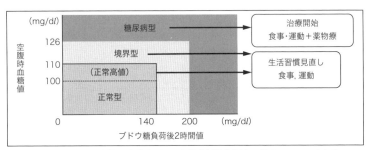

出典）一般社団法人日本糖尿病学会（2013）「医療従事者用 Z 折リーフレット」（http://www.jds.or.jp/modules/important/index.php?page＝article&storyid＝41）.

図 1-11　血糖値の判断区分

症」「糖尿病性腎症」「糖尿病性神経症」のリスクも伴う．さらに，血管の老化や生活習慣という環境因子も加わると，虚血性心疾患や脳血管障害，閉塞性動脈硬化症など大血管障害のリスクもあるため，早期発見と治療が重要となる．

　糖尿病の診断基準[10]は，空腹時血糖とブドウ糖負荷後 2 時間値により分類される（図 1-11）．2013 年 4 月からは，①空腹時血糖値 126 mg/dl 以上，②75 g 経口糖負荷試験（OGTT）2 時間値 200 mg/dl 以上，③随時血糖値 200 mg/dl 以上となる．それ以外にも，過去約 1～2 か月の平均的な血糖の状態が分かる HbA1c（ヘモグロビンエーワンシー）の値は，国際的に広く使用されている HbA1c（NGSP）6.5%以上が糖尿病と診断される．ガイドライン 2019 でもこの基準の変更はない．

　最近では，空腹時血糖値は高値でなくても，食後の血糖値が異常に高い食後高血糖の人がいる．動脈硬化性の疾患に罹患しやすく，HbA1c と合わせて検査をすることで，早期発見も可能となる．このように高齢者の糖尿病は，定期健診での発見が重要となる．発見しても長年の生活習慣を変えることが困難な場合もあるため，認知機能や生活環境に合わせた支援が大切である．

6）脂質異常症

　脂質異常症とは，血液中にコレステロールや中性脂肪が増加した状態であり，中年以降の半数以上にみられるといわれている．日本動脈硬化学会が定める診断基準[11]としては，各脂質異常の診断基準（表 1-10）がある．

　これらの基準のうち，高 LDL コレステロール血症が注目されている．LDL

表 1 -10　脂質異常症診断基準

LDL コレステロール	140 mg/dL 以上	高 LDL コレステロール血症
	120〜139 mg/dL	境界域高 LDL コレステロール血症＊＊
HDL コレステロール	40 mg/dL 未満	低 HDL コレステロール血症
トリグリセライド	150 mg/dL 以上 (空腹時採血＊)	高トリグリセライド血症
	175 mg/dL 以上 (随時採血＊)	
Non-HDL コレステロール	170 mg/dL 以上	高 non-HDL コレステロール血症
	150〜169 mg/dL	境界域高 non-HDL コレステロール血症＊＊

＊基本的に 10 時間以上の絶食を「空腹時」とする. ただし水やお茶などカロリーのない水分の摂
　取は可とする. 空腹時であることが確認できない場合を「随時」とする.
＊＊スクリーニングで境界域高 LDL-C 血症，境界域高 non-HDL-C 血症を示した場合は，高リスク
　病態がないか検討し，治療の必要性を考慮する.
・LDL-C は Friedewald 式（TC-HDL-C-TG/5）で計算する（ただし空腹時採血の場合のみ）. ま
　たは直接法で求める.
・TG が 400 mg/dL 以上や随時採血の場合は non-HDL-C（＝TC-HDL-C）か LDL-C 直接法を使
　用する. ただしスクリーニングで non-HDL-C を用いる時は，高 TG 血症を伴わない場合は LDL-
　C との差が＋30 mg/dL より小さくなる可能性を念頭においてリスクを評価する.
・TG の基準値は空腹時採血と随時採血により異なる.
・HDL-C は単独では薬物介入の対象とはならない.

出典）日本動脈硬化学会：動脈硬化性疾患予防ガイドライン 2022 年版. 第 2 版，22，日本動脈硬
　　　化学会，東京（2022）.

はコレステロールを肝臓から全身に運んでいるが，LDL が過剰になると血管
壁にコレステロールがたまり動脈硬化を促進するためである. 食べすぎ，と
くに動物性脂肪の過剰摂取や飲みすぎ，運動不足などが原因となるため，バ
ランスのよい食事と適度な運動を勧める. しかし，高齢者の場合，運動療法
が困難であることや，食事療法で低栄養になることもあるため，その人の全
身状態やサポート体制，食習慣などを考慮した支援を行う.

7）肥満症

　肥満は，BMI という体格指数が用いられる. BMI＝体重(kg)÷身長(m)÷
身長（m）で計算し，肥満症診療ガイドライン 2016 では BMI≧25 を肥満，
BMI≧35 の肥満を高度肥満とした. さらに 25≦BMI＜35 で健康障害[1]あり，
または内臓脂肪蓄積ありの人を肥満症，高度肥満のうち健康障害あり，また

は内臓脂肪蓄積ありの人を高度肥満症とした．減量目標は，肥満症では現体重の3％以上，高度肥満症では5〜10％とした．高齢者は毎月の体重の増減や成人期からの急な変化などは病気が隠れていることがあるため，体重測定は健康維持のために重要である．

　肥満の基準は，CTスキャン断面積100 cm²以上あるいは，ウエスト周囲長（メタボリックシンドロームの項を参照）に該当する内臓脂肪の蓄積（腹部肥満）が認められた場合，生活習慣の見直しが必要である．高齢者は，毎月の体重の増減や成人期からの急な変化などから，肥満のみならず病気が隠れていることがあるため，月に1回程度の定期的な体重測定は健康維持のために大切である．

8）メタボリックシンドローム

　メタボリックシンドロームは，腹部の肥満に加え，脂質・高血圧・血糖のうち2つ以上の異常が重なった状態をいう．脳梗塞や心筋梗塞などのリスクに加え，生活習慣病にもつながることから注目を集めている．診断基準として，厚生労働省のe-ヘルスネットによるメタボリックシンドロームの診断基準を表1-11に示した．ウエスト周囲径以外は，男女とも同じ基準である．

　診断基準をみると，内臓脂肪の蓄積に注目している．その理由は，皮下脂肪は主に下半身に長期保存される脂肪で，健康被害はほとんどなく，それに比べ，内臓脂肪は短期的で内臓周囲に蓄積し，臓器の働きを阻害し，動脈硬化を促進あるいは血圧や血糖値の上昇を招くなど健康に悪影響を与えるからである．メタボリックシンドロームと診断されたら，適切な食事と運動で体重を適正にするよう努め，定期的に血圧や腹囲測定を行い，変化を自覚することが対策につながる．

9）痛　風

　痛風とは，高尿酸血症により，関節に急性の強い炎症を起こす疾患である．男性で肥満あるいは肉食中心で，飲酒やストレスが多い人に多く，遺伝性もある．足趾に起こることが多く，激痛で歩行障害を伴うこともある．また，尿酸が結晶化し痛風腎を起こし，腎機能を悪化させ尿酸値が上昇する悪循環も招くため，尿酸値のみならず血圧や中性脂肪，血糖値のコントロールも必要となる．対策として，食生活の改善と薬物療法を併用し症状緩和に努める．

表1-11　メタボリックシンドロームの診断基準

必須項目	（内臓脂肪蓄積） ウエスト周囲径	男性≧85 cm 女性≧90 cm
選択項目 3項目のうち 2項目以上	1. 高トリグリセリド血症 　　　　かつ／または 　低HDLコレステロール血症	≧150 mg/d*l* <40 mg/d*l*
	2. 収縮期（最大）血圧 　　　　かつ／または 　拡張期（最小）血圧	≧130 mmHg ≧85 mmHg
	3. 空腹時高血糖	≧110 mg/d*l*

出典）厚生労働省「メタボリック症候群が気になる方のための健康情報サイト」（https://www.e-healthnet.mhlw.go.jp/information/meta-bolic/m-01-003.html）.

10) 悪性腫瘍（悪性新生物）

　長寿国ほど悪性新生物の罹患率が高く，超高齢社会のわが国も2014年度のデータ[12]では，約3.5人に1人ががんで死亡し，罹患率・死亡率とも年次増加している．男女共に約2人に1人ががんに罹患するといわれ，高齢者ではその割合がさらに高い．死亡率の高い発症部位は，男性は肺，胃，大腸，膵臓の順，女性は大腸，肺，胃，乳房の順である．男性では肺がん，女性では大腸がんと肺がんが年次増加している．

　がんの原因は，肺がんが喫煙や大気汚染，胃がんが食塩の過剰摂取，肝臓がんが飲酒，食道がんが飲酒や喫煙など，生活習慣や環境と深いかかわりがあり，時代とともに変化する．健診や治療技術が進歩しても100％の予防は不可能である．

　そこで，国は2006年にがん対策基本法を制定し，第3期（2018年〜）では，「がん患者を含めた国民が，がんを知り，がんの克服を目指す」を目標に，「がん予防」「がん医療の充実」「がんとの共生」「これらを支える基盤の整備」の4つの施策に取り組んでいる．

3．神経，精神疾患

　脳血管疾患は，神経系の疾患のなかでも高齢者に多く，また要介護の原因

の1位に挙げられる．脳血管障害については，本章「Ⅱ-2-4）脳血管障害」
の項で述べている．次いで，高齢者に多く認知症ケアにおいて知っておきた
いものは，アルツハイマー型認知症やパーキンソン病などの変性疾患であ
る．また，変性疾患ではないが，認知症と間違えられやすいうつ病がある．
ここでは，パーキンソン病とうつ病について解説する．

1）パーキンソン病

　パーキンソン病は，報告者である英国の医師ジェームス・パーキンソン
（Parkinson J）の名前からその名がつけられた疾患である．中脳の黒質神経
細胞の脱落・変性により，神経伝達物質であるドパミンが減少し，身体の動
きに障害をきたす病気である．ドパミンは健康な人でも加齢とともに減少す
るが，パーキンソン病では，ドパミンがつくられる黒質細胞自体が減少する
ため，健康の人よりも早く黒質細胞が減るため，ドパミンも減少する．神経
細胞が変性するかはいまだ解明されておらず，神経難病に指定されている．

　4大症状といわれる特徴的な症状がある．1つ目は，手足のふるえ，つまり
振戦である．見た目にも分かりやすく，本人も気づき，1秒間に6回程度の
速さでふるえる．初期は一側性，症状が進むと手足，あるいは両側に変化す
る．2つ目は，筋固縮である．患者の関節を動かすと，筋肉の緊張が高まっ
ているため抵抗を感じる．3つ目は，動作緩慢である．筋固縮の影響もあり
滑らかな動きが困難になるため，ゆっくりとした動きになる．最後は，姿勢
反射障害である．体幹が傾いたときや方向転換など，姿勢を変える動作が
ゆっくりまたは困難になる．これらは病気の進行とともに出現する．これ以
外にも，図1-12に示すような症状がある．自律神経症状として，便秘や起立
性低血圧など病状の進行に伴い，症状も一側性から両側へと変化し，精神的
には抑うつ傾向になることも多い．

　問診や神経学的検査，MRIなどの検査で診断し，主な治療は薬物療法と手
術療法である．薬物療法では，減少するドパミンを補うものと，ドパミン受
容体を刺激するものなどがある．症状により組み合わせて使用する．手術療
法は，薬物療法では症状のコントロールが困難な場合や，薬物療法の副作用
が強い人など対象者が限定される．術式は，脳深部刺激療法が多く，脳の深
部に電極を，胸部の皮下に刺激装置を埋め込み，弱電流を流して刺激し運動

図 1 -12　パーキンソン病の主な症状

機能を改善させるものである．手術をした場合も薬物療法は継続する．

　症状は，Hoehn-Yahr の分類（表 1-12）や表 1-13 に示す UPDRS (Unified Parkinson's Disease Rating Scale) で点数化し，症状の変化をみることが多い．パーキンソン病は，完全治癒する疾患ではなく，加齢とともに進行する．場合によっては，認知症を呈することもあるため，患者および主介護者や家族への長期的な支援が重要である．また，薬物療法に伴うジスキネジアの出現や，薬の飲み忘れなどからくる悪性症候群など，日常的な観察と状態に応じた薬のコントロールが重要となる．さらに，運動機能障害に伴う転倒リスクや外出を控えるなど日常生活の支援も重要である．現在，特定疾患治療研究事業で Hoehn-Yahr の分類で 3 以上の場合，その対象となる．

2）う つ 病

　うつ病とは，気分が落ち込む，食欲低下，不眠，やる気が出ないなど，だれにでもある抑うつ気分が回復せず，長期にわたり精神症状や身体症状を伴

表1-12　Hoehn-Yahrの重症度分類と生活機能障害度

Hoehn & Yahr の stage		生活機能障害度	
stage Ⅰ	症状は一側性で，機能障害はないか軽度	Ⅰ度	日常生活，通院に介助はほとんど不要
stage Ⅱ	両側性の障害で，姿勢保持障害はない 日常生活，仕事は多少障害があるが可能		
stage Ⅲ	機能障害は軽度または中等度，姿勢反射障害あり 日常生活はほぼ自立，就労可能	Ⅱ度	日常生活，通院に介助が必要
stage Ⅳ	重度の機能障害，自力のみの生活は困難 起立，歩行は何とか可能だが多くの場面で介助が必要		
stage Ⅴ	起立，歩行は不可能，車いすまたは寝たきりの生活 日常生活全般に介助が必要	Ⅲ度	日常生活全介助，起立不能

表1-13　UPDRS（Unified Parkinson's Disease Rating Scale）

Ⅰ	精神機能，行動および気分（知的障害，抑うつなど4項目）
Ⅱ	日常生活動作（入浴，食事，歩行など13項目）
Ⅲ	運動能力検査（言語，固縮，安静時振戦など14項目）
Ⅳ	治療の合併症 　A．ジスキネジア（出現の持続時間，早期ジストニアなど4項目） 　B．症候の日内変動（服薬後の予測できるオフの有無など4項目） 　C．その他の合併症状（食欲低下，嘔気・嘔吐の有無など3項目）
Ⅴ	Hoehn and Yahr の修正重症度分類
Ⅵ	Schwab and England of Daily Living Scale （完全自立を100%，寝たきりで嚥下・排泄も悪いものを0%とした11段階で%表示）

　うものをいう．一般的には，うつ病は大うつ病といわれ，米国精神医学会の「精神疾患の診断・統計マニュアル（DSM-5）のエピソードによって分類される（表1-14）．①～⑨の症状のうち，5つ以上が2週間以上続き対人関係などの障害がある場合，うつ病と診断される．

　うつ病は，年代によって発症要因が異なる．高齢者では，退職や役割の変化，近親者の死別など，強いストレスによって起こる心理社会的要因と，老化による身体的な衰えや疾患などの身体的要因によるものがある．身体的要因は，脳血管障害発症後にみられる「血管性うつ病」がある．また，無症候

表 1-14　うつ病（DSM-5）の診断基準

A. 以下の症状のうち 5 つ以上が同一の 2 週間に存在し，病前の機能からの変化を起こしている．これらの症状のうち少なくとも 1 つは，（1）抑うつ気分または（2）興味または喜びの喪失である．

注：明らかに身体疾患による症状は含まない

　①ほとんど 1 日中，ほとんど毎日の抑うつ気分

　②ほとんど 1 日中，ほとんど毎日のすべての活動における興味または喜びの著しい減退

　③体重減少または体重増加，または，ほとんど毎日の食欲減退あるいは増加

　④ほとんど毎日の不眠あるいは過眠

　⑤ほとんど毎日の精神運動焦燥または制止

　⑥ほとんど毎日の易疲労性または気力の減退

　⑦ほとんど毎日の無価値観，または過剰な罪責感

　⑧ほとんど毎日の思考力や集中力の減退，または決断困難

　⑨死についての反復思考

B. 症状は臨床的に著しい苦痛または社会的・職業的・他の重要な領域における機能の障害を引き起こしている．

C. エピソードが物質や他の医学的状態による精神的な影響が原因とされない．

出典）日本うつ病学会，気分障害の治療ガイドライン作成委員会（2016）「日本うつ病学会治療ガイドライン」（https://www.secretariat.ne.jp/jsmd/iinkai/katsudou/data/160731.pdf）.

性脳梗塞でみられる場合は，無症候性脳梗塞に伴う血管性うつ病という．

　うつ病の主な症状は，高齢者では抑うつ気分よりも，心気的な訴えや身体症状を訴えることが多い．不安や焦燥感から落ち着きがなくなる，妄想や自殺企図など心気的な症状は，自殺につながることもある．身体症状では，脳血管障害以外にもうつ病により中枢神経が影響を受けると自律神経系が障害を受け，便秘や下痢，頻脈などの症状を呈する．パーキンソン病や糖尿病などの疾患が原因となることもある．高齢者では，全身倦怠や体重減少，不眠などの身体症状が目立ち，精神症状（興味関心の減退，思考制止など）を見逃してしまうこともある．これらは「仮面うつ病」といわれ，薬物療法により改善する．

　高齢者のうつ病は，もの忘れや思考力低下から認知症と間違われることがある．うつ病症状により一見，認知症のようにみえる状態は仮性認知症とよばれ，仮性認知症を伴ううつ病は認知症に移行しやすいといわれている．仮性認知症と認知症は，症状や薬の効果など相違点がいくつかある（表 1-15）．うつ病は抗うつ剤で改善するが，認知症と間違えうつ病の治療が遅れること

表1-15　仮性認知症と認知症

	仮性認知症	認知症
脳画像所見	正常が多い	異常
抗うつ薬治療	有効	無効
うつ状態の既往	多い	少ない
基本症状	抑うつ症状，心気的症状	もの忘れ，認知障害
不安・焦燥	非常に強い	あまり強くない
言語理解	可能，会話成立	症状の進行とともに低下
日常生活動作	自立可能	症状の進行とともに要介助
記憶	即時・短期・長期記憶共に問題あり	早期は，短期記憶保持 長期記憶は比較的保持

があるため注意を要する．抗うつ剤は，セロトニンのバランスを整え，不安や脅迫に効果があるSSRI（選択的セロトニン再取り込み阻害薬），SSRIより消化器系の副作用が少なく高齢者にも比較的使いやすいSNRI（セロトニン・ノルアドレナリン再取り込み阻害薬），古くから使われ抑うつに効果が高い三環系抗うつ薬や四環系抗うつ薬などがある．高齢者の場合，副作用が出やすいため，症状や身体状況を勘案して選択する．

　うつ病の対応としては，高齢者の場合，身体症状などは「歳だから仕方ない」とあきらめず，本人のつらい気持ちに共感的態度を示し，日ごろからコミュニケーションを図り，症状あるいは副作用の出現などを観察することが大切である．また，症状の日内変動に合わせて安心して休息できる環境をつくり，本人のペースに合わせて対応する．意欲減退からくる薬の飲み忘れや自殺企図，自傷行為にも注意が必要である．さらに，日常生活においてもできない部分は介助する自立支援が必要となる．同居あるいは重要他者となる人との関係性や，その人たちの支援も大切である．

4．感覚器疾患

　感覚器は，嗅覚，視覚，平衡感覚，味覚，皮膚（触覚）がある．ここでは，平衡感覚と皮膚以外の解説を行う．

1）嗅覚障害

　高齢者は，嗅覚神経の萎縮により嗅覚が低下する．また，においの識別機

能も低下するため，ガス漏れや食物の腐敗に気づかず摂取し，嘔気や嘔吐，下痢などを起こすことがある.

　嗅覚障害の主な原因は，においの伝達経路の障害により起こる．もっとも多いのはアレルギー性鼻炎や副鼻腔炎である．そのほかには，インフルエンザや頭部外傷などにより嗅粘膜や嗅神経が障害される場合や，脳血管障害やパーキンソン病，アルツハイマー型認知症（初期では，においの判別能力が低下），レビー小体型認知症など中枢性の嗅覚障害などがある．喫煙や抗がん剤，カルシウム拮抗剤，睡眠薬，向精神薬などの影響もある．認知機能障害があると，嗅覚が低下してもそのこと自体を訴えられない場合があることを，介護者が把握しておくことも大切である.

２）視覚器（眼）疾患

　一般に，45 歳を過ぎるころから水晶体を支える毛様体筋が低下し，調節機能が低下すると，30 cm 以内の近くの物がみえにくい「老視」，いわゆる老眼といわれる症状が現れる．それ以外にも，色覚機能も減退し，白と黄色，黒と緑など識別が困難になる.

　高齢者にもっとも多い視覚器疾患は，老人性白内障である．70 歳以上の 9割が罹患しているともいわれる．水晶体の混濁によるもので，視力低下，眼精疲労，眼がかすむ，まぶしく感じるなどの自覚症状がある．点眼で進行を遅らせるか，眼内レンズを挿入する手術が主流である.

　緑内障は，眼圧が上昇するものとしないものがある．いずれも初期症状に気づかず，手遅れになる人が多い．視野が欠ける，視力低下，頭痛，吐き気などがあればすぐに受診するなど，緑内障と診断されたら，発作時は対応を急ぐため，事前に発作時の対応まで十分に聞いておく必要がある.

　加齢によるものでは，物が歪んでみえる加齢黄斑変性症や飛蚊症などがある．人は，情報の 8 割を視覚から得ているため，前述したように視覚が障害されると情報量が減り不安や危険が増す．認知症高齢者では，自覚症状の有無さえ訴えられないことがある．物にぶつかる，あるいは眼をさわる，テレビを近くでみるなど，いつもと違う行動が多くなったら注意が必要である.

３）聴覚器（耳）疾患

　加齢などで音のセンサーである有毛細胞が傷つくとその数が減少し，一度

壊れた細胞は元に戻らない．したがって，健康な人でも加齢とともに聴力は低下する．とくに，高音域の音が聞き取りにくくなる．加齢以外に原因のない難聴を老人性難聴という．一般的には，50歳以降に聞こえにくさを感じる人が多いが，個人差が大きい．また，「カ行，サ行，ハ行」の音を含む言葉の判別，たとえば「7時（しちじ）」と「1時（いちじ）」の聞き間違いや，「えっ？」などの聞き返しが増える，電話の声が聞き取りにくいなど日常生活にも影響が出てくる．聞き間違いと本人が気づかないこともあるため，受診時など大切な場面のみならず，ゆっくりていねいに相手の反応を確かめながら会話を進めることが大切である．

　難聴は，外耳から中耳の領域で起こる伝音性難聴と，内耳から聴神経・脳の領域で起こる感音性難聴，両者の混合性難聴がある．老人性難聴は感音性難聴に分類される．

4）味覚障害

　味蕾細胞は年齢とともに減少するため，薬の副作用や亜鉛の欠乏，心因性にも味覚異常や味覚低下を起こすことがある．味が薄いと感じ調味料を多く入れたり，食欲が低下し体力低下につながったりすることもある．ときには味の感想を聞くことも，食事摂取量維持や味覚障害発見につながる．

5．呼吸器疾患
1）慢性閉塞性肺疾患

　慢性閉塞性肺疾患（Chronic Obstructive Pulmonary Disease；COPD）とは，有害物質や有害ガス粒子などを長年吸引して起こる肺の炎症を原因とする進行性の気流制限をいう．慢性気管支炎や肺気腫を含め，COPDとよんでいる．喫煙と関係する生活習慣病で，老年期の発症も多い非可逆性の病気である．主な症状は，慢性的な咳や痰（出ないこともある），労作時の息切れに始まり，進行すると食欲低下に伴う低栄養や体重減少，風邪などによる急性増悪，低酸素状態による呼吸障害など全身に及ぶ．

　胸部X線検査やCT検査に加え，スパイロメーターで1秒率が70％未満の場合COPDと診断される．治療は，まず禁煙を徹底する．薬物治療と並行し，適切な運動と栄養管理など生活管理，上気道感染の予防などが必要となる．

2）肺がん

　肺がんは男女とも死亡率の上位で，加齢や遺伝，大気汚染，そして喫煙が最大のリスクといわれている．肺がんの罹患率をみると，喫煙者は有意に高く，非喫煙者でも受動喫煙が肺がんのリスクを高めることが分かっており，わが国では，公共施設での禁煙や分煙が進んでいる．

　主な検査は，胸部X線・CT，喀痰細胞診検査などである．健診などで見つかることも多い．また，喫煙者は，1日の喫煙本数×喫煙年数で示されるブリンクスマン指数が400を超えるとがんのリスクが高くなるといわれ，禁煙指導のひとつの目安となる．

6．骨・運動器疾患

　骨をつくる骨芽細胞と骨を壊す破骨細胞のバランスが崩れると骨粗鬆症となる．骨量は，40代を境に減少する．とくに，女性は閉経とともに減少し骨粗鬆症のリスクが高くなるため，若いころからの骨量維持が大切である．高齢になると筋肉量が減り，骨にかかる負担が増え，姿勢反射も低下するため転倒しやすくなる．さらに，視力や聴力，平衡感覚の低下も転倒リスクにつながる．認知症などがあればさらに危険回避能力が低下するため，そのリスクはさらに高まる．

　軟骨や椎間板も年齢とともに弾性が低下し，衝撃の緩和が弱くなり，関節の痛みや関節可動域の低下，分かりやすいところでは身長が成人期よりやや低くなり，背中が丸くなるなどの変化が起こる．変形性脊椎症などは，変性により末梢神経を圧迫し，神経支配領域にしびれや麻痺など神経症状を起こすこともある．歳のせい……と見逃されやすいため，注意が必要である．

7．皮膚疾患

　老化に伴い，皮膚のコラーゲン線維や皮下脂肪の減少，ヒアルロン酸の減少，汗腺も減少する．そのため，皮膚は弾性が低下し，しわやたるみ，乾燥肌となり，わずかな外力でも損傷しやすい．こうした加齢に伴う皮膚の乾燥により生じるものを皮膚掻痒症という．

　高齢者は，前述した生理的な皮膚の変化に伴い，皮膚が乾燥し，ひび割れ

表1-16　皮膚掻痒の原因または誘因

身体	原因となる皮膚疾患 　　蕁麻疹，湿疹，疥癬，真菌症など 誘因となる基礎疾患の有無 　　糖尿病，腎疾患，肝・胆系疾患，甲状腺機能障害など
心理	心理状態：不安，ストレスなど
生活習慣	清潔：シャンプーや入浴剤の種類，タオルの種類と使用方法，過度の石鹸の使用，入浴後の保湿など 排泄：失禁の有無とその処理方法 食事：刺激物の摂取，アレルギー反応，摂取量（水分含む） 衣服：衣類や寝具の素材，洗濯剤の種類，洗濯糊，重ね着などによる摩擦
環境	天候：気温，湿度，日照，気流，季節，大気汚染（花粉など）
薬物	使用薬剤の種類と副作用
その他	爪（汚れ，切り方）

に近い状態や，発疹，かゆみが症状として現れる．局所的なものを老人性乾皮症といい，全身的なものを老人性皮膚掻痒症という．

　このような症状は，乾燥以外にも精神状態や心因性，薬剤やその副作用，内臓疾患などが原因あるいは誘因となることもある（表1-16）．そのため，皮膚症状が出現したら，老人性と決めつけず，環境の見直しや受診を勧める．

8．泌尿器・婦人科疾患
1）前立腺疾患

　高齢の男性にもっとも多い排尿障害の原因は，前立腺肥大症である．組織学的には30代の男性から認められ，加齢とともに増加し，80代では約90％に認められる[13]といわれるが，全員に臨床症状が出現するわけではない．症状は，刺激症状と閉塞症状の2つに分けられる．刺激症状は，初期にみられる頻尿，残尿感などを示す．閉塞症状は，前立腺が尿道を圧迫することで起こるものであり，尿の出が悪い（尿線細小），尿が出るまでに時間を要する，尿線中断や尿の勢いの低下，排尿時にいきみが必要になるなど病態の進行により症状が変化し，重症例では尿閉となる．病態の進行は，国際前立腺症状

スコア（I-PSS）とQOLスコアで評価し，治療は前立腺肥大症診療ガイドライン[13]に示されている.

　日本人は，欧米人と比較し前立腺がんの割合は比較的少ないが，近年増加しているため，鑑別診断も必要である．前立腺がんのスクリーニングには，前立腺特異抗原（Prostate Specific Antigen；PSA）が用いられ，鑑別診断にも効果を上げている[14].

2）婦人科疾患

　女性は，閉経前後でエストロゲンの分泌が低下し，腟の自浄作用が低下する．それにより腟や外陰部が萎縮し，腟内は酸性に傾き易感染状態となり，老人性腟炎（萎縮性腟炎）を発症する．また，女性は男性と比較し，尿道が短く尿路感染を発症しやすいため，陰部の清潔保持が重要である．また，男性同様，女性の生殖器もがんの好発部位であり，近年，高齢女性の卵巣がんや子宮体がんが増加している.

9．感 染 症

　感染は，病原体が宿主の抵抗力あるいは防御力に勝ったときに発症する．高齢者は，老化の特徴でも述べたように，予備力・抵抗力も低下し易感染状態にある．また，疾患治療に伴う続発症や複数の疾患治療に伴い体力が低下している場合などは，日和見感染を起こしやすい．基礎体力の低下から治りにくく，治療が長期化し感染を繰り返すことも少なくない．口腔ケアの不十分さや嚥下障害による肺炎，失禁後の不衛生からくる尿路感染など，不適切なケアでも感染を招くことがある．感染症は，発熱や咳，痰などの身体的苦痛により活動範囲が低下し，体力を消耗させる．感染が長期化すると日常生活動作（Activities of Daily Living；ADL）やQOLの低下を招くばかりでなく，入院や施設利用の高齢者では，集団感染のリスクも高まる．ウイルス変異による新たな感染症や抗生物質耐性菌など感染対策は，標準予防策（Standard Precautions）と感染経路別予防策（Transmission based precautions）を徹底することが基本であり，最大の感染防御となる.

1）MRSA

　メチシリン耐性黄色ブドウ球菌（Methicillin resistant staphylococcus

aureus）は，英語表記の略で MRSA とよばれる．MRSA は，鼻腔内などの常在菌であるが，高齢者など易感染状態の人に日和見感染し，抗生物質による治療で菌が交代現象を起こし，耐性菌となり，感染が治りにくく重症化する．傷や痰，褥瘡などに感染すると治癒が遅れる．血液に感染すれば敗血症，その他の部位では肺炎や腸炎を発症する．主な治療は，バンコマイシンが比較的有効であるが，数種類の抗生物質の薬剤感受性を確認して，組み合わせて使用することがある．

2）結　核

　結核は，結核菌が咳やくしゃみなど飛沫感染によって体内に入り起こる感染症である．結核菌に感染しても抵抗力があれば，不顕性感染といい発病しないこともある．初期は，咳や痰，微熱，倦怠感など風邪症状を呈するが，進行すると胸痛や寝汗，体重減少を伴う．胸部 X 線や喀痰検査で診断がつく．高齢者と乳幼児の発症が多いが，近年，不規則な生活などで若年者にも発症がみられる．結核菌は，感染力が強い．病院や施設で発症した場合は，集団感染防止のため，一定期間の隔離が必要となる．抗結核薬により治癒する病気ではあるが，高齢者では体力低下に伴い再燃する場合があるため，既往歴にも注意する．

3）インフルエンザと SARS

　インフルエンザは，インフルエンザウイルスによって引き起こされる感染症である．主症状は，急激な悪寒，38℃以上の発熱，関節痛や頭痛などの全身症状などであり，主に呼吸器系に症状を呈することが多い．呼吸器や心臓，腎臓などに基礎疾患のある高齢者は，病状が悪化することもある．また，インフルエンザから肺炎を併発し死に至るなど，死亡例も報告されている．

　主な感染経路は，飛沫感染と接触感染である．そのため，集団感染のリスクも高く，抵抗力の低い高齢者は罹患しやすい．ワクチン接種もその対策のひとつであり，季節性のインフルエンザには比較的効果を発揮している．しかし，新型インフルエンザにはあまり効果を発揮しない．この新型に対しては，ほとんどの人に免疫がないため，感染爆発（パンデミック）を起こす．2009 年の H1N1 は，記憶に新しい．インフルエンザウイルスは変異しやすく，最近では，鳥インフルエンザの鳥―ヒト感染も報告されている．

　重症急性呼吸器症候群は，Severe acute respiratory syndrome の頭文字を
とって SARS（サーズ）とよばれている．2002 年末〜2003 年前半に中国など
を中心に多発した．主な症状は，2〜7 日，最大で 10 日間の潜伏期間ののち，
急激な発熱，咳，全身倦怠感などインフルエンザのような症状が出現する．
2 日から数日で，レントゲンなどに肺炎像が現れる．肺炎に罹患しても 80〜
90％は 1 週間程度で回復するが，残りの 10〜20％は重篤化する．致死率は
10％前後であり，高齢になるほど致死率は高くなる[15]．感染経路は，主に飛
沫または接触感染であるが，糞便からの感染経路なども否定できず，早期の
隔離が必要である．

4）新型コロナウイルス感染症

　新型コロナウイルス感染症は，世界的なパンデミックをもたらし，人々の
生活も一変させた感染症であるがその起源はまだ明らかになっていない．
Coronavirus disease の頭文字をとり COVID-19 と表記される．感染初期は
無症状が多く，個人差はあるが 1〜14 日後に発症する．主な症状は，風邪様
症状，味覚・嗅覚障害，倦怠感などがあるが無症状の人もいる．一部の人は
肺炎が悪化し，死に至ることもある．ウイルスのためさまざまに変異し，デ
ルタ株といわれる変異型は，急拡大し呼吸不全，意識障害，低酸素血症，頻
脈，チアノーゼなど急激に症状が悪化し，死に至る人も少なくない．65 歳以
上，慢性呼吸不全，腎障害，糖尿病，高血圧，心疾患，肥満症が重症化リス
クといわれる．現在の対策としては，予防としてワクチン接種，3 つの密（密
集，密閉，密接）を避け，サージカルマスクの着用，手洗い・うがい，ソー
シャルディスタンスが推奨されている．治療は抗ウイルス薬や抗炎症薬など
の組み合わせと同時に新薬も開発されているが，予断を許さない状況が続い
ている．高齢者施設など身体接触を伴う介護が必要な場ではクラスターとよ
ばれる集団感染も報告されている．さらに厚生労働省の求めにより感染対策
として面会制限が行われた．しかし認知症高齢者には症状の悪化やステイ
ホームにより，認知機能のみならず運動機能の低下を招く事例，看取りにつ
き添えないなど多くの影響が出た．そのなかで，リモート面談など各病院や
施設は工夫をして，家族や重要他者とのつながりが途切れないよう工夫をし
ている．

　治療薬も開発中であるため，今後の感染状況や治療動向に合わせた対応が必要となる．

5）その他

　食中毒の原因菌として，鶏肉に多いカンピロバクター，肉や野菜に付着しているウェルシュ菌，ヒトの常在菌で調理する人の手から媒介されやすい黄色ブドウ球菌，O-157に代表される病原性大腸菌，魚介類に多い腸炎ビブリオ以外に，最近，猛威をふるっているのがノロウイルスである．ノロウイルスは，牡蠣などの二枚貝に付着しており，それを生または加熱不十分な状況で摂取したときに感染し，感染者の便や嘔吐物などが手に付着して口から入る経口感染，ノロウイルスに汚染されたものなどをさわる接触感染，吐物などが飛び散ることで起こる飛沫感染により感染が拡大する．ノロウイルスは，乾燥下でも24時間以上生息することから，不顕性感染者の便などからでも感染する．塩素系消毒薬による消毒が有効である．しかし，次亜塩素酸ナトリウムは，塩素ガスが発生するため，集団生活施設や病院などでの使用は勧められていない[16]．

　レジオネラ症の病原体は，土や水のなかに生息する常在菌であるが，土埃などで運ばれ，建物内の冷却塔や循環式浴槽などの人工的な環境のなかで増殖する[17]．レジオネラ症は，高熱や呼吸困難，筋肉痛，下痢などを伴い，急激に重症化し，ときには死に至るレジオネラ肺炎と，発熱，悪寒，筋肉痛などが数日で治るポンティアック熱の2つがある．高齢者は，抵抗力の低下からレジオネラ肺炎を起こしやすい．また，浴場や加湿器など，とくに水の管理が重要となる．レジオネラ属菌には塩素が有効であるため，施設管理者などは管理記録や細菌検査など集団感染予防に努めなければならない．

Ⅲ．歯科・口腔内疾患

　食物を摂取し，栄養・水分を補給する入り口である口腔は，生命を維持するうえで非常に重要な器官である．また，コミュニケーションの手段としての発音や呼吸・味覚をつかさどり，QOLを左右する器官でもある．それゆえに，口腔の健康は全身の健康および精神面に大きく影響を与え，口腔機能の

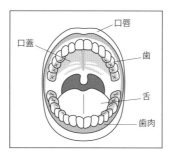

図 1-13　口腔の構造

維持・増進は認知症の予防にも効果があるといわれている.

　認知症が進行すると，しだいに自分で口腔清掃ができなくなり，口腔内は不潔になりやすく，口腔の疾患に罹患しやすくなる. 歯科治療を行っても，口腔ケアが不十分であるとすぐに再発や悪化するため，その対応や予防が必要となる. さらに，認知症が進行すると口腔ケアの拒否や，食事が困難になるという問題も生じてくる.

1．高齢者の口腔内の特徴
1）抜けた歯が多く，残っている歯が少ない

　永久歯は 28 本（親知らずを含めると 32 本／図 1-13）存在する. しかし，現在日本人高齢者の残存歯数は，80 歳で平均約 14 本である. 残っている歯が少ないと噛みにくくなり，咀嚼による脳への血流量も減少するため，脳への刺激が乏しく認知症になりやすいといわれる. 咀嚼機能をいつまでも保つために，「80 歳になっても自分の歯を 20 本以上残そう！」という "8020 運動" が提唱されている. 現在，わが国の 8020 達成者は約 51％となっている.

　（1）歯肉が退縮し歯根が露出している

　歯を支えている歯槽骨は加齢とともに徐々に少なくなり，歯肉も退縮し，歯根が露出してくる. その結果，歯と歯のすき間（歯間鼓形空隙）は広くなり，食べかすが詰まりやすくなる.

　（2）口腔内が乾燥しやすい

　高齢者は，唾液腺の萎縮による唾液の分泌量の減少や，服用薬物の副作用，

水分摂取量の減少により口腔内が乾燥しやすい.

(3) 味覚が衰えてくる

味蕾（味覚をつかさどる器官）が萎縮し，味が感じにくくなる.

(4) 嚥下反射が低下してくる

高齢になると喉頭の位置が下がり，嚥下機能が衰えてくる. そのため，むせやすくなり，飲み込みにくくなる.

(5) 歯が咬耗，摩耗してくる

加齢とともに，歯の切端部（前歯の先端の部分）や咬合面（臼歯の噛み合わせの部分）はすり減ってくる. また，長期間にわたる歯磨きで，歯の表面が摩耗してくる.

2. 高齢者に多くみられる歯科・口腔内疾患

認知症の高齢者が「何となく元気がない」「食欲がない」ときは，全身的疾患や脱水が考えられるが，そのほかに，口腔内に何らかのトラブルが生じている場合がある. 高齢者に多くみられる歯科・口腔内の疾患や症状として以下のものがある.

1) 齲蝕（むし歯）

歯のまわりにつく歯垢（プラーク）に存在する齲蝕原因菌により罹患する. 歯冠部を覆うエナメル質が脱灰（歯の成分が溶け出す）して起こるのが歯冠部齲蝕である. 歯根を覆うセメント質の部分が脱灰して起こるのが歯根部齲蝕であり，高齢者に多くみられる（図1-14）.

齲蝕が進行し，歯が根元の部分で折れた状態を残根という. 残根の状態になると，歯のさきの欠けた部分で舌や粘膜を傷つけやすい.

2) 歯周病

歯と歯肉の間に形成された歯周ポケット内で増殖した歯周病原因菌による慢性の感染症である. 細菌の産生する毒素により，歯周組織が破壊されていく炎症性の疾患である. 病変の初期には自覚症状はなく，歯肉の発赤に始まり，出血，腫脹，排膿，歯の動揺がみられるようになる. しだいに歯の浮いた感じや口臭，疼痛を伴うようになり，放置すれば歯を失う結果となる.

口腔清掃が不良で，付着した歯垢が石灰化すると歯石になり，ますます口

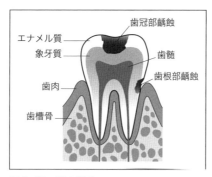

エナメル質
象牙質
歯肉
歯槽骨
歯冠部齲蝕
歯髄
歯根部齲蝕

図1-14　歯の構造

腔内が不潔な状態になると，味覚にも影響を及ぼす．

3）口腔粘膜疾患

　口腔内を清潔に保つことができないと，歯や歯肉だけでなく，口腔粘膜，舌，口蓋等に病変が現れる．口内炎にはアフター性口内炎やウイルス性口内炎等があり，抗がん剤や放射線治療の副作用でも口内炎は起こりやすい．口唇ヘルペスは単純ヘルペスウイルスが，口腔カンジタ症は真菌であるカンジタ菌が原因で起こる．口角炎，扁平苔癬，白板症等もみられることがあり，最近では口腔がんも少しずつ増加しつつある．

4）口腔乾燥

　口腔内が乾燥していると唾液が減少し，食べ物を食塊にすることが困難になり，飲み込みにくくなる．話しにくくなったり，味覚を感じにくくなったりすることもある．総義歯を使用している人は，義歯の吸着が悪くなる．

　口腔内の乾燥の原因は，全身疾患として糖尿病，脱水，シェーグレン症候群等，局所的疾患として唾液腺疾患（唾石，唾液腺腫瘍等），鼻疾患による口呼吸がある．また，放射線治療や服用薬（降圧薬，利尿薬，抗ヒスタミン薬，抗うつ薬，向精神薬等）の副作用として唾液の分泌が少なくなることがある．唾液には消化作用，抗菌作用，湿潤作用，緩衝作用，洗浄作用，歯の保護作用等があるため，分泌不足は全身にも影響を与える．

5）義歯不適合，義歯破損

　義歯が合わなくなってくると，歯肉や口腔粘膜が傷ついたり，義歯性口内

炎や褥瘡性潰瘍になったりしやすい.

　義歯には，総義歯（全部床義歯）と部分義歯（部分床義歯）がある．通常，部分義歯にはクラスプという金属製のバネのようなものがついている．そのクラスプが破損したり，クラスプのかかる歯が齲蝕で欠けたりして，義歯ががたつくケースもある．認知症の高齢者ではこのような状況を把握できず，訴える手段も少なく，放置されていることが多い.

6）摂食嚥下障害

　摂食嚥下障害は，口から食べ物を取り込むことや飲み込むことがうまくできない障害である．摂食嚥下は，①先行期（認知期），②準備期（咀嚼期），③口腔期，④咽頭期，⑤食道期の5つの段階に分けられ，各段階のどこに問題があるかによって，障害の状態が異なる.

　　①先行期：食べ物や食べ方が分からない

　　②準備期：捕食や咀嚼ができない

　　③口腔期：喉のほうに食塊を送れない，貯留する

　　④咽頭期：むせる，咳き込む，詰まる

　　⑤食道期：胸につかえる

　摂食嚥下障害の原因には，脳血管障害（脳梗塞，脳出血，くも膜下出血等），認知症，パーキンソン病，筋萎縮性側索硬化症等の疾患や，咀嚼力の低下，唾液の性状・量の変化，嚥下にかかわる筋力の低下等がある．認知症が進行すると，食べ物を認知することができなくなり，食べ方を忘れてしまうことが起こる.

　高齢者が何となく元気がなかったり，発熱を繰り返したり，食事時間が1時間以上かかったり，体重の減少がみられたり，食後のしわがれた声，食事中のむせ・咳，夜間の咳き込み等がみられたりすることがある．このときは嚥下障害を疑ってみる.

　その検査方法として，RSST（反復唾液嚥下テスト），水飲みテスト，フードテスト（ゼリー，プリン，粥等を用いる）がある．さらに，嚥下機能の装置診断法として，VF（嚥下造影検査），VE（嚥下内視鏡検査），頸部聴診，超音波画像診断がある.

7）オーラルディスキネジア

　口腔周囲の不随意運動であり，舌や口唇，下顎をたえずモグモグと動かしているのが特徴である．認知症の人では，向精神薬の副作用，不適合義歯の長期使用による舌癖，パーキンソン病等の神経疾患の口腔内症状の一部として現れることがある．

8）口　　臭

　認知症で口腔清掃が困難になると，口臭が強くなる．口臭は口腔のケアがなされているかどうかの指標ともなる．口臭の原因としては，歯周病，食物残渣，舌苔の存在や消化器・呼吸器系の疾患等が考えられる．義歯を装着している人は，義歯の汚れが口臭の原因になることが多い．

9）そ の 他

　転倒などにより，顔面の打撲や口唇の裂傷のほか，歯の破折や歯牙脱臼が起こりやすい．

　歯の欠損した骨のなかに金属（チタン等）を植え込んで，人工歯根とし，その上に人工歯をかぶせるインプラント治療をする人が増加している．インプラント周囲の歯周組織は，口腔清掃が不十分であるとインプラント周囲炎を起こしやすい．

3．全身疾患との関連

1）誤嚥性肺炎

　肺炎は日本人の死因上位を占める．高齢者の肺炎は，口腔，咽頭内の細菌の流入による誤嚥性肺炎に起因することが多い．とくに，要介護高齢者は加齢のほかに，脳血管疾患の後遺症，神経系疾患等に起因する嚥下機能の低下で，細菌が唾液とともに肺に流れ込む（不顕性誤嚥）ことにより肺炎を起こすことが多い．また，胃から胃液や食物が食道を逆流して起こることもある．

2）糖尿病と歯周病

　糖尿病の患者は歯周病にかかりやすく，重症化しやすい．歯周病は，炎症性物質を産生することにより，インスリンが効きにくくなり，糖尿病を悪化させるといわれる．

3）心疾患と歯周病

歯周病原因菌が血中に入り心臓に達すると，細菌性心内膜炎等の心疾患を起こすことがあり，歯周病の慢性炎症は心筋梗塞のリスクファクターでもあるといわれている．

4．口腔ケア

口腔ケアは，口腔清掃により細菌叢を取り除き，口腔内の疾患を予防するとともに，口腔の機能を維持・改善し，QOL を高めることを目的としている．最近では，歯科疾患の予防だけでなく，誤嚥性肺炎や全身疾患の予防のためにも必要性が認識されている．

口腔ケアを行う順序として，まず全身状態の把握，口腔内の観察，自立度の確認，口腔清掃器具の選択を行い，その人に適した口腔ケアを実践する．

1）全身状態の把握

認知症高齢者の口腔ケアを行う際に事前に把握すべきこととして，以下のことを確認する．

①全身状態を把握する（血液疾患，感染症の有無）．

②認知症の程度を知る．

③コミュニケーションがとれるか，指示が分かるか．

④意識レベルはどうか，覚醒しているか．

⑤拒否があるか，開口できるか．

⑥口腔内の過敏（感覚異常の一種で，触れられることをいやがり，緊張が増強する状態）があるか．

⑦口腔内に麻痺があるか．

2）口腔内の観察すべきポイント（表 1-17）

口腔内の状態，口腔衛生の状態，口腔機能の状態，義歯の状態を観察する．

3）口腔清掃の自立度をみる指標

口腔清掃の自立度をみる指標として，BDR 指標（表 1-18）がある．認知症高齢者では，ブラッシングや義歯の取り扱いが自立であっても，巧緻性，自発性，習慣性に問題があり，状況によって口腔ケアのケアプランが決まる．

表 1-17　口腔内の観察すべきポイント

口腔内の状態	1．むし歯になったり，歯が欠けたり折れたりしていないか
	2．歯がぐらついていないか，抜けていないか
	3．歯肉が赤くなっていないか，腫れていないか
	4．歯肉から血や膿が出ていないか
	5．口腔粘膜や舌に傷や炎症，潰瘍がないか
	6．口腔内が乾燥していないか
口腔衛生状態	1．口腔内に食物残渣などが停滞していないか
	2．歯に歯垢，歯石がついていないか
	3．舌苔がついていないか
	4．口臭がないか
口腔機能の状態	1．食べこぼし，むせがないか
	2．口の開閉ができるか
	3．舌がスムーズに動くか
	4．飲み込みにくくないか
	5．うがいができるか
	6．流涎（よだれ）があるか
	7．オーラルディスキネジアがあるか
義歯の状態	1．義歯に食物残渣や汚れがついていないか
	2．義歯が適合しているか，外れやすくないか
	3．義歯が破損していないか

表 1-18　BDR 指標

	自立	一部介助	完介助
B：ハミガキ（Brusing）	1．ほぼ自立	2．部分的には自分で磨く	3．自分で磨けない
D：義歯着脱（Denture）	1．自分で着脱	2．着脱のどちらかができる	3．自分ではまったく着脱しない
R：うがい（Rinsing）	1．ブクブクうがいをする	2．水を口に含む程度はする	3．水を口に含むこともできない

※ 1993 年に「寝たきり者の口腔衛生指導マニュアル作成委員会」が口腔清掃の自立度判定基準として作成．

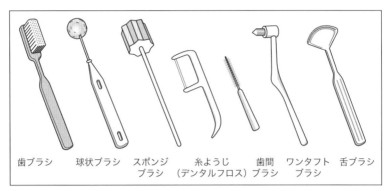

歯ブラシ　　球状ブラシ　スポンジ　　糸ようじ　　　歯間　ワンタフト　舌ブラシ
　　　　　　　　　　　　　ブラシ　（デンタルフロス）ブラシ　ブラシ

図1-15　口腔ケアに使用する器具

4）口腔ケアに使用する器具（図1-15）

（1）歯ブラシ

歯ブラシは，通常はナイロン毛の普通の硬さのものを使用する．歯肉に炎症がある場合は，やわらかめの歯ブラシを選択する．電動歯ブラシは短時間で歯垢がとれやすいが，認知症高齢者では振動をいやがる場合もある．吸引機能付き歯ブラシは，うがいができない，嚥下障害のある場合に有効である．

（2）補助清掃器具

歯間ブラシ，デンタルフロス（糸ようじ），ワンタフトブラシなどがある．

（3）粘膜ケア器具

口腔粘膜清掃には，スポンジブラシ，球状ブラシなど粘膜用ブラシを使用する．舌ブラシは舌苔の清掃に使用する．

（4）歯磨剤

基本的には歯磨剤は必要ないが，仕上げにフッ素入りの歯磨剤等を使用することがある．ペースト状歯磨剤や液体状歯磨剤がある．

（5）含嗽剤，洗口液

洗口は，基本的に水かぬるま湯で行う．洗口液は爽快感を得られるが，アルコールを含むものは粘膜を刺激することがある．ポピドンヨードやアズレン製剤等の含嗽剤は，粘膜の状況により使用に注意を要する．

(6) 保湿剤（湿潤剤）

液状のものとジェル状のものがある．嚥下障害のある人に使用する場合は，咽頭のほうに垂れたり，流れたりしないように注意する．

(7) 開口器具

金属製開口器やプラスチック製のバイトブロック，指ガード等があるが，プラスチック製のものは噛んで割れてしまうことがあるため注意する．

(8) その他

コップ，吸引器，ペンライト，タオル，ティッシュペーパー，ガーゼ，ガーグルベースン，吸い飲み器等必要に応じて使用する．

5) 口腔ケアの方法

(1) 口腔清掃

基本的には歯ブラシを使用する．歯ブラシはペングリップで持ち，毛先を歯と歯肉の間に当て，力を入れず細かく振動させる．心地よく感じるブラッシングを心がけて歯垢を除去する．細かいところは補助清掃器具を併用する．無歯顎の人は，粘膜ブラシを用いて清掃を行う．舌苔のついている人は，舌ブラシを用いて清掃を行う．清掃後は洗口を行う．

認知症高齢者の口腔清掃の注意点として，以下のことが挙げられる．

①まず声かけをし，これから行うことを説明する．

②姿勢(体位)はなるべく座位に近い状態で行う．ベッド上で行う場合は，ファーラー位かセミファーラー位をとる．頸部後屈(顎が上がった状態)で行うと誤嚥しやすいために注意する．

③いきなり歯ブラシを口に入れるのではなく，口腔周囲を軽く触れてリラックスさせてから行う．

④口腔内は，乾燥した状態ではなく湿らせてから行う．

⑤開口した状態で明るい照明の下で，痛くない，心地よいブラッシングを心がける．

(2) 義歯の清掃と取り扱い

認知症が進行すると，義歯の使用がうまくできない場合がある．義歯を認識することができずに義歯を入れたままにしたり，外したままになったりすることが多い．長期間入れたままのケースでは，義歯に汚れがこびりついて

細菌の温床となり，口腔内疾患や誤嚥性肺炎の原因となる．

　義歯を装着すると咀嚼力が向上し，嚥下しやすくなる．発語もはっきりし，審美性も回復する．また，体の平衡感覚が向上することもあり，ADLやQOLが高まるケースが多くみられる．認知症高齢者は，長期間義歯を使用していないとその状態に慣れてしまい，義歯の受け入れが困難になる．歯を欠損したときには，すみやかに義歯を作成し，義歯に慣れることが重要になる．

　義歯の取り扱いは，以下の点に注意する．

①毎食後口腔内から取り外し，流水下で義歯ブラシを用いて機械的清掃を行う．

②義歯洗浄剤による化学的清掃を併用すると，除菌効果が高まる．

③義歯の変形，摩耗，変色を防ぐために，熱湯，研磨剤，漂白剤は使用しない．

④部分義歯は，着脱時にクラスプで口唇や口腔粘膜を傷つけることがあるため注意する．

⑤認知症高齢者は義歯の上下，左右の区別ができず装着に苦労することがあるため，介助や見守りが必要になる．

⑥義歯装着の際には，義歯の吸着をよくするため，口腔内を湿らせてから行う．

⑦義歯を外したあとは，ティッシュペーパーなどにくるむと紛失することがあるため，義歯専用ケースに水や洗浄剤につけて保管する．

⑧施設では，ほかの人との取り違えや紛失防止のため，義歯に名前を刻印するとよい．

⑨就寝時は義歯床下粘膜の安静のため，義歯は外しておくのが一般的であるが，最近では，災害時等の緊急避難を考慮して就寝時に入れておくこともある．その際は，十分に清掃して装着する必要がある．

⑩義歯安定剤の使用は一時的なものとし，歯科受診をする．

(3) その他の注意点

　胃ろう，経鼻経管栄養の高齢者は，咀嚼による脳への刺激はなくなるとともに，唾液の分泌が少なくなるため，自浄作用が期待できず，口腔内細菌の誤嚥により肺炎を起こしやすくなる．そのため，経口摂取していなくても口

腔ケアは必要になる．栄養剤注入後すぐに口腔ケアを行うと，内容物が逆流することもあるため，少なくとも 30 分経過してから行うようにする．

　口腔乾燥が重度化すると，口蓋や舌，頬粘膜に，乾燥により固まった痰や剥離上皮が付着する．清掃する前に保湿剤（湿潤剤）を用いて，十分に軟化させてから粘膜ケア用ブラシで清掃をする．

5．口腔機能訓練

　口腔の機能訓練は，口腔の機能維持・増進のために，口腔周囲の嚥下機能にかかわる器官に対して行う．口腔機能訓練には，「直接機能訓練」と「間接機能訓練」がある．直接機能訓練は食物を使用しての訓練であり，食物の性状や摂食姿勢に注意を要する．間接機能訓練は，口腔あるいは口腔周囲のマッサージ，ストレッチや呼吸・構音訓練等で食物を使わない訓練である．

　間接機能訓練の具体例としては，深呼吸，含嗽訓練，肩の上下や首の運動，口の開閉運動，舌運動，口腔周囲の筋訓練など（これらを総称して嚥下体操ともいう）がある．そのほか，口腔を潤すための唾液腺マッサージ（3 大唾液腺である耳下腺，顎下腺，舌下腺のマッサージ），舌の動きをよくし飲み込みをよくする構音訓練（パ・タ・カ・ラ等の構音訓練），飲み込みを促すための寒冷刺激訓練（アイスマッサージ）等がある．

　口腔機能訓練はその人の機能を評価し，有効な訓練法を選択し実施する．コミュニケーションがとれない認知症高齢者に機能訓練はむずかしいが，口腔の廃用症候群で食事困難になっている人への間接機能訓練は有効である．

　最近固いものが食べにくくなってきた，お茶や汁物等でむせやすい，口のなかが渇いた感じがするなどの傾向がみられる高齢者は，オーラルフレイル（口腔機能の虚弱，低下）が懸念され積極的な口腔機能訓練が勧められる．

　認知症が進むにつれ，口腔ケアを行うことはむずかしくなる．しかし，すべての認知症の人に口腔ケアは必要である．認知症を理解し，相手とともにある関係，安定した関係を確立してからでなければ，効果的な口腔ケアは期待できない．口腔ケアは毎食後に行う．困難な場合は 1 日に 1 回，ていねいに行う．時間帯は，歯垢の形成や唾液の誤嚥のことを考えると就寝前に行うことが望ましい．口腔ケアには，本人が行うセルフケア，介護者による日常

の口腔ケア，歯科衛生士による専門的口腔ケアがある．効果的な口腔ケアを行うためには，認知症の程度，自立度，介護状況を正確にアセスメントし，その人のニーズに合った口腔のケアプランを作成し，実行することが求められる．歯科・口腔内疾患が疑われる場合は，すみやかに歯科医療従事者に連絡をとることが重要である．

Ⅳ．身体兆候とそのケア

身体の異常を示す兆候を全身と各器官に分け，高齢者によくみられる原因疾患や状態を中心に解説し，一般的な治療・ケアについて述べる．

1．全身にかかわる身体兆候とそのケア
1）意識障害

意識の消失や混濁といった状態は，脳の異常，脳の働きを低下させる変化によって，脳が外界からの刺激に適切に反応しなくなっていることを示す．

呼びかけや痛み刺激への反応によって意識のレベルを把握する．老衰の人や認知症の人では，睡眠の状態が長く続くことや意欲が極端に低下することで，なにに対しても反応しないことがあり，意識障害と区別しづらいため注意する必要がある．

それまでに経験のないけいれんや麻痺，瞳孔の不同[2]・散大[3]，血圧の急激な低下を伴う場合は，生命に危険が迫っているため，救命のための治療が必要である．また，低血糖，低酸素，脱水などによって生じる意識障害では，不足している酸素，水・電解質，糖を急いで補う必要があるため，原因を特定するための検査を行う．

意識障害が続くときは，栄養管理，排泄の援助，清潔ケア，褥瘡予防，感染予防など，すべてのケアを提供する必要がある．また，無意識のうちに手足を動かしたり，起き上がったりする場合に備え，安全への配慮を行う．

2）失　　神

「一過性の意識消失の結果，姿勢が保持できなくなるが，かつ自然に，また完全に意識の回復がみられること」[18]であり，通常，心臓から脳に流れる血流

が一時的に低下したことを示す.

　意識を失い倒れた場合,徐脈・不整脈の有無,脈の触れ方(弱いかどうか)を確かめる.脈の触れ方が弱い場合は,下肢を少し高くして血液が脳に流れやすくすることで意識が回復するかどうかをみる.

　失神の原因には,①心臓の機能低下(心原性失神),②臥位からの起き上がり時の低血圧(起立性失神)による失神,③長時間の立位や食事,強い衝動時など(神経調節性失神)がある.

　このうち,高齢になって生じやすいのが,心臓の拍動を調節する部分の機能不全(洞機能不全)による心原性失神である.活動をしても徐脈のままであるため,脳血流が不足し,失神してしまうのである.失神を繰り返す場合は,ペースメーカー挿入術が行われることが多い.

　臥床状態が長い人では,起き上がったときに血圧低下や脳に必要な血流不足が生じやすい.これが原因で起こる失神を起立性失神という.起立性失神を起こしやすい人では,少しずつベッドの頭側を高くするなど,急に起き上がらないようにする.とくに,レビー小体型認知症では起こりやすい症状であるため注意が必要である.

　また,食事後や排便,入浴時に血圧が低下する高齢者もいる.気分が悪いことを訴えることができないため,その後も活動を続けることで失神に至る場合がある.失神による転倒では,頭から倒れ顔面を打つ,頭蓋内出血を起こすといった重篤な状態になりうる.虚弱な高齢者では,食事,排便,入浴のあとは,短い時間でよいので横になり休息をとることで失神を予防する.また,水分の摂取不足がないように配慮する.

3)めまい

　めまいは,平衡感覚が平常でなくなっている状態で生じる.血圧の急激な低下または上昇,徐脈や頻脈,痛み,麻痺,言語障害,複視[4]を伴う場合は,重要臓器での出血性ショックの前兆,頭蓋内での異常の可能性があり,早急に治療する必要がある.

　一方,メニエール病,偏頭痛,自律神経失調,心身のストレスに伴うめまいもある.この場合,緊急性は少ないが,本人には強い不快感がある.吐き気や耳鳴りを伴う場合もあり,不快感はさらに増す.

　本人が自覚症状を表現できる場合は，どのようなめまいであるのかを具体的に聞き取る．一般的に，①回転性めまい（「目が回る」「天井が回る」「自分が回転している」など），②浮動性めまい（「ふわっとする」「車で揺られている感じ」など），③失神性めまい（「落ちていく感じ」「くらっとして気持ちが悪くなる」など）に分けられる．回転性めまいでは，眼振⁽⁵⁾があるか，目を閉じても回っている感じがあるかを確認する．浮動性めまいや失神性めまいでは，貧血⁽⁶⁾や血圧の変動がないかを確認する．

　めまいの訴えがあったら，本人に確認しながらめまいが軽減する体位をとり，安静にしてもらう．目を閉じることで症状が軽減する場合は，安全な場所で目を閉じてもらう．動くとふらつきがある場合や動けなくなる場合は転倒する可能性があるため，側につき添う．

4）全身倦怠感（だるさ）

　心身が疲れ切ってだるい状態，気力・集中力が欠如した状態であり，何らかの疾病あるいは精神面の変調の兆候である．急性の場合は，感染症など疾病の症状のひとつであることが多い．悪性腫瘍や心不全，肝炎など，重篤な疾患の前駆症状の場合もある．慢性的に続く場合は，不安や抑うつといった心因性のこともあるが，貧血，低酸素血症，甲状腺機能低下症，ビタミンB$_1$欠乏症などの疾病が潜んでいることもある．

　全身倦怠感を生じた高齢者では，疾病ではなく年齢によるものであると思い，対処せずに臥床がちになっていることがある．その後，筋力低下など廃用性の障害も加わって活動性が低下し，介護が必要な状態になる．

　全身倦怠感は他者がとらえにくい症状であるが，本人の苦痛，動きたくても動けないときの気持ちを理解し，QOLを維持するため必要な治療を行う．心理的な問題があればその解決を図るとともに，負荷のかからない運動や日常生活の範囲での活動量を維持することで，廃用性の障害を予防する．

5）食欲不振

　食事の摂取量が低下する，食べるときの表情が曇っている，食事を拒否するといった場合に体調不良を示す食欲不振の可能性がある．食欲不振は，消化器系の問題（食道炎，胃潰瘍，消化不良，便秘など）のほか，痛み，発熱，呼吸困難など，苦痛をもたらすさまざまな疾患により生じる．薬物の影響に

よって生じる場合もある. 高齢者では,「食事の摂取量が減り, いつもと違う
ようすのため医師の診察を受けたところ心筋梗塞であった」という例のよう
に, 食欲不振が重篤な疾患の兆候となる可能性がある.

　しかし, 食欲不振, 食事摂取量低下は疾患だけでなく, 摂食嚥下の問題,
環境の問題, 味つけの問題, 心理的な要因など, さまざまな原因で生じるた
め, まずは原因を探索する必要がある.

　摂取量が少ないと, 水分や栄養がとれず心配になるが, 無理に食べてもら
おうとすると, ますます食べたくなくなる. そのときの体調に合わせて, 好
みの食べ物, または少量で高カロリーの食材, 消化のよい食品などを, 食べ
ることができる量だけ食べてもらう. 食べたいときにすぐ食べることができ
るように, おやつや軽食を準備しておけば, 摂取量確保につながる.

6）体重の変動（体重減少, 体重増加）

（1）体重減少

　一般的に, 管理された食事療法時以外で, 1か月で5％以上, 6か月で10％
以上の体重減少率[7]があると, 栄養上の問題が生じている可能性がある[19].
体重減少の原因として, ①摂取エネルギー不足（食事摂取量の低下, 栄養素
の吸収・代謝障害など）, ②エネルギー消費の増加（甲状腺機能亢進症, 発
熱, 呼吸困難時など）がある.

　長期にわたって療養している高齢者では, 体重減少が体調悪化や終末期の
兆候である可能性がある. 原因となっている疾病が明らかな場合はその治療
を行うほか, 栄養補給（高カロリー食の摂取, 輸液, 経管栄養）を行う. 一
方, 終末期患者においては, 過剰な輸液を控えることで気道の分泌物を減ら
し, 苦痛を軽減できるといわれている[20]. 心臓・腎臓の機能が低下した高齢
者に栄養・水分の補給を行う場合は, 身体への負荷が増さないよう, 内容,
量, 速度に注意する必要がある.

（2）体重増加

　体重増加では, ①脂肪の蓄積による肥満, ②体液の貯留（浮腫, 腹水, 胸
水）が問題となる. 一般的に, 体重増加は回復の兆候としてとらえられる.
しかし, 高齢者では, 心臓・肝臓・腎臓の機能不全による体液の貯留が起こ
りやすい. 体重増加がみられた場合はこれらの可能性を疑い, 浮腫や尿量の

表1-19　各臓器不全による体液貯留時の症状

機能不全を起こす臓器	共通した症状	各臓器不全で特徴的にみられる症状
心臓	尿量の減少，食欲不振，倦怠感	下肢の浮腫，呼吸困難，ピンク痰，喘鳴
肝臓		腹水（腹部の膨満），黄疸，全身のかゆみ
腎臓		全身または顔面の浮腫，貧血

減少などの症状（表1-19）の有無を確認する.

　体液の貯留がある場合は，原因となった疾患の治療に加え，水分の排出を促す薬（利尿薬）を用いて尿として排出する治療が行われる. 体内に入る水分量・塩分量を制限する治療を行う場合もある. 水分や食事の制限では，その人が実行しやすい方法を工夫する必要がある. また，体液の貯留に伴う苦痛症状の緩和に向けたケアを行う.

7）発　　熱

　人間の体温は1日のうちで多少上下する（日内変動）が，成人であればおよそ36〜37度の範囲で保たれている. これは，体温調節中枢の働きによる. 身体の必要に応じ，この設定温度（セットポイント）が上昇することで体温が上昇し，発熱の状態となる. これは，細菌，ウイルス，腫瘍，壊死物質などが体内に入ることで免疫応答が起こり，発熱物質が産生され，最終的に発熱の情報が視床下部に伝わることによって生じる. つまり，発熱は，感染，腫瘍，炎症の存在の兆候となる.

　高齢者では，低栄養や免疫力の低下に伴う結核菌の再活性化や，使用している薬の影響（ステロイド，免疫抑制薬）による免疫力低下に伴い感染する可能性もある. 発熱し，感染が疑われる人のケアを行う場合，マスク，手洗い，接触者の制限など，感染の拡大を予防する対策をとる. また，細菌などがどの経路から体内に侵入したのか，炎症を示す変化（皮膚や粘膜の腫脹や発赤）はないかなど，全身をチェックする. 口腔や陰部，頭・背部・足先の皮膚は観察を忘れやすいため，注意が必要である.

　高齢者は成人よりも普段の体温（平熱）が低いこと，異常が現れるのが遅いことにより，発熱がみられたときにはすでに重篤な状態になっていること

がある．体温は平熱と比較し，その他の症状の有無や普段のようすとも合わせて，早めに異常のサインとして把握する必要がある．

　発熱している人は，悪寒（さむけ），倦怠感，呼吸困難，食欲不振などの苦痛を体験している．その苦痛を緩和するケアや処置を行う．体温が上昇し，セットポイントになるまでは悪寒や戦慄（ガタガタとふるえる），手足の冷えがみられ，本人も寒がる．このときは，毛布などで保温する．体温が上がりきったあとは逆に身体が熱くなるため，氷枕，氷嚢を用いて冷やす（クーリング）．大きな血管が体表近くにある頸部，腋下，鼠径部を冷却すると効果的であるといわれている．

　体温調節中枢に作用する薬（非ステロイド性抗炎症薬；NSAIDs）を用いて体温のセットポイントを下げると，体温を下げるために汗が出る．水分補給を十分に行うほか，身体が冷えすぎないように汗を拭き取り着替えをする．

　高齢者や脳梗塞など脳の障害がある人では，体温調節中枢がうまく働かず，感染や炎症がなくても，気温が上がると体温も上昇する場合がある．部屋や寝具の温度調節のほか，体温が上がっていればクーリングを行い，体温を調節する．

8）痛　　み

　頭痛，胸痛，腹痛，腰背部痛，歯痛など，身体のさまざまな器官にさまざまな原因によって痛みが生じる．痛みは，身体の異常を示す警告のサインである．急激に現れた強い痛みは，重篤な疾患を示している可能性がある．顔面蒼白，発汗（冷や汗），血圧低下，意識レベルの低下といった症状がみられたら，早急に治療する必要がある．

　痛みの部位・性質・経過（パターン）のほか，体温，血圧，脈拍，呼吸，排尿の状況（尿量），およびその他の症状の有無を確認し，原因を探り，治療と痛みの緩和を行う．各部位の痛みの特徴と主な原因を表1-20に示す．

　筋肉痛や神経痛など，慢性的な痛みに対しては，とくに活動したい時間帯に痛みを緩和する，入眠時に痛みを緩和するなど，鎮痛薬の効果的な使用を検討する．また，温熱療法などの理学療法の適否を検討する．高齢者では，痛みをがまんしていることも多いが，鎮痛薬の効果を得るには，痛みをがまんさせないことが重要である．

表1-20　各部位の痛みの特徴と主な原因

(1) 頭痛

特徴：頭部の痛みは，頭蓋内の血管，神経，硬膜で感知された異常が脳組織に痛みの信号を出すことによって感知される．

主な原因：①頭蓋外の血管収縮または拡張（偏頭痛，血圧の変動時）

　　　　　②筋肉や精神の緊張（緊張型頭痛）

　　　　　③頭蓋内疾患（脳腫瘍，血腫，脳炎）

　　　　　④神経痛（三叉神経痛，後頭神経痛）

(2) 胸痛

特徴：胸部周辺のさまざまな臓器から生じる．胸部に生じる軽度の違和感，胸部の締めつけられる感じ（絞扼感），激痛など，痛みの程度もさまざまである．

主な原因：①循環器：心筋梗塞，狭心症，心膜炎，急性大動脈解離など

　　　　　②呼吸器：胸膜炎，気胸，肺がん，肺梗塞など

　　　　　③消化器：食道炎，胃・十二指腸潰瘍，胆のう炎，膵炎など

　　　　　④その他：神経痛，筋肉痛，心因性など

(3) 腰背部痛

特徴：腰椎，胸椎部分の背面の痛みであり，骨・関節・筋肉に起こった変化，疾病のほか，内臓疾患に由来するものもある．

主な原因：①骨・関節・筋肉の変化：脊椎症，椎間板ヘルニア，圧迫骨折など

　　　　　②胸腹部の疾患：心筋梗塞，大動脈瘤，胃・十二指腸潰瘍，膵炎，胆のう炎，子宮がん，腎結石など

　　　　　③その他：筋力低下による慢性疼痛，心因性など

(4) 腹痛

特徴：腹部内臓に由来する痛み（内臓痛）で，漠然とした比較的広い範囲での鈍い痛みになることが多い．壁側腹膜を刺激する痛み（体性痛）は鋭く局所的である．腹部以外の部位に由来する場合もある（関連痛）．

主な原因：腹部を中心とした臓器の炎症，腸の位置や構造の異常，機能低下による．

　　　　　①炎症：腹膜炎，胃炎，膵炎，虫垂炎，憩室炎，膀胱炎，感染性腸炎など

　　　　　②構造の異常：外傷による臓器損傷，肝細胞がん破裂，胃・十二指腸潰瘍穿孔，腎結石，尿管結石，鼠径ヘルニア，大動脈瘤破裂，腸ねん転など

　　　　　③機能低下：便秘，腸閉塞など

　　　　　④その他：虚血性心疾患，心因性，下剤の影響など

　認知症の人では，痛みを言語的に伝えることができない，痛みがあってもほかのこと（興味があること，楽しみにしていることなど）に集中できる，痛みの症状・程度・訴える場所などが一定でないことから，関係者が痛みの存在に気づかないこともある．気づいたとしても，「がまんできる程度」「痛みは軽い」と軽視されて鎮痛薬が用いられず，本人は苦痛のために歩き続け

表 1-21　痛みを示す他覚的な症状

・声を出す
　「痛い」など痛みに関する言葉を言う，うめき声を上げる
・表情が硬くなる
　しかめ面，眉間にしわがみられる，笑顔が消える
・落ち着かない
　動き続ける，視線が定まらない，興奮する，混乱する，怒りっぽくなる
・痛みのある部分をかばう
　身体の特定の場所をさする・押さえる，身体の特定の部分を動かしづらそうにする，目を閉じじっとしている，身体を丸めて横になっている
・身体の緊張
　身体に力が入る，身体がふるえる，身体に触れるとびくっとする，身体に触れると怒る・暴言を吐く・たたくなど暴力的な言動をとる
・生活活動の変化
　食事摂取量の低下，不眠・睡眠パターンが崩れる，ADL の自立度が低下する（介助を要する），ケアを拒否する
・生理学的変化
　脈拍，血圧の上昇，発汗（冷汗），顔面紅潮・蒼白

る，大きな声を出す，ケアを拒否するといった行動に至る．これを BPSD と判断されると，治療として抗精神病薬が出され，いつまでも痛みは緩和されず，苦痛が続くことになる．

　認知症の人が痛みをもたらす可能性のある疾患をもっている場合，痛みの存在を想定して対応する．痛みの把握は，本人に痛みの有無・部位・程度をたずねるほか，他覚的に変化をとらえる[21,22]（表 1-21）．また，鎮痛薬を用いて，その前後の自覚的・他覚的な変化をとらえていく．鎮痛薬の効果がみられれば，薬を使う前に痛みがあったと分かる．

　鎮痛薬としてよく用いられる非ステロイド性抗炎症薬（NSAIDs）は，血圧低下・失神，消化管出血・穿孔，腎障害といった有害作用が生じやすい．薬を使用する前後の血圧をチェックするほか，長期的に使用する場合は便の性状や色の観察，浮腫（むくみ）の観察を行う．

　また，恐怖心や不信感といった心理的な要因が加わることで，痛みが増したり，薬の効果が得られなかったりする．痛みのケアとして，安心できる環境をつくる，信頼関係を築くことも重要である．

72

表1-22　出血部位とその主な原因

出血部位	名　称	出血をもたらす主な原因疾患・状態
皮膚	出血	外傷，褥瘡
鼻腔粘膜	鼻出血	外傷，打撲，出血傾向
皮下	皮下出血，血腫，紫斑，点状出血	外傷，打撲，圧迫，出血傾向，皮膚組織・血管の脆弱
胃，食道	吐血	胃潰瘍，胃がん，食道がん，食道胃静脈瘤破裂
胃，小腸，大腸，肛門	下血，血便，タール便	小腸・大腸・直腸がん，結腸憩室症，腸炎，痔核，薬の副作用
腹腔	血性腹水	肝細胞がん，がん性腹膜炎
肺，気管支	喀血，血痰，血性胸水	気管支拡張症，肺がん，結核，肺炎，心不全，がん性胸膜炎
腎臓，膀胱，尿道	血尿	腎がん，膀胱がん，尿路感染症，尿路結石
子宮，腟	不正出血	子宮がん，腟炎

9）出　血

　身体の各組織の損傷や，血液凝固因子の不足などに伴う出血のしやすさ（出血傾向）を原因として，血液が血管から外に出てしまう状態を示す．すなわち，出血は，組織・血管に何らかの損傷や，出血を引き起こしやすい変化（がんや静脈瘤など）があることを示す．あるいは，血液・凝固の仕組みが壊れ，出血しやすい状態になっていることを示す．

　出血が大量に生じると，血液の働きである酸素・栄養分の運搬ができなくなるほか，体温など身体の調節機構が維持できなくなり，生命の危機に陥る．少量でも長期間続くことで貧血となり，各組織の働きに影響が出る．出血部位とそれをもたらす主な原因疾患や状態を表1-22に示す．

　消化管の出血では，血液が体外に出るまでに時間がかかる．また，高齢者や認知症の人では下血があっても気づきにくい．そのため，出血とその原因疾患に気づくのが遅れやすい．貧血の症状（ふらつきや疲労感など）や血液検査での赤血球やヘモグロビン量の減少によって，出血や出血傾向に気づくことも多い．

　出血が続く場合は止血を図るため，圧迫できる場所であれば圧迫する．圧

迫できない場所の場合は，出血した部位の安静を図る．消化管出血では絶食とすることが多い．

　治療としては止血薬のほか，血管の結紮（けっさつ）・傷口（創部）の縫合，組織の切除などの外科的処置が行われる．出血量が多い場合は，酸素吸入や輸血が必要となる．

　血尿では，血液の凝固によって流出が止まっていても，膀胱内に血液，尿が貯留し続けていることがある．この場合は，膀胱留置カテーテルにより尿を排出すると同時に，輸液による尿量確保，持続的な膀胱灌流が必要となる．

２．各器官にみられる身体兆候とそのケア

　各器官を観察することで把握できる身体兆候と一般的な治療・ケアについて述べる．

１）運動器にみられる身体兆候

（1）麻痺・脱力

　動かそうと思っても動かない状態を麻痺という．麻痺には，左右のどちらかだけ生じる片麻痺，両下肢が動かせない対麻痺，多少は動かすことができるが正常には動かせない不全麻痺がある．また，動かそうと思えば動かせるが力がうまく入らない・力が抜けている状態を脱力という．動かせない状態だけでなく，知覚（触れられた感覚，冷たい・熱いという感覚など）もない，または鈍くなっている，異常な感覚がある感覚の障害も同時に生じやすい．

　麻痺・脱力が急激に生じた場合，左右差や言語障害がみられれば脳血管疾患が疑われる．対麻痺では，脊髄の疾患・損傷が疑われる．そのほか，髄膜炎・脳炎・電解質異常・低血糖などでも生じる．いずれも，治療開始までの時間がその後の回復状況に影響するため，早急に治療を開始する．

　運動麻痺や脱力があると日常生活に支障が出るため，必要な介助を行う．感覚の障害を伴う場合は，熱傷（とくに低温やけど）や外傷を負いやすいため注意する．

（2）しびれ

　手足など身体の特定の場所にビリビリとする異常な刺激を感じたり，感覚が鈍くなったり，逆に過敏になったりする状態のことをいう．末梢神経や循

環の障害（糖尿病，閉塞性動脈硬化症など），脊髄の障害（脊柱管狭窄症など）によって起こる．重度になると，歩きにくさや物のつかみにくさを生じ，生活に不自由を感じてくる．原因に応じた治療を行うほか，日常に用いる用具の工夫，転倒予防への配慮を行う．

それまでになかったしびれが急に起きたときは，脳梗塞の前兆である可能性もある．脱力（麻痺），言語障害などその他の症状に注意し，すぐに治療が行えるように準備する．

（3）歩き方の異常

脳血管疾患に伴う麻痺では，麻痺側に傾いたり，足を引きずったり，大きく足を振り回したりする歩き方をしていることがある．パーキンソン病・パーキンソン症候群，正常圧水頭症では，すくみ足[8]，すり足歩行[9]，突進現象[10]が特徴的にみられる．脊髄小脳変性症では，不安定な歩行や千鳥足のようなふらふらとした歩行が生じやすい．舞踏病などで四肢の不随意運動[11]が生じると，バランスがとれずうまく歩けなくなる．いずれも，歩行時の転倒を予防する必要がある．

（4）けいれん

けいれんは，全身または身体の一部の筋肉が自らの意思とは異なり，発作的に激しく収縮することによって生じる，身体の特別な動きを指す．筋肉の収縮が続き，身体が突っ張ったようにみえる強直性けいれんと，筋肉の収縮・弛緩を小刻みに繰り返すため，身体ががたがたと激しく動くようにみえる間代性けいれんがある．

けいれんは，脳細胞の異常興奮によってもたらされると考えられ，認知症に合併するてんかん，脳腫瘍などの脳そのものに原因がある場合のほか，電解質の異常，肝性脳症や腎不全，低酸素血症，高二酸化炭素血症，発熱など，二次的に脳に影響する疾患・状態に伴って生じる．

けいれんでは，同時に意識障害が起こる．呼吸停止や心停止をきたす例もある．呼吸しやすい体位とし，救急対応をとる．光刺激でけいれん発作が誘発されることがあるため，安静にできる環境で，直接光が当たらないようにカーテンなどで調整する．

2）皮膚にみられる身体兆候

（1）掻痒感（かゆみ）

どうしてもかきたくなる不快な感覚であり，高齢者では皮膚の乾燥による老人性乾皮症が多い．そのほか，かゆみをもたらす皮膚疾患として湿疹，薬疹，疥癬，陰部の真菌症などがあるが，肝疾患・腎疾患・糖尿病などの内科的な疾患によっても生じる．

老人性乾皮症では，保湿のための外用薬を塗布する．その他の疾患では，原因に応じた外用薬や内服薬を用いる．激しいかゆみをもたらす疥癬では，原因となるヒゼンダニを駆除する作用のある薬を塗布・内服するほか，かゆみ止めの薬を用いる．また，感染力に応じ，感染拡大を防ぐ対策をとる．

かゆみは重篤な症状ではないことが多いが，本人の苦痛は強い．そして，かゆみにより不眠や不穏に至る場合があるため，緩和する必要がある．

一般的なかゆみへのケアとして，患部を清潔にし，乾燥や刺激を避ける．具体的には，刺激の少ない石けんを用い，濃度を低くし泡立ててから用いる．皮膚への刺激を避けるため，ナイロン製の硬いタオルではなく，やわらかい素材のタオルを用いる．石けん成分が残らないよう十分に流すことも重要である．入浴後すぐに保湿剤を塗布する．直接肌に触れる下着は，刺激の少ないやわらかい素材の物にする．また，縫い目が当たったり，ゴムで締めつけられたりしないように配慮する．

一般的に，かゆみは温めると強くなるため，強いかゆみがあれば心地よい程度の冷たさで冷やす．本人がかゆみのある場所をかいてしまい，出血やかゆみの増長がある場合は，爪を短く切ったり，綿の手袋をはめたりすることで皮膚を保護する．

（2）皮膚色の変化

皮膚色の変化（表1-23）として，爪や唇が青紫色になる「チアノーゼ」，指先など末梢が白くなる「レイノー現象」（青紫のチアノーゼと同じような色調になる場合もある），皮膚・眼球が黄色になる「黄疸」[12]，顔面が青白くなる「蒼白」がある．

褥瘡の初期の段階では圧迫された皮膚が赤みを帯び，悪化すると皮膚色や皮膚の状態が変化する．そのため，赤みを帯びた段階で発見し，悪化を食い

表1-23　皮膚色の変化と対処

状態	部位／色	機序	主な疾患、状態	自覚症状	対処（原因に対する治療を除く）
チアノーゼ	爪や唇／青紫	動脈血中の酸素濃度の低下（毛細血管中の還元ヘモグロビン量が5g/dl以上の場合）	低酸素血症（急性呼吸不全、循環不全）、窒息	呼吸困難、倦怠感	酸素吸入、人工呼吸、安静
レイノー現象（チアノーゼ）	てのひら・指・足先／蒼白、赤〜青紫	四肢末端の末梢血管の異常収縮	寒冷、長期にわたる振動、閉塞性動脈疾患、膠原病など	手足が冷たい・痛い、しびれている、感覚がない	寒冷刺激を避ける、四肢末梢の保温・保護
黄疸	皮膚・眼球結膜／黄	血中ビリルビン（胆汁色素）量の増加（肝臓でのビリルビンの取り込み・代謝の障害、胆汁の排泄障害、ビリルビン産生の増加による）	肝・胆道・膵臓の悪性腫瘍、胆石、胆管炎、肝炎、肝硬変	倦怠感、かゆみ	安静、かゆみに対する処置（かゆみ止めの塗布・内服、合剤や刺激を避けるなど）
蒼白	顔、唇／青白い（赤みがなくなる）	①貧血 ②血圧低下	①出血、鉄の取り込み不足など ②起立性低血圧、出血など	①倦怠感、ふらつき、めまい ②ふらつき、めまい、吐き気、発汗（冷汗）	①安静、酸素吸入 ②安静、座位なら頭を低くし、仰臥位なら足もとを高くする
褥瘡	皮膚（局所）／赤み（紅斑）→水疱、紫色に変化→びらん、潰瘍	皮膚局所の圧迫による血流障害	自力で動けない状態、硬い器具や皮膚に当たるなど	疼痛（痛みを感じる場合）	除圧、皮膚のずれを避ける、清潔を保つ、紅斑の時期はフィルム剤を貼り悪化を予防するなど、時期に応じた処置を行う

止め，回復のための対策を講じる必要がある．

　皮膚色の変化はそれぞれ原因や機序が異なり，緊急度も異なるが，いずれも本人にとって何らかの苦痛症状がある．原因に応じた治療とともに，苦痛を緩和するケアを行う．

　(3)　浮腫（むくみ）

　組織の細胞周囲に水分がたまり，顔，まぶた，下肢，背部などが腫れているようにみえる状態を指す．浮腫を生じる主な原因には，①アレルギー，やけど，外傷などで，毛細血管壁の透過性が亢進し，血漿成分が血管から細胞周囲にたくさん漏れ出てくる状態，②心不全や深部静脈血栓症などで血管内圧が高くなり，水分の回収が減少する状態，③肝硬変，低栄養などで血漿中のアルブミンが減少し，浸透圧が低下して水分を回収する力が減少した状態，④がんのリンパ節転移などで，リンパ液の流れが停滞し，組織からの水分排出が減少した状態がある．つまり，体内に過剰な水分がある兆候であり，とくに心臓・腎臓・肝臓に問題があることが予測される．急激な浮腫や，呼吸困難を伴う場合は，すぐに治療が必要な状態である．

　全身に生じる慢性的な浮腫では，身体のなかでも下のほうに生じやすい．座位や立位が多い人では下肢に，臥床状態にある人では背部にみられる．また，まぶたや顔全体，陰部といった柔軟性の高い組織に目立ってみられる．

　治療としては，原因疾患への対応に加え，尿の排出を促進する薬（利尿薬）が用いられることが多い．塩分・水分を制限する治療が行われることもある．下肢に浮腫がある場合は，下肢を高くして横になる時間を多くとる．体重が増加するため身体が重く，動かしづらくなる．移動時に介助が必要となる．また，皮膚が薄くなるため，入浴や移動の介助時に傷つけないよう気をつける．

　(4)　腹部膨満

　腹部が外観上膨れている状態で，高齢者では肥満のほか，便秘・腸管ガス貯留，腹水の可能性がある．嘔吐，腹痛を伴う場合は腸閉塞が予測される．また，意識障害や黄疸を伴う場合は，肝障害に伴う腹水が予測される．治療のために，腹部超音波検査やCTなど，原因を調べる検査が行われる．

　腹部膨満がある状態では，消化管が圧迫されて食欲が低下したり，横隔膜が押し上げられて呼吸しづらくなったりする．姿勢や衣類に配慮し，安楽な

表1-24　下痢の主な原因・状態

下痢が生じる機序	主な原因疾患・状態
①腸蠕動運動の亢進	過敏性腸症候群，細菌性腸炎，便秘，暴飲暴食，下剤
②腸の水分吸収量力低下	乳糖不耐症，消化管切除，下剤
③腸の水分分泌亢進	細菌やウイルスによる腸炎，潰瘍性大腸炎，虚血性腸炎，薬の副作用

状態をつくるようにする．

3）消 化 器

(1) 下痢

　糞便中の水分量が多くなり，泥状や水様となった状態を指す．腸の，①蠕動運動亢進，②水分吸収力低下，③水分分泌亢進のために生じる（表1-24）．

　一般的に，下痢がみられた場合，下剤のコントロール不良が明らかなときを除き，まずは細菌やウイルスによる感染が疑われる．どのような場合でも，下痢便の取り扱いでは感染予防のための対応が重要である．

　感染性腸炎では，原則として下痢を止める薬は用いない．下痢を止めることは，病原菌や毒素を体内にとどめることになるからである．下痢が続くと，水分や電解質が不足する．予防として，経口で摂取できる場合は経口補液やスポーツドリンクを飲用してもらう．重症例で経口からの摂取ができない場合は輸液を行う．

　下痢の症状がある場合，すぐにトイレに行ける環境をつくる．移動能力が低下している場合は，おむつを着用して失禁時の漏れを防ぐが，尿と同じようには吸収できないおむつもあるので，おむつの性能に注意する．また，下痢便は皮膚・粘膜への刺激が強いため，排便後のおむつはすぐに交換し，皮膚・粘膜に便が残らないようにする．

(2) 便秘

　定期的な排便がない，回数が少ない，便が硬い，便の量が少なく残便感や便が出づらい不快感がある，腹痛といった症状を呈する状態を指す．原因として，①老化や運動不足，薬物の副作用などによる腸蠕動運動の低下，②食

表1-25　吐き気・嘔吐の主な原因・状態

発生機序	主な原因疾患・状態
①腹腔内の異常	感染性腸炎，胃食道逆流症，消化管の狭窄・閉塞・炎症，消化不良
②腹腔外の異常	脳圧亢進（脳腫瘍，水頭症，脳内出血など），偏頭痛，自律神経疾患，メニエール病，心筋梗塞，緑内障，肝不全
③薬物	抗がん剤，麻薬，ジゴキシン，アルコールなど
④心因性	心因性嘔吐症

物繊維，水分の摂取不足による便の硬化，③腹圧の低下，排便姿勢がとれないなどの排便機能の低下，④環境変化やストレスなど緊張状態，脳血管障害やパーキンソン病などの脳神経系疾患に生じやすい排便反射の障害，⑤結腸・直腸のがんなどによる消化管の狭窄，などが挙げられる．

　便秘の自覚があり排便時の苦痛がある場合や，動脈瘤があるなど血圧や腹圧を調整する必要がある場合では，下剤を用いた排便コントロールを行う．直腸に便が詰まっている場合は摘便[13]が必要となる．日常的な予防策として，運動量を増やす，食物繊維の多い食事，冷たい水・牛乳の摂取，トイレに一定時間座ってみることを，その人の運動機能や嚥下機能に合わせて行う．

　下痢・便秘を繰り返す，便に血液が混じる場合は，がんによる消化管の狭窄が疑われるため，精密検査が必要となる．

　(3) 吐き気・嘔吐

　一般的に嘔吐は，消化管の問題により生じる（末梢性嘔吐）が，延髄嘔吐中枢への作用によっても生じる(中枢性嘔吐)．吐き気はその前兆となる．いずれにしても，身体面の何らかの緊急的な異常状態であり（表1-25），原因に応じた治療を行う．食べすぎ，消化不良，腸閉塞，感染性腸炎などの末梢性嘔吐が多いが，吐き気がなく，頭痛を伴い噴射状に嘔吐する場合は脳圧亢進[14]である可能性が高く，すぐに治療を行う必要がある．

　嘔吐時や嘔吐の可能性があるときは，吐物の誤嚥・窒息を防ぐため，仰臥位を避け，側臥位や座位にする．嘔吐しやすいようビニール袋やティッシュペーパーなどを準備する．吐物は感染性の細菌やウイルス，血液が含まれていることを前提に，処理する際は感染予防策を厳守する．

嘔吐後は，可能であればうがいを勧める．状態が急に悪化することもあるため，側につき添い，苦痛や不快感，不安の緩和に努める．

4）呼吸器

（1）咳・痰

痰は肺や気管支から分泌される粘液であり，気道に入ってきた細菌や異物を絡め取り，排出する働きがある．咳により空気を強く吐き出すことで，痰，異物を口や鼻から外に出していく．

痰の性状により，気管内でどのような異常があるかが推測される．黄色や黄緑色では感染が，透明や白色では炎症が考えられる．粘性が高い場合は，水分が少なく痰を排出しづらい状態であり，窒息の危険もある．血痰（喀血）の場合も，気道や咽頭で凝血すると窒息する危険がある．粘性が低く量が多い場合は，痰の排出のために体力が奪われてしまう．

スムーズに痰を出せるよう水分をとり，座位や側臥位にする．ネブライザー[15]を用いて加湿や気管支を拡張する薬，痰を溶解する薬の吸入を行う場合がある（吸入療法）．痰を喀出するための咳（湿性咳嗽）は通常，薬で咳を止めることはせず，原因に対する治療を行う．痰の喀出とは関係しない，乾いた軽い咳（から咳，乾性咳嗽）が続く場合は，体力の消耗を防ぐために咳を止める薬（鎮咳薬）を用いることがある．

咳・痰は感冒のほか，結核や百日咳といった感染症の主要な症状である．咳・痰には細菌やウイルスなどの病原体が含まれる．咳・痰のある人とかかわる場合は感染予防を念頭におき，本人またはかかわる人がマスクを着用する，他の患者・利用者との距離をとるなどの対策を講じる必要がある．

高血圧に対して出される治療薬のなかには，乾性咳嗽を起こすものがある．薬が変わって咳が出始めた場合は，薬物の副作用の可能性を調べる．

（2）喘鳴（ぜんめい／ぜいめい）

何らかの理由で気道が狭窄し，そこを呼吸のために空気が通過する際に発生する異常な音のことをいう．上気道の狭窄では吸気に喘鳴が生じやすく，下気道の狭窄では呼気での喘鳴が生じやすい．一般的に，呼吸困難を伴う．また，気道狭窄が強くなると閉塞状態となり，喘鳴はなくなり，呼吸ができなくなることで意識レベルも低下する．

気道狭窄の主な原因として，肥満，舌根沈下[16]，咽頭・喉頭・気道の炎症やがん，粘性の高い痰，異物の吸い込み，気管支ぜんそく，アナフィラキシー[17]，肺炎，COPD などがある．

喘鳴が生じている場合，異物や痰など，取り去ることができる物が存在するときは内視鏡や吸引によって取り除く．気管支を拡張する作用の薬が用いられることもある．また，呼吸状態が悪化している場合は，酸素の投与が行われることが多い．さらに悪化すると，気管内挿管による気道確保や，人工呼吸が必要となる．

臨死期にも喘鳴が生じやすいが，自然死を看取るプロセスにおいては吸引や人工呼吸などの苦痛を増す処置は行わず，呼吸が楽になるよう体位を整えるなどのケアを行う．

(3) 呼吸困難

息苦しさや呼吸に努力が必要なことを感じる自覚症状であり，死を意識するほどの苦しみが生じる．呼吸困難は通常，肺胞で正常なガス交換ができず，動脈血中酸素分圧（PaO_2）と動脈血中二酸化炭素分圧（$PaCO_2$）[18]が適正な値を保てなくなった状態である．さまざまな原因によって起こるため，原因の特定を急いで行う．呼吸困難の状態と随伴症状により，ある程度の原因が推測される（表 1-26）．

PaO_2 60 Torr 未満（SpO_2 では 90% 未満）では危険な状態と考え，$PaCO_2$ が高値の場合を除き，酸素吸入が開始される．呼吸困難時は緊張を解くように声をかけ，呼吸が楽になる姿勢（表 1-27）とするが，個人差があるため，一般的な方法を試して変化を確認していく．呼吸困難になりやすい人では，身体を締めつける衣類・下着を避ける．

一方，ゆっくりと悪化し，慢性的な酸素不足の状態では，PaO_2 がかなり低下した状態であっても呼吸困難を感じない場合がある．しかし，身体の酸素不足により組織の機能は低下し，突然心筋梗塞や意識障害など重篤な状態になるため，活動量を調整し，酸素消費量が多くならないよう注意する．

(4) 呼吸の仕方の異常

成人では，安静時の呼吸は 1 分間に 20 回程度であり，規則正しい．呼吸数が 1 分間に 30 回以上（頻呼吸）や通常の呼吸筋以外を利用した呼吸（努力呼

表1-26　呼吸困難の状態，随伴症状から推測される原因

呼吸困難の状態，随伴する症状	推測される原因
食事中，突然呼吸ができなくなる状態を示し，発語できない	食物による窒息
突然の痛みとともに生じる	気胸
臥床状態または長時間の同一体位の人，手術を受けた患者，がん患者に突然（動き出してすぐに）生じる	肺血栓塞栓症
なかなか空気を吸えず苦しい，吸気時に喘鳴	上気道閉塞
なかなか空気を吐けない，呼気時に喘鳴	下気道閉塞，気管支喘息
横になるととくに苦しい，頸部の静脈怒張，冷汗，ピンク痰	急性心不全，急性肺水腫
呼吸回数が多い（30回／分以上），ストレスになる要因がある（動脈血採血において，$PaCO_2$の低下，PaO_2の上昇，呼吸性アルカローシスを示す）	過換気症候群，パニック症候群
咳や痰がみられる	肺炎

表1-27　呼吸が楽になる姿勢

姿勢	特徴的な疾病	理由
坐　　位	急性心不全気管支喘息	横隔膜や肺全体を十分に活用して呼吸できる．心臓に戻る血液量が調整され，心臓の負荷が減る
臥　　位	慢性心不全	心拍出量が少なくても脳に血液・酸素を送ることができる．血液が心臓に戻りやすい，酸素消費量が坐位よりも少ない
セミファーラー位，ファーラー位（ベッドアップ30〜60度）		坐位と仰臥位の両方の効果がある

吸）は，身体の酸素不足，酸素の取り込みの力の弱まりを示し，意識がある場合は呼吸困難感を伴う（表1-28）．

　呼吸数が1分間に10回未満（徐呼吸），あるいは呼吸をしない状態が10秒以上続く（無呼吸）場合は，本人の呼吸困難感は乏しいが，酸素の取り込みが不足するため，身体の各組織の酸素不足が続く．また，二酸化炭素が排出されにくく蓄積する可能性もある．

　原因に応じた治療とともに，PaO_2，$PaCO_2$の値により，酸素吸入の開始や

表1-28　努力呼吸

吸気時に喉頭隆起が下方に動く（気管牽引）
吸気時に首の筋肉（胸鎖乳突筋）を隆起させる
肩や肩甲骨を動かして呼吸をする（肩呼吸，肩甲呼吸）
吸気時に鼻翼が隆起する（鼻翼呼吸）
吸気のたびに下顎を動かし口を開ける（下顎呼吸）

酸素量が決定される.

5）循環器（脈の異常）

（1）脈のリズム不整

心臓の調律が規則的でない場合を指す. 脈をとると, リズムがばらばらである場合と, ある程度規則的に脈を打っているが, いくつかに1つ「抜ける」というパターンの場合とがある.

通常は, 内服薬を用いて不整脈をコントロールし, 生命に危険のある不整脈・心停止への移行, 不整脈によって生じやすい心原性脳梗塞, 心不全の悪化を予防する. 自覚症状がない場合も多いため, 本人あるいは家族により脈を測ることができるようにする.

（2）頻脈

心臓が拍動する数が1分間に100回以上の場合を頻脈という. 循環血液量の低下や貧血, 心不全, 呼吸不全など酸素供給が不足した場合と, 運動や甲状腺機能亢進症などで代謝が亢進し, 酸素消費量が増えた場合に生じる. 通常, 脈拍数と同じであるが, 不整脈や血圧の低下がある場合には, 心臓が拍動していても脈拍数が増加していない場合がある.

意識レベルの低下や強い痛み, 呼吸困難など, 強い苦痛症状とともに頻脈が生じている場合は, 緊急に診断・治療を始める必要がある. 苦痛症状が強くない場合も, 頻脈が続くことで心不全や血圧低下, 重篤な不整脈に移行することがある. そのため, 安静にできる環境を整える.

（3）徐脈

心臓が拍動する数が1分間に60回未満の場合を徐脈という. 心臓の拍動を調整している洞結節およびそこからの刺激を伝える経路での異常（洞機能不全症候群）によって起こりやすい. また, 強心薬のジギタリス[19]の血中濃度

が高くなったときにも生じやすい（ジギタリス中毒）.

徐脈の場合，重要臓器への血流不足が生じる．そのため，安静時には症状がなくても活動して酸素消費量が増えた際に酸素不足が起こり，息切れや疲労感が生じる．重度になると失神することもある．治療としては，ペースメーカー[20]を植え込み，心臓の律動を補助するのが一般的である．ペースメーカー植え込み術が適応されない場合は，失神を起こさないよう，運動制限や食後の安静，入浴ではなくシャワー浴にするなど，生活の工夫が必要である．

6）泌尿器

（1）排尿困難

下部尿路閉塞または排尿筋機能の低下により，排尿に努力を要する状態のことを指す．悪化すると，尿閉（膀胱に尿はたまっているが出ない状態）となる．下部尿路閉塞では前立腺肥大，前立腺がん，尿道結石，膀胱腫瘍など，排尿筋機能低下では糖尿病や脊髄疾患などがある．そのほか，抗コリン作用[21]をもつ薬によって生じる場合もある．

尿閉では苦痛が強く，逆行性の腎障害をきたす場合があるため，導尿[22]を行って尿を出す．排尿困難を自覚していない場合や急激に生じた場合は，「尿が出ない」という訴えではなく，下腹部痛として訴えることもある．認知症の人では，落ち着きのなさ，歩き続けるなどの BPSD に似た行動として示されることがあるため注意が必要である．

（2）尿量減少，排尿回数の減少

24 時間の尿量測定をしていれば，尿量が減少していることを把握しやすいが，一般的には排尿回数の減少で把握される．尿量の減少は膀胱に尿がたまっているが排泄されないこと（排尿障害，尿閉）でも生じるが，膀胱に尿がたまらない，すなわち尿が生成されない状態は，腎機能，心機能の低下，脱水，ショック状態といった生命の危機を示す．また，尿量が少ないということは，体内から排出すべき成分が体内にとどまっているという問題が生じていることも示している．

尿量の減少に対し，原因に対する治療が行われる．脱水では水分・電解質の補給を行うが，心機能の低下では心負荷を避けるため，循環血液量を増や

さないよう水分摂取量を制限する場合がある．また，強心薬や利尿剤を用い
る．腎機能の低下が進むと，透析療法[23]が適応される場合もある．

(3) 尿量増加，排尿回数の増加

　抗利尿ホルモンの不足により低比重の尿を多量に出す尿崩症のほか，糖尿
病の高血糖時にも飲水量が増え，結果として尿量が増加する．体内のバラン
スを保つために必要があって水分を摂取した結果，尿量が増えている状態で
あるため，水分摂取の制限はできない．抗利尿ホルモンやインスリンの補給
といった原疾患のコントロールを行う．

　一方，高齢になると，腎機能，心機能の低下，膀胱容量の減少，ホルモン
分泌の変化などさまざまな原因により排尿回数が増える．とくに，夜間の尿
回数の増加は不眠や転倒の引き金になりやすい．外食後は水分摂取を控え就
寝前の排尿を勧め，夜間に安全な環境を整える．

Ⅴ．緊急時のサインと対応

　図 1-16 に緊急時のサインと対応を示す．認知症の人の「普段のようす（い
つもの状態）」を把握し，「いつもと違う」ことに気づき，早期に対応するこ
とで大事に至らずにすむことも多い．万一，認知症の人が倒れていたり，
ぐったりしていたりしたときは，まず「意識」を確認する．意識がない場合
には，気道を確保し，呼吸がなく心臓も動いていない場合には，胸骨圧迫（心
臓マッサージ）や人工呼吸といった心肺蘇生法（Cardiopulmonary Resuscita-
tion；CPR）や自動体外式除細動器（Automated External Defibrillator；
AED）の使用によって一次救命処置（Basic Life Support；BLS）を行う．
さらに，出血時には圧迫止血することや熱中症の対応などのファーストエイ
ドも行いながら，救急車の到着を待つ[23]．

　認知症の人の急変を未然に防いだり，発生時に適切に対処したりするに
は，ケア提供者が認知症の人に起こりやすい急変や緊急時のサインを把握
し，対応できるようにしておく必要がある．また，あらかじめ本人や家族の
意向，かかりつけ医の連絡先などを確認しておくほか，とくに人生の最終段
階にある認知症の人では，本人の意向に沿った緊急時の対応について家族を

86

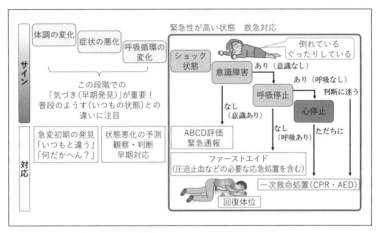

図1-16　緊急時のサインと対応

含めた多職種で話し合っておく必要がある.

　認知症の人に起こりやすい急変は，脳疾患や心疾患等による意識障害，ショックなどの「急性疾患等による急変」，風呂での溺水や窒息・転倒などの「不慮の事故による急変」，熱中症や感染症などの「環境からの影響による急変」の大きく3つに分類できる（図1-17）.

1．急性疾患等による急変時のサインと対応

1）意識障害

（1）定義

　意識には，脳幹が担う「覚醒」と，大脳皮質が担う「認知（自分と周囲の環境の認識）」の2つがある．意識障害とは，神経系の症候で，覚醒度（意識レベル）もしくは周囲の刺激に対する適切な反応が低下している状態をいう.

　なお，意識消失（失神）とは，心血管系の症候であり，脳血流の減少により短時間（長くても数分）意識を失うことをいう．失神は，レビー小体型認知症の人にみられる症状のひとつであり，足を挙げて，頭部へ血液がいくように臥床することで回復するため，意識障害とは区別する必要がある.

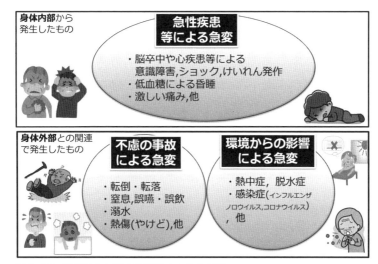

図1-17　緊急対応を要する認知症の人の急変

（2）原因

　突然の意識障害は，脳血管障害や心筋梗塞などが原因で脳への血流が悪くなり，脳細胞への酸素供給が欠乏することで，意識をつかさどっている脳機能が低下して起こる．意識障害の原因は多様なため，「アイウエオチップスAIUEOTIPS」と覚えるとよい（表1-29）．

（3）サインと評価

①観察

　表1-30に示すような普段のようすとは異なる意識障害のサインに留意する．「いつもよりよく寝ている」ときに意識障害を起こしていることもある．顔の表情（ゆがみや苦悶）や異常な呼吸と判断したときには，迷わずに覚醒を促し，意識レベルを評価する．

②意識レベルの評価

　わが国では「ジャパン・コーマ・スケール（Japan Coma Scale；JCS）」が評価に用いられることが多い（表1-31）．JCSⅢ度は，緊急性がきわめて高い．JCSⅠ～Ⅱ度でも，突然，意識障害が出現したときには注意を要する．

表1-29　意識障害の原因；アイウエオチップス AIUEOTIPS

ア（Alcoholism）：	急性アルコール中毒
イ（Insulin）：	インスリン（低血糖，高血糖）
ウ（Uremia）：	尿毒症
エ（Electrolytes, Endocrinopathy）：	電解質異常，内分泌疾患
オ（Oxygen, Overdose）：	低酸素血症，薬物中毒
チ（Trauma, Temperature）：	外傷，体温異常
ッ（Infection）：	感染症
プ（Psychiatric, Porphyria）：	精神疾患，ポルフィリン症
ス（Shock, Stroke, Seizure）：	ショック，脳血管障害，けいれん

表1-30　意識障害のサイン

【いつ，どんな状況】
・（明け方，就寝中）寝室から起きてこない，声をかけても反応が悪い
・（冬季の夜中や早朝）入浴中（浴槽内）や脱衣所やトイレで倒れている
・（食事中や嘔吐後）急に気を失う（誤嚥窒息・気道内異物）

【観察されるようす】
・予兆なく突然に意識がおかしくなる
・ぐったりしている，ぼーっとしている
・ろれつが回らない
・手足の動きが悪くなる，ふらつく（歩行障害）
・頭をひどく痛がっている
・顔面蒼白，発汗している
・吐き気や嘔吐がある
・めまいや失神がある
・発熱している

③ABCD 評価

Airway（気道），Breathing（呼吸），Circulation（循環）の安定性に加えて，Disability of central nervous system（中枢神経系の障害）では麻痺の有無や瞳孔所見を確認する（図1-18）．ABCD 評価で気道閉塞や呼吸状態が不安定な場合は緊急度が高く，救命処置を実施する．

④低血糖・低酸素・低体温の除外

ABCD 評価やバイタルサインが正常であれば，意識障害の原因に「低血糖」「低酸素症」「低体温」がないかを評価し，所見があれば各応急処置をする．

表1-31　意識障害の評価（Japan Coma Scale；JCS）

Ⅰ（刺激しないでも覚醒している状態）	Ⅱ（刺激すると覚醒するが刺激をやめると眠り込む状態）	Ⅲ（刺激をしても覚醒しない状態）
0. 意識清明		
1. 意識清明とはいえない	10. 普通の呼びかけで容易に開眼する	100. 痛み刺激に対し，払いのけるような動作をする
2. 見当識障害がある（なじみの人もわからない）	20. 大きな声またはからだを揺さぶることで開眼する	200. 痛み刺激で少し手足を動かしたり，顔をしかめる
3. 自分の名前，生年月日が言えない	30. 痛み刺激を加えつつ呼びかけを繰り返すとかろうじて開眼する	300. 痛み刺激に全く反応しない

R（不穏）・I（便失禁）・A（自発性喪失）などの付加情報をつけて，「JCS Ⅲ-200-I」などと表す．
「痛み刺激」とは，眼窩上孔刺激や爪床刺激（ペンや箸などを用いて，左右の手指や足趾の爪床を鈍的に強く圧迫）などで，身体は動かさないようにする．

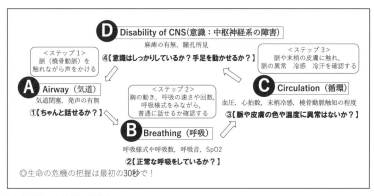

図1-18　ABCD評価

（4）対応

　舌根が喉の奥に落ち込むと気道をふさぎ呼吸ができなくなるため，下顎を前に突き出し，喉を伸ばす姿勢により気道を確保する．心肺停止では，1分経過ごとに7～10％ずつ救命率が低下するため，迅速にBLSを行う．CPRでは，ただちに胸骨圧迫を開始し，強く（約5cm沈む深さで），速く（100～

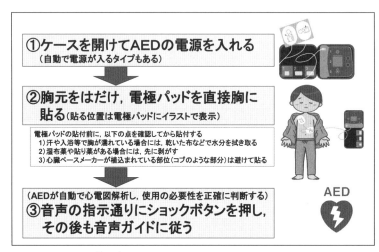

①ケースを開けてAEDの電源を入れる
（自動で電源が入るタイプもある）

②胸元をはだけ，電極パッドを直接胸に貼る（貼る位置は電極パッドにイラストで表示）

電極パッドの貼付前に，以下の点を確認してから貼付する
1）汗や入浴等で胸が濡れている場合には，乾いた布などで水分を拭き取る
2）湿布薬や貼り薬がある場合には，先に剥がす
3）心臓ペースメーカーが植込まれている部位（コブのような部分）は避けて貼る

（AEDが自動で心電図解析し，使用の必要性を正確に判断する）
③音声の指示通りにショックボタンを押し，その後も音声ガイドに従う

AED

図 1-19　AED の使い方

120回/分），絶え間なく行う．人工呼吸（mouth to mouth）の技術があれば，胸骨圧迫30回に対して1秒ずつ2回の人工呼吸を組み合わせる[24,25]．AEDがあれば使用し，自動音声に従ってボタンを押して電気ショックを行う（図1-19）．その後も CPR を繰り返し，救急隊に引き継ぐまで続ける．なお，心室細動以外の原因による心停止は，AED が「電気ショックは不要」と判断するので，迷わず AED を使用する．

　嘔吐時は顔を横に向けて，吐物が喉に落ちて気道をふさがないよう，口中の吐物は指にカーゼなどを巻いてかき出すほか，側臥位の回復体位にする[26]．

2）ショック

　（1）定義

　ショックとは，血圧が低下し，末梢組織に十分な酸素が供給されない緊急な状態をいう．

　（2）原因

　ショックの原因は，急速な出血などの「循環血液量減少性ショック」，アナフィラキシー（薬物過敏症等）や敗血症などの「血液分布異常性ショック」，心筋梗塞などの「心原性ショック」，肺塞栓などの「心外閉塞・拘束性ショッ

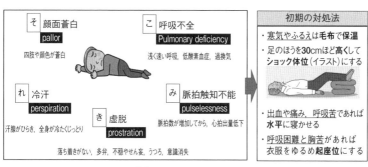

図 1-20　ショックの 5P(5 徴候)；「それきみこ」でチェック！

ク」の 4 つに分類される.

（3）サイン

ショックのサインには，「顔面蒼白（pallor）」「冷汗（perspiration）」「虚脱（prostration）」「脈拍微弱・触知不能（pulseless）」「呼吸不全（pulmonary insufficiency）」の 5 P があり，日本語の頭文字で「それきみこ」と覚えるのもよい（図 1-20）．ショックインデックス Shock Index（SI ＝心拍数÷収縮期血圧）で，1.0 以上であればショックを疑う[27].

（4）対応

顔面蒼白は，末梢や顔面の皮膚色で判断する．冷感があれば毛布で保温する．ぐったりしている状態（虚脱）であれば，呼吸・脈拍・血圧を確認し，呼吸不全や脈拍触知不能があれば医師（救急車）に連絡し，ショック体位にして待つ.

２．不慮の事故による急変時のサインと対応

2020 年現在の高齢者に多い不慮の事故による死因を示す（表 1-32）．不慮の事故は防ぐこともできるため，認知症の人に起きやすい事故の特徴を踏まえた予防策が重要になる.

1）転倒・転落

（1）定義

転倒・転落とは，自分の意志ではなく，地面・床またはより低い面へ身体

表1-32　高齢者の「不慮の事故」による死因

順位	65-74歳　（前期高齢者）		75歳以上　（後期高齢者）	
	死因	構成割合（%）	死因	構成割合（%）
第1位	溺死および溺水	24.6	転倒・転落	27.6
第2位	窒息	19.4	窒息	23.8
第3位	転倒・転落	14.8	溺死および溺水	19.4

「不慮の事故」とは，交通事故，転倒・転落，溺死・溺水，窒息，火災，中毒などによるもの.
「溺水」とは，水没により窒息や低体温等によって生じる障害. 一時的ではあっても生命兆候の認められているもの.
「溺死」とは，溺水が原因で（24時間以内に）死亡に至ったものをいう.
厚生統計協会編：国民衛生の動向・厚生の指標 2021/2022. 厚生労働統計協会，東京（2021）をもとに作成

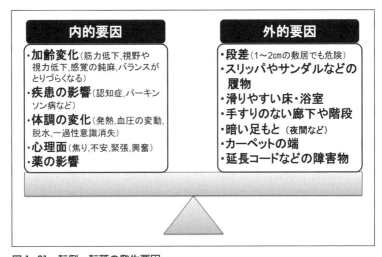

図1-21　転倒・転落の発生要因

が接地することをいう[28].

（2）原因

図1-21に転倒・転落の発生要因を示す. 発生場所としては，「屋内」では居室，階段，廊下，玄関，ベッド，いす，トイレ，「屋外」では道路，階段，段差，エスカレーターなどがある. 発生状況では，ベッドやいすからのずり

落ちや慣れない環境のほか，ベッドから車いすや車いすから便器などの移動時，とくに夜間にトイレに行く際が多い．

　レビー小体型認知症では，歩行のスピードが加速して止まれなくなり前方へ転倒したり，姿勢反射障害で姿勢を立て直すことができず後方に転倒したりすることがある．血管性認知症で麻痺を合併していたり，アルツハイマー型認知症の高度で錐体外路症状を合併していたりすると，視空間認知障害や注意障害とあいまって転倒を繰り返すようになる．

　(3) サイン

　①転倒・転落前

　転倒・転落につながりやすい認知症の人の「行動のサイン」に留意する．BPSD 関連とくに徘徊や焦燥などの行動症状や，その背景に尿意・便意などの生理的欲求があるため，そのサインに気づくことが大切である．また，歩行可能な認知症の人では薬物による副作用でふらつきがないかを留意する必要がある．

　②転倒・転落後

　高齢者の外傷や骨折の原因は，転倒・転落が多い．このため，頭部を打撲した場合は，頭部外傷（たんこぶや出血の有無など）や意識障害，ショック症状，嘔気・嘔吐，バイタルサインの変化に注意が必要である．重症なものは1時間以内に症状が出現するが，高齢者では2〜3日経過してから症状が出現したり，数週間後に慢性硬膜下血腫による麻痺などの症状が出現したりすることもある．さらに転倒・転落時は，頭部以外にも全身を観察して，骨折による痛みや動かせない状況などの骨折のサインにも留意する．

　(4) 対応

　①初期対応

　意識があれば転倒したままの姿勢で，どこが痛むか，外傷や吐き気はないか，身体の状態などを聞きながら，全身をよく観察する．意識の確認とABCD 評価を行い，意識がなく呼吸していない場合には，ただちに救急要請とBLS を行う．

　②頭部外傷と全身の観察

　頭部外傷，出血，骨折，疼痛の有無などの身体所見をていねいに確認する．

転倒・転落後24時間は，意識状態の急激な変化や悪心・嘔吐に注意する．転倒状況を把握し，打撲部位の変形や股関節などの動作に伴う痛みがある場合には骨折を疑い，医師の診察を依頼する．また，抗凝固薬の内服中は止血しにくいため，圧迫止血時間を長めにする．

③継続観察

頭部外傷がなく元気なようにみえていても，数日後に慢性硬膜下血腫を発症することがある．継続的に観察し，いつもと違うようすがあれば迷わず受診につなげる．

(5) 予防対策

転倒・転落しやすい発生要因をもとに，個々の認知症の人がもつ転倒・転落の要因を検討し，転倒・転落を未然に防ぐことができるよう環境を整える．

2）窒　　息

(1) 定義

窒息とは，呼吸が阻害されることによって血液中のガス交換ができず，血中酸素濃度が低下し，二酸化炭素濃度が上昇して脳などの内臓組織に機能障害を起こした状態をいう．死に至った場合は窒息死という．高齢者の不慮の事故による死因第2位は「窒息」であり，65〜74歳で19.4％，75歳以上で23.8％を占め，決して少なくない．

(2) 原因

窒息は，異物による気道の閉鎖，鼻や口の閉鎖，溺水，空気中の酸素欠乏のほか，薬物による呼吸筋の麻痺・痙攣によって起こる．窒息の原因は食物が多く，トップ3はもち，ごはん，パンの主食で，このほかにあめ玉，団子，こんにゃくゼリーなどの菓子類や，義歯（入れ歯）も多い．

(3) サイン

まずは窒息に気づくことが重要である．食事やおやつの途中で突然，苦しそうな表情や息ができないようすがあるとき，窒息に特有な親指と人差し指で喉を押さえる「チョークサイン」があるときには緊急を要する．窒息は，短時間で呼吸困難・チアノーゼ（紫色）から呼吸停止までの経過をたどり，死に至る（表1-33）．対応が遅れると，一命を取りとめても低酸素状態が長引くことで，脳に重篤な障害を残す．

表1-33　窒息の経過

経過時間		時期	特徴とサイン
0:01:00	30〜60秒	第Ⅰ期（前駆期，無症状期）	体内の酸素が利用できている状態（息止めと同じ状態）.
	60〜90秒	第Ⅱ期（呼吸困難期，けいれん期）	血液中の二酸化炭素濃度の急激な上昇により，吸気性呼吸困難が生じ，苦悶状態，チアノーゼで意識消失を起こす．次いで，呼気性呼吸困難になると共に血圧の上昇，痙攣，弓なり緊張を呈し，大小便失禁を伴う.
0:02:30	60〜90秒	第Ⅲ期（無呼吸期，終末期前呼吸，停止期）	痙攣が止んで筋肉が弛緩し，呼吸中枢の麻痺から呼吸も停止する．仮死に陥り，第Ⅲ期以前に救急処置を施さなければ完全な回復は望めない.
0:04:00	60秒	第Ⅳ期（終末呼吸期）	発作性の深い吸気（あえぎ呼吸）が10回程起こり，呼気と吸気の間に長い間隔が空くようになり（終末呼吸），最終的な呼吸停止に至る．その後，数分から数10分で心拍動が停止する.
0:05:00			

望月　諭：窒息.（葛谷雅文，秋下雅弘編）ベッドサイドの高齢者の診かた，南江堂，東京（2008）および勝又義直，鈴木　修編：NEW法医学・医事法. 南江堂，東京（2008）をもとに作成.

（4）対応

　応援を呼び救急車の要請と同時に，気道をふさぐ異物を早急に除去するために，背部の中央部を喉の方向に向かうように叩く「背部叩打法」を行い，「咳をしてください！」と言うと異物を除去できることがある（図1-22）．みぞおちのやや下部分を背部から突き上げるように抱きかかえる「ハイムリッヒ法（腹部突き上げ法）」が有効なこともある[28]．異物がみえて摘出が容易ならば「指拭法」で異物をかき出すが，無理して異物を喉に押し込めないように注意する.

（5）予防対策

　窒息には予防対策が不可欠である．とくに，咀嚼・嚥下機能が低下している場合，事前に窒息しない食材への交換や調理法の工夫，食形態の変更などの予防策を施す．また，口中に食べ物が入っているときには話しかけない，物音などで驚かせないよう環境にも配慮する．とくに窒息のリスクが高い人

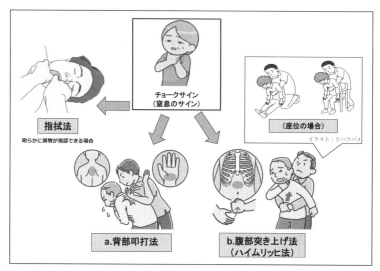

図 1-22　窒息の対処法

は，食事中や食後の観察も大切である．

　なお，前頭側頭型認知症では，嚥下前に食べ物を口へ次々と運び入れることで窒息に至ることがある．事前に一口サイズにカットしたり，スプーンや食器のサイズを調整したり，食事メニューの説明により食事ペースを変えるなどして窒息を予防する．

3）溺　水

（1）定義

　溺水とは，水没により窒息や低体温等を起こした状態であるが，生命兆候の認められたものをいう．溺死とは，溺水が原因で24時間以内に死亡に至ったものをいう．

（2）原因

　高齢者では入浴中の突然死が多く，冬期間に多く発生する（図1-23）．

（3）サインと対応

　入浴中は，時々声をかけて応答があるか確認するとともに，脱衣場や浴室等にも暖房を入れたり，浴槽のお湯で浴室を暖めた後に入浴したりするな

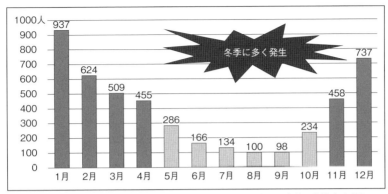

出典）消費者庁：News Release「冬季に多発する高齢者の入浴中の事故に御注意ください！
自宅の浴槽内での不慮の溺水事故が増えています」（2020 年 11 月 19 日）

図1-23　高齢者の「不慮の溺死及び溺水」による発生月別死亡者数（2019年）

表1-34　入浴中の溺水を防ぐための予防対策

【入浴前】
1. 食後すぐの入浴は控える（食後低血圧による失神）.
2. 精神安定剤，睡眠薬などの服用直後に入浴時間が重ならないようにする.
3. 入浴前に脱衣所や浴室を暖める.

【入浴中】
1. 湯温は 41 度以下とする.
2. 湯につかる時間は 10 分以内とする.
3. 浴槽から立ち上がるときは，手すりなどを使ってゆっくり立ち上がる.
　（急に立ち上がると，入浴中に体にかかっていた水圧がなくなり，圧迫
　されていた血管は一気に拡張し，脳血流が減って脳貧血となり，一過性
　の意識障害を起こして，浴槽内に倒れて溺れる危険がある.）

消費者庁：New Release「冬季に多発する入浴中の事故に御注意ください！　11
月 26 日は「いい風呂」の日：みんなで知ろう，防ごう，高齢者の事故」（平成 30
年 11 月 21 日）をもとに作成.

ど，室温の変化を小さくする（表1-34）．万一，浴槽で溺れているところを
発見した場合には，ただちに浴槽から引き上げ，医療機関へ搬送する．

4）熱傷（やけど，火傷）

（1）定義

熱傷とは，熱湯や火炎などの高熱に触れることで生じる皮膚・粘膜の損傷

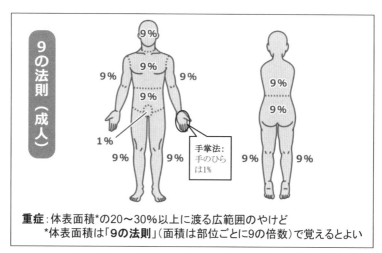

9の法則（成人）

9%

9%

9% 9%

9%

9% 9%

1%

手掌法：手のひらは1%

9% 9%

9% 9%

重症：体表面積*の20〜30%以上に渡る広範囲のやけど
　*体表面積は「**9の法則**」（面積は部位ごとに9の倍数）で覚えるとよい

図1-24　熱傷面積（9の法則）

（外傷）をいう．熱い味噌汁を飲んで舌を熱傷する軽度のものから，熱湯を全身にかぶって生命の危機に瀕する重度のものまである．

（2）原因

　熱傷の原因は，ポットの湯などの「高温液体」と，コンロや仏壇のろうそくなどから着衣への引火などの「火災」が多く，次いでストーブ，鍋，アイロンなどの「高温個体」である[29]．さらに高齢者ではカイロやパネルヒーターに接触して受傷する例もある．

（3）サインと評価

　熱傷の重症度は，「面積（広さ）」と「深さ」で決まる．熱傷の面積は，体表面積の20〜30%以上に渡る広範囲の熱傷は「重症」と判定される．体表面積は，「9の法則（各部の面積を9の倍数で表したもの）」で算出し，狭い範囲の熱傷の面積は，その人の手のひらを1%とする「手掌法」で算出する（図1-24）．熱傷の深さはⅠ〜Ⅲ度に分類される（表1-35）．Ⅱ度の真皮熱傷が15%以上，Ⅲ度の全層熱傷が2%以上の場合は「中等症」と判定される．

（4）対応

　熱傷の重症度に応じた応急処置と医療機関の受診となる．応急処置は，と

表1-35　熱傷の深さによるサインと対応

深さ	サイン		対応
	外見	症状（痛み）	
Ⅰ度 （表皮のみ）	・皮膚が赤くなる（紅斑）	ヒリヒリと痛い，熱感	・冷たい水や保冷剤をタオルで巻いて痛みが取れるまで冷やす（最低15分以上）.
浅達性Ⅱ度 （真皮浅層）	・皮膚が腫れて赤くなり，水ぶくれ（水疱）ができる	とくに強く激しい痛みと焼けるような感じ	・1%（手のひら範囲）以内の受傷はⅠ度の対応. ・受傷部位を冷却しながら，急ぎ病院受診. 水疱はつぶさず，また体温が冷えすぎないように受傷部位以外の保温にも注意.
深達性Ⅱ度 （真皮深層）	・皮膚が腫れて白くなり，水ぶくれ（破れやすい水疱）ができる	激しい痛みと焼けるような感じ 知覚鈍麻あり	・Ⅱ度熱傷で受傷部位が15〜30%は入院加療が必要. 植皮術（皮膚移植）が必要な場合もある. ・Ⅱ度熱傷で受傷部位が30%以上は，救急対応.
Ⅲ度 （真皮全層， 皮下組織）	・皮膚が乾き硬く白くなり，場所によっては黒くなる ・脱毛	痛みはほとんど感じない	・救急車を呼び，救急病院へ搬送. ・衣類は着たまま，上から水をかけて冷やす. 身体は毛布などで保温しながら，熱傷部位を冷やし続ける. 入院により植皮術（皮膚移植）が必要.

浅達性Ⅱ度熱傷は，強い痛みを伴うが，毛囊，皮脂腺，汗腺が熱で壊されずに残っているもので1〜2週間で瘢痕を残さず治る.
深達性Ⅱ度熱傷は，痛みはむしろ軽いことが多いが，表皮の新生に3〜4週間かかり，瘢痕が残り，植皮術が必要になることがある.
Ⅲ度熱傷は，脱水・熱傷性ショック・感染症併発などで重篤化しやすく救命処置を要することもあり，1か月以上の治療期間を要する.

にかく冷やすことであり，Ⅰ度の熱傷では最低でも15分以上冷やし続ける. またⅡ度以上の熱傷の場合では，衣類を着たまま上から水をかけて冷やし，身体は毛布などで保温しながら，医療機関を受診する. Ⅱ度以上の熱傷では，植皮などの適切な治療を行わないと拘縮による機能障害が生じることもある.

　(5) 予防対策

　日ごろから起こりうる多様な熱傷場面を想定して環境を整えておくこと

表1-36　熱中症のサインと対応

重症度	分類	原因	サイン	対応	
				対処	医療機関への受診
Ⅰ度	熱失神	体表血流の増加に伴う血圧低下，脳血流減少	めまい，失神，顔面蒼白，脈拍が速く弱く不安定	・涼しい場所へ移動 ・臥床安静，衣服をゆるめる ・足を高く上げる ・水分と塩分の補給	通常は入院を必要としない ・口から水分補給ができない場合や症状が改善しない場合は，病院受診
	熱けいれん	大量発汗に伴う塩分喪失	大量の汗，筋肉痛，筋肉の硬直（こむら返り）		
Ⅱ度	熱疲労	大量発汗に伴う塩分喪失と脱水状態，体内に熱がこもる	頭痛，脱力感，倦怠感，（体がぐったりする，力がはいらない）吐き気，嘔吐，集中力や判断力低下，意識障害	・涼しい場所へ移動 ・臥床安静，衣服をゆるめる ・身体を積極的に冷やす ・十分な水分と塩分の補給（意識があれば，ゆっくり0.9%生理食塩水を補給，吐き気がある時は要注意）	入院治療が必要 ・口から水分補給できない場合は，すみやかに病院へ搬送
Ⅲ度	熱射病	熱疲労の重症化，異常な体温上昇による中枢機能異常，体内で血液が凝固し多臓器障害がおこる 死の危険性が高い緊急事態	高体温，けいれん，運動障害（普段通りに歩けないなど），意識障害（呼びかけに反応が鈍い，言動が不自然，意識消失，等）	（救急車到着までの間） ・涼しい場所へ移動 ・臥床安静，衣服をゆる ・積極的に保冷剤などで頸部，脇の下，足のつけ根などを冷やす ※できるだけ迅速に体温を下げることで救命率があがる	集中治療が必要 ・救急車を要請し，救急搬送する

日本救急医学会「熱中症診療ガイドライン2015」（https://www.jaam.jp/info/2015/pdf/info-20150413.pdf）をもとに作成.

で，未然に防ぐことができる．たとえば，舌の熱傷を防ぐために適度な温度
の食事を配膳する，ポットの注ぎ口や鍋の取っ手の向きに注意してコンロに
置く，仏壇は電気ろうそくに変更し，暖房器具の配置に留意するなどである．

3．環境の影響による急変時のサインと対応

1）熱中症

（1）定義

　熱中症とは，高温環境下で，体内の水分や塩分（ナトリウム）のバランス
が崩れたり，体内の調整機能が破綻したりして発症する障害の総称である．

（2）原因

　「熱失神」「熱けいれん」「熱疲労」「熱射病」の4つに分類でき，各原因を
表1-36に示す[30]．

（3）サインと対応

　熱中症の初期（1度）にみられる「めまい」「失神」「立ちくらみ」「発汗」
「手足がつる」などの症状を見逃さないようにし，涼しい場所へ移動するとと
もに，水分と塩分を補給する．さらに症状が進み，「頭痛」「吐き気」「嘔吐」
などの症状がみられた場合には，先の対応に加えて身体を冷やし，病院へ搬
送する．死に至る危険性の高い病態であることを認識して，初期のサインを
見逃すことなく，適切な対応によって悪化を防ぐことが必要である．

（4）予防対策

　日ごろから，認知症の人の水分摂取量や室温・湿度管理，厚着などにより
熱が体内に蓄積しないように衣服にも留意して，調整する．

2）感染症

　新型コロナウイルス感染症やインフルエンザ，疥癬などの感染症の場合に
は，本人への対応だけでなく，周囲の同居者やスタッフにも広がることがあ
るため，緊急な対応が必要である（第1章Ⅱ-9「感染症」参照）．

【注】

（1）健康障害：肥満に起因あるいは関連する健康障害を併せ持つ方

（2）瞳孔不同：目の瞳の大きさ，形が左右で異なる状態．眼疾患以外では，脳浮腫による動眼神経の障害が疑われる．

（3）瞳孔の散大：瞳が大きく開いた状態．眼疾患や点眼薬（散瞳薬）の影響のほか，脳浮腫や脳幹の異常が疑われる．

（4）複視：1つの物体が2つにみえる状態．眼を動かす神経の異常により，両眼の協調した動きができなくなり，網膜上にそれぞれの像を結ぶために起こる．脳梗塞や脳腫瘍など脳神経系の異常が考えられる．

（5）眼振：眼球が不随意に律動的に動くこと．

（6）貧血：血液中の赤血球数，ヘモグロビン量が低下し，酸素の運搬が十分できない状態．

（7）体重減少率＝（平常時体重－現在の体重）÷平常時体重×100（％）．

（8）すくみ足：とくに歩行開始時，足底が地面に張りついたように動きにくくなり，足を大きく前に振り出せない状態．

（9）すり足歩行：足をあまり上げず，小幅な歩行．

（10）突進現象：動き始めると速足になり，止まりにくい状態．

（11）不随意運動：その人の意思・意識とは無関係に起こる運動．錐体外路系の障害により随意筋にも生じる．

（12）黄疸：総ビリルビン値が3 mg/dℓを超えると眼球結膜の黄染を確認できる．みかんを大量に摂取したあとにてのひらが黄色になることがあるが，これは黄疸ではない．みかんに含まれるカロチンの影響によるものであり，病的な変化ではない．

（13）摘便：手袋をはめた指を肛門から挿入し，便をかき出すこと．

（14）脳圧亢進：脳内出血，腫瘍，脳浮腫などが生じると，固い頭蓋で覆われている脳は，脳内部に圧力がかかってくる．そのときにみられる症状（吐き気・嘔吐，頭痛，意識レベルの低下など）を脳圧亢進症状という．

（15）ネブライザー：液体を超微粒子にして空気中に浮遊する状態をつくる装置．5 μm程度の粒子をつくる電動式コンプレッサータイプ（ジェット式ネブライザー）と，超音波の膜を振動させ1 μm程度までの細かい粒子をつくる超音波ネブライザー，振動などにより吸入薬を細かい網目から押し出し，霧状にするメッシュ式ネブライザーがある．

（16）舌根沈下：意識レベルが低下した状態で筋肉が緩み，寝ている状態では舌根が下方（背中側）に落ち込むため，上気道をふさぐことで気道狭窄が起こる．

（17）アナフィラキシー：異種タンパク質にさらされ，抗原抗体反応により抗体がつくられている状態であり，再度同じ異種タンパク質（抗原）が体内に入ったときに，全身性の激しい症状（呼吸困難，意識障害，ショック，腹痛，下痢，蕁麻疹）を呈する．この現象をアナフィラキシーという．すぐに，エピネフリン（エピペン®）の筋肉内注射を行う必要がある．

（18）動脈血中酸素分圧（PaO$_2$）の基準値は70 Torr（mmHg）以上，動脈血中二酸化

炭素分圧（$PaCO_2$）の基準値は 35〜45 Torr（mmHg）である．PaO_2を測定するには動脈血採血が必要であるが，経皮的に酸素飽和度を測定すること（SpO_2）でPaO_2を概算できる．SpO_2の基準値は 95% 以上である．

(19) ジギタリス：強心配糖体．半減期が長く，蓄積による中毒になりやすい．中毒症状として，吐き気・嘔吐・下痢などの消化器症状，視覚異常，不整脈がある．

(20) ペースメーカー：心臓が律動する刺激として，弱い電気を周期的に出す器械．短期間用いる体外式と，長期間用いるため体内に入れられる植え込み式がある．

(21) 抗コリン作用：アセチルコリンの働きを抑える作用で，副交感神経の働きを阻害する．頻尿となる過活動膀胱の作用は抑えられるが，一方で尿をうまく出せない尿閉が生じる可能性があるなど，副反応に注意しながら用いる必要がある．止痢薬・気管支吸入薬・頻尿改善薬・抗パーキンソン薬としても用いられている．副反応として，便秘・口渇・尿閉・眼圧上昇が知られている．また，せん妄や認知機能の低下が起こる場合がある．

(22) 導尿：尿道にカテーテル（管）を挿入して膀胱内の尿を排出する方法．

(23) 透析療法：機能不全に陥った腎臓に代わり，血中の老廃物など不要な物質を体外に排除するなどを人工的に行う方法．血液透析と腹膜透析がある．

文　献

1) 日本老年医学会編：老年医学系統講義テキスト．初版, 92, 西村書店, 東京(2013).
2) 平井俊策編著：新・老化学．第1版, 171, ワールドプランニング, 東京 (2005).
3) 日本老年医学会編：老年医学系統講義テキスト．初版, 87, 西村書店, 東京(2013).
4) 藤島一郎, 柴本 勇：動画でわかる摂食・嚥下リハビリテーション．初版, 5, 中山書店, 東京 (2004).
5) 西村かおる：新・排泄ケアワークブック；課題発見とスキルアップのための70講．中央法規出版, 東京 (2013).
6) 北川公子著者代表：系統看護学講座専門分野II；老年看護学．第9版, 169, 医学書院, 東京 (2018).
7) 厚生労働省大臣官房統計情報部 (2020)「2019年 国民生活基礎調査の概況」(https://www.mhlw.go.jp/toukei/saikin/hw/k-tyosa/k-tyosa19/index.html).
8) 厚生労働省健康局総務課 (2012)「平成22年国民健康・栄養調査結果の概要」(https://www.mhlw.go.jp/stf/houdou/2r98520000020qbb.html).
9) 峰松一夫, ほか (2013)「平成22年度循環器病研究開発費『新しい脳卒中医療の開拓と均てん化のためのシステム構築に関する研究』」(http://kintenka.stroke-ncvc.jp/h22/index.html).
10) 一般社団法人日本糖尿病学会 (2013)「医療従事者用リーフレット」(http://www.jds.or.jp/modules/important/index.php?page=article&storyid=41).
11) 日本動脈硬化学会 (2014)「動脈硬化性疾患予防のための脂質異常症治療のエッセンス」(https://www.med.or.jp/dl-med/jma/region/dyslipi/ess_dyslipi2014.pdf).
12) 厚生労働省 (2021)「令和2年 (2020) 人口動態統計（確定数）の概況」(https://

www.mhlw.go.jp/toukei/saikin/hw/jinkou/kakutei20/dl/15_all.pdf).

13) 日本泌尿器科学会（2011）「前立腺肥大症診療ガイドライン」（https://www.urol.or.jp/lib/files/other/guideline/08_prostatic_hyperplasia.pdf).

14) 松井　博，山本恵子：前立腺肥大症．ナーシングカレッジ，12（2）：48-54（2008）．

15) 国立感染症研究所感染症情報センター（2006）「ノロウイルス感染症とその対応・予防（医療従事者・施設スタッフ用）」（http://idsc.nih.go.jp/disease/norovirus/NV0618-b2.pdf).

16) 財団法人ビル管理教育センター：第3版レジオネラ症防止指針．ビル管理教育センター，東京（2009）．

17) 岡部信彦（2003）「感染症の診断・治療ガイドライン；重症急性呼吸器症候群」（https://www.mhlw.go.jp/bunya/kenkou/kekkaku-kansenshou05/pdf/10.pdf).

18) 古川俊行：失神外来を始めよう！；失神のリスク評価の考え方・進め方．2，文光堂，東京（2017）．

19) 葛谷雅文：低栄養．（大内尉義，秋山弘子編）新老年学，第3版，581，東京大学出版会，東京（2010）．

20) 平川仁尚：終末期医療．（日本老年医学会編）老年第医学テキスト，改訂第3版，305，メジカルビュー社，東京（2011）．

21) 太田孝一：高齢者・認知症患者における持続痛評価法の進歩．日本ペインクリニック学会誌，24（2）：95-99（2017）．

22) 安藤千晶：コミュニケーション障害を持つ高齢者の痛み行動観察尺度日本語版 DOLOPLUS-2 の紹介．*Palliative Care Research*，11（3）：910-915（2016）．

23) 日本救急医療財団心肺蘇生法委員会監：改訂6版救急蘇生法の指針2020；市民用・解説編．へるす出版，東京（2021）．

24) 東京都介護職員スキルアップ研修会監，東京都福祉保健局高齢社会対策部介護保険課編：カリキュラム検討委員会医療ニーズを見逃さないケアを学ぶ介護職員・地域ケアガイドブック．東京都医師会，東京（2011）．

25) 日本蘇生協議会（2020）「一次救命処置」（https://www.japanresuscitationcouncil.org/wp-content/uploads/2021/03/BLSonlinever1.4-2.pdf).

26) 日本蘇生協議会（2015）「第7章ファーストエイド」（https://www.japanresuscitationcouncil.org/wp-content/uploads/2016/04/046cde60f41eae569a6aac3edb80584b.pdf).

27) 家　研也編：在宅で出会う「なんとなく変」への対応方法．医学書院，東京（2017）．

28) 日本転倒予防学会（2020）「転倒・転落アセスメントツールに関する提言」（https://www.tentouyobou.jp/content/files/risuk%20assessment/20200725%20teigen%20risk%20assessment.pdf).

29) 若濱奈々子，山田律子：過去10年間における認知症高齢者の生活行動からみた熱傷の受傷原因．北海道医療大学看護福祉学部学会誌，17（1）：3-11（2021）．

30) 日本救急医学会（2015）「熱中症診療ガイドライン2015」（https://www.jaam.jp/info/2015/pdf/info-20150413.pdf).

第2章

認知症のケア技術の実際

Ⅰ. 認知症の人へのケア

　「その人らしさを尊重する」というのは，介護の理念である[1]．つまり，介護をしていくうえで目指すべきこと，目標が理念である．その目標を達成するために，身体の仕組みを知り，正しい知識をもち，1 人の人間としてみるとともに，その人の世界に共感することが必要である．認知症の人への適切なケアも，単に介護技術を学び，実践するということではなく，認知症ケアの向かうべき方向，理念を理解することから始める必要がある．認知症ケアの理念を理解することでその人に提供されるケアが適切であるかどうかを理解できるからである．認知症ケアの基本は，その人を理解することから始まる．したがって，認知症になる前の性格やどんな人生を歩んできたのか，どんな喪失体験をしてきたのかなどを理解することの重要性を学ぶことが必要である．認知症ケアでは，認知症のさまざまな症状に対して，日常生活における生活の質を高める方法でケアすることを大切にしている．

　武田雅俊は，「DEMENTIA-From Advanced Disease To Bereavement」の日本語訳「認知症の緩和ケア」刊行にあたって，「認知症の発症メカニズムの生物学的研究も進展してきたが，未だ十分な治療法や予防法は開発されていない．現在，最も必要とされていることは，認知症の介護・看護の知識と技術であろう．（中略）社会的生活機能および個人的生活機能の障害が認知症の本質であると考えると，認知症患者の対応にあたっては，心理・社会的な視点が重要である」[2]と述べている．確かに，認知症の人に対するケアの善し悪しは認知症の人に影響を与え，不安や混乱，ストレスを与えるような場合は，認知症の行動・心理症状（Behavioral and Psychological Symptoms of Dementia；BPSD）に結びつく可能性は高い．とくに，認知症の中核症状である記憶障害や見当識障害，判断力の障害などによって，ストレスに対する抵抗力が弱くなっている場合が多く，それが日常生活を送るうえで精神面に大きな影響を与え，社会生活面での適応力を弱めている．そのため，認知症ケアでは認知症に関する基本的な知識と技術をもったうえで，認知症の「人」の理解を図り，認知症がどのように進行し，どのような影響を認知症の人に与えているのか，という基本的な視点が必要になる．

1. 認知症ケアの入り口

　介護現場では，認知症に関する知識と技術，態度が具体的な「ケア」として認知症の人に提供される．しかし，認知症に関する高度な知識や技術，長い経験をもっていても，認知症の人に不快感や不安感を与え，混乱させるような態度で接したのでは意味がない．そして，認知症の人とのコミュニケーションをうまく図ることができなければ，介護者と認知症の人との間に良好な信頼関係を築くことはできない．筆者が1985年に認知症の人が住まうための特別養護老人ホームを開設した際の職員教育に用いたのが，室伏君士の著書である『痴呆老人の理解とケア』[3]であった．とくに，「老年痴呆者のケアの原則（20か条）」は，40年近くたったいまでも振り返ってみることが多い（表2-1）．

　認知症の人が強い不快感や悩み，つらさ，悲しみなどを抱いているとき，まわりの人が認知症の人の気持ちに寄り添いつつ，その気持ちに理解を示すことができれば，認知症の人は冷静さを取り戻すことができる．逆に，このようなときに励ましたり，理性的に考えさせたりすると，自分のこのつらさや悲しみをだれも理解してくれない，と興奮したり，自らの殻に閉じこもってしまったりするかもしれない．

　たとえ認知症になってコミュニケーションをとることにむずかしさがあっても，ここであれば，この人であれば，無理に笑顔を取り繕ったり，本音と建前を使い分けたりすることなく，自分らしく生きていける，そう思える絆をつくることが大切なのである．その絆をつくるうえで大切なのが「礼儀」である．認知症ケアにおける礼儀は，りっぱな技術といえる．

2. 認知症の人とかかわる際の技術と礼儀

　認知症による認知機能の低下に伴って，日常生活に支障をきたし，自宅で暮らし続けることが困難になる場合が多い．しかし，たとえ認知症であっても，残された人生がその人らしくあり続け，尊厳と自尊心が高められる生活を送ることは不可欠である．そのためには，認知症の人にケアを提供する介護者が，認知症の人の「その人らしさを尊重できる」ためのケア技術をもっていることが必要となる．

表2-1　認知症高齢者へのケアの原則（20か条）

Ⅰ．高齢者が生きていけるように不安を解消すること
　　1）急激な変化を避けること
　　2）高齢者にとって頼りの人となること
　　3）安心の場（状況）を与えること
　　4）なじみの仲間の集まりをつくること
　　5）高齢者を孤独にさせないこと
Ⅱ．高齢者の言動や心理をよく把握し対処すること
　　6）高齢者を尊重すること
　　7）高齢者を理解すること
　　8）高齢者と年代を同じにすること
　　9）説得より納得を図ること
　　10）それぞれの高齢者の反応様式や行動パターンをよく把握し対処すること
Ⅲ．高齢者を温かくもてなすこと
　　11）高齢者のよい点を見いだし，よい点でつき合うこと
　　12）高齢者を生活的・状況的に扱うこと
　　13）高齢者を蔑視・排除・拒否しないこと
　　14）高齢者を窮地に追い込まないこと（叱責・矯正し続けないこと）
　　15）高齢者に対し感情的にならないこと
Ⅳ．高齢者に自分というものを得させるように（自己意識化）すること
　　16）高齢者のペースに合わせること
　　17）高齢者と行動を共にすること
　　18）簡単にパターン化して繰り返し教えること
　　19）高齢者を寝込ませないこと
　　20）適切な刺激を少しずつでもたえず与えること

注）「老年痴呆者」を「認知症高齢者」，「老人」を「高齢者」とした
室伏君士：痴呆老人の理解とケア．44，金剛出版，東京（1985）をもとに作成．

　介護者は，認知症の人を1人の人間としてみることができ，認知症の人の世界を理解し，共感できなければならない．認知症ケアの技術の根底には，認知症の人と接するうえで，相手を敬い大切に思う心，礼儀が不可欠である．
　認知症ケアにおける礼儀で大切なことは，単に礼儀作法として決まりやルールを守ることではない．①ケアする人が認知症の人にとって安心できる存在になり，②認知症の人が必要としてくれる存在になり，③認知症の人に生きる価値を与えられる存在になり，④認知症の人に愛される安心感や必要とされる幸せを感じてもらえる存在になるための礼儀である．認知機能が低下している人にこそ，日常的に行っている礼儀や常識的なかかわりが重要で

あり，その認知機能の低下の状態に合わせたケアを提供できることが，認知症のケア技術として大切なのである．認知症のケア技術には，懐の深さが必要である．

3．認知症の人の生活を支える存在

1）安心できる存在

　認知症ケアには，理念や哲学が不可欠である．認知症の人に正しい知識や技術，適切な態度で接することは，認知症の人の行動の理由を推測して，不安や混乱を感じさせない対応につながる．認知症の知識や技術，経験は，介護者にとって自分を助けることにつながるため，常に高め続けることが求められる．とくに，認知症ケアにおいては，認知症の人との絆を深めるためのコミュニケーション技術が重要となる．コミュニケーションは，人が人に対して行う働きかけであり，さまざまなメッセージのやり取りを通して，お互いを理解し，情報を共有する手段となる．そのためには，相手としっかり向き合うことがなにより大切である．

　まず，「認知症の人の視界に入り，正面からゆっくり近づき，目線をとらえてあいさつし，話しかける．そして，相手をいたわる言葉で，気にかけていることを感じてもらい，緊張感をほぐすことのできるケア技術が必要になる．相手をみないということは，存在しないというメッセージを発していることになる」[4]とイヴ・ジネスト（Gineste Y）は考えている．介護者と認知症の人とは，良好な双方向のコミュニケーションによって，メッセージのやり取りだけに終わるのではなく，信頼関係を築き，絆を深め，相手に変化をもたらすことで，介護者は認知症の人にとって安心できる存在となることができる．

　認知症ケアに求められることは，たとえその行為がその人のためであると思っても，テキパキと手際よく仕事を片づけるというようなスタイルではなく，認知症の人にとって，はっきり，ゆっくりと分かりやすい言葉としぐさで，目線を合わせながらかかわることのできる態度である．この態度は，認知症に関する深い理解がなければ行うことができない技術である．認知症の人に不安や混乱，恐怖心を与えるようなケアは，技術なきケアといえる．

　筆者は 1994 年にスウェーデンでバルブロー・ベック・フリス医師の講義を

受けたが，そのときの「仕事を手際よくすませる介護者が必ずしも有能であるとはいえない．認知症の人にとっては，しばらくいっしょに座っておしゃべりをしたり，ゆっくり本を読んだり，コーヒーを飲んだりするといったケア技術が必要なのです」という言葉が鮮明に残っている．

2）自分を必要としてくれる存在

　認知症の人へのケアでは，認知症の人の自尊心を高められる技術が必要になる．自尊心を高めるには，認知症の人が周囲から必要とされているという実感をもてることが大切である．日常生活において多くの喪失体験を繰り返すなかで，なにかを成し遂げることができ，自分にもできることがあるという実感がわき，喜びをいっしょに味わうことのできる人がいることは，認知症の人にとって大きな自信につながり，自尊心が高められる瞬間でもある．

　認知症ケアにおいて決して行ってはならないこと，それは，認知症だから説明しても分からないと決めつけることである．なにも分からない，なにもできないと決めつけられたケアは，何の説明もない強制的なケアとなり，認知症の人はなにをされるか分からないため，不安や混乱，恐怖心をもつことになる．このような介護者は，認知症の人にとって，自分を必要としてくれる存在にはならない．そのため，認知症の人との間には，信頼関係も絆も生まれない．認知症の人にとって必要な人は，たとえ認知症であっても自分を必要としてくれている，という実感を抱かせてくれる人である．認知症の人は，絆で結ばれた介護者によって自尊心が高められ，その生活が楽しい出来事で満たされることで，生きる意欲がわくのである．

　そのため介護者は，ケアを行う前には必ず，認知症の人とよい関係をつくることに時間を費やさなければならない．食事の時間であるからといって，顔をみるなりいきなり「お食事の時間ですよ」，あるいはいきなり「お風呂に入りましょう」などと最初からケアの声かけをするのは望ましくない．「これからあなたとこんな時間をもちますよ」という，これから行うケアに対する説明に時間をかけ，相手の発する言葉や表情，しぐさから，ケアに対する合意を感じ取ってから行うことが重要である．不安や不快な表情の場合は，いったんあきらめることも，認知症の人に対する大切なケア技術であることを忘れてはならない．周囲から安心感を与えられて，新しい環境に愛着を感

じることができるように絆を深めることが重要なのである.

3) 自分に生きる価値を与えてくれる存在

　認知症の人にとって,自分にできることがあるという実感は,生きる喜び
を与えてくれる.認知症の人がもっている現存能力を活用しながら,できる
までじっと待つ.そして,できた喜びを分かち合い,認知症の人に生きる価
値を与えることは,大切なケア技術である.

　バルブロー・ベック・フリスは,「ケアは,厳密にそれぞれの患者にあった
ものでなければならない.患者に残っている能力を引き出したり,できるこ
とを全て毎日続けるよう励ますうえで,トレーニングの焦点を,全面的に患
者の残存能力の分析に合わせる必要がある」[5]と考え,認知症の人の現存機能
を刺激し,活性化させるために現実の生活を活用し,積極的な態度を促し,
自尊心を高めるような状況で認知症の人をいたわり,励まし,そしてほめる
ことの大切さを強調している.

4) 愛される安心感や必要とされる幸せを感じられる存在

　このように,認知症の人と介護者の間には,深い信頼関係が必要である.
介護者は,認知症の人にも1人ひとりの個性があり,その人なりの生き方が
あることを前提に,1人ひとりに合ったケアを提供することが必要である.
認知症の人の主体性を引き出し,なにかを行う際には,認知症の人が決定す
る機会をもてるように配慮し,なにかを自分で決めたと感じられるようにす
ることが大切である.そのためには,時間にゆとりをもつことが不可欠にな
る.認知症のケア技術は,認知症の人が愛される安心感や必要とされる幸せ
を感じられる存在になるためにある.生活を共にする介護者に愛される安心
感や必要とされる幸せを感じられる生活は,たとえすぐ忘れ去られても,認
知症の人にとってかけがえのないひとときなのである.温かさや思いやり,
幸せや笑いのある生活を認知症の人といっしょに作り出すことのできる生き
た知識や技術,態度こそが,認知症のケア技術そのものなのである.

II. 認知症の人とのコミュニケーション

　筆者が2001年に認知症介護研究・研修仙台センターで受講した認知症介護

指導者の講義・演習で，諏訪茂樹からコミュニケーション・トレーニング[6)]について学んだ．認知症の人とかかわる際に必要であると筆者が考えるコミュニケーション技術のいくつかを取り上げてみる．

1.　言葉遣い

　ていねいな言葉は，認知症の人に尊敬の気持ちをメッセージとして伝えることになる．尊敬の気持ちが伝わると，多くの人は満足感を抱き，気持ちよくケアを受け入れることにつながる．喜ばれる言葉は，「ゆっくり召し上がってください」「なにかご用はないですか」「用事があったら声をかけてください」など，相手の利益に配慮した言葉である．

　しかし，言葉はていねいであっても，認知症の人を不快にさせることがある．ぶっきらぼうで冷たい言葉遣いは，相手を不快にさせ，ケアを拒否する行動にもつながる．指示的，命令的，否定的な介護者本位の，「ああしなさい」「こうしなさい」という言葉は，どんなに言葉がていねいであっても嫌われてしまう．

　認知症ケアでは，ちょっとした気遣いや心配りの言葉をかける技術が必要である．気遣いとは，たとえば「よく眠れましたか」「身体の調子はどうですか」などと，相手に不都合が生じていないか，なにかと心配することである．一方，心配りとは，なにかと細かい点まで注意をはらうことで，たとえば「湯加減はいかがですか」「食事の量はこれでよいですか」などと声をかけることである．また，相手を肯定的に評価するほめ言葉も大切である．たとえば，髪を切ったあとに，「とてもお似合いです」，着替えをしたあとに，「とてもすてきです」と声をかけられると，うれしいものである．認知症の人へのケアでは，気遣いと心配り，ほめ言葉を適切に使うケア技術が必要である．

2.　準言語と非言語コミュニケーション

　あるホテルでのチェックイン時の出来事である．言葉はていねいであるが，こちらの顔をみないで，無表情でチェックインカードへの記載要領を淡々と説明している．言葉遣いはていねいであっても，その人の語調や表情が相手を不快にさせることを実感させられた．対面コミュニケーションで

は，言語，準言語，非言語の３つのチャンネルで同時にメッセージが伝えられるため，３つのチャンネルが一致していることが大切になる．

　準言語とは，音の長短，強弱，抑揚，速さを指し，やさしさ，親しみ，愛情，感謝，喜びなどのプラスの感情を効果的に表現できる．また，非言語とは，表情，目線，視線などである．笑顔は相手から好意を抱かれ，無表情で不機嫌な表情は敬遠される．語尾を強めると，怒りやいらだちといったマイナスの感情を伝えることになるが，声のトーンをやさしく，ゆっくりと穏やかにすると，言葉の１つひとつがていねいになり，余裕のある落ち着いた態度を伝えることができる．認知症ケアでは欠かすことのできない技術であるといえる．

３．動作と姿勢

　認知症の人をケアする場合，動作や姿勢にも気をつけなければならない．動作とは，動きのある身体反応であるが，認知機能が低下している場合には，視野も狭くなっている可能性があるため，ケアをする人が視界に入らない位置から話しかけると，介護者がいることに気がつかず，いきなり自分のまわりで起こった出来事に驚いて大声を出したり，暴力を振るったりすることにつながる．相手と向き合うときには，目線と視線に注意が必要である．介護者が認知症の人とアイコンタクトをとりやすい角度から，意識的に視線をとらえるような近づき方をするのも大切なケア技術なのである．視線を合わせることは，認知症の人とコミュニケーションを図るうえで重要である．

　また，相手と水平に目を合わせることは「平等」を意味し，正面からみることで「信頼」を表す．笑顔で「やさしさと親密さ」，見つめることで「愛情」を示すメッセージとなる．姿勢は動きのない身体反応のことであり，認知症ケアで注意すべきは，相手を垂直に見下ろす姿勢は，相手に「見下し感」を与え，横から目線は「攻撃的」になるということである．また，会話のときに腕を組む，足を組む，手をポケットに入れるなどの姿勢も，認知症の人との信頼関係を築くうえで望ましくない．無意識にこのような姿勢になる介護者には，強い意識づけが必要となる．言葉の奥にある相手の気持ちにまで耳を傾けようとする態度や姿勢が，認知症の人との良好な関係を築くことに

なることを忘れてはならない．

4. 良好な関係を築く聞き方

　認知症の人との信頼関係を築くためには，日常生活場面における聴き方の技術が必要となる．たとえば，認知症の人と会話をしているときに，相手の話に合わせて首を縦に振るうなずきや，「そうなの」「へぇー」といった相づちを示しながら相手の話を聞く方法である．この技術によって，介護者の熱意を認知症の人に効果的に伝えることができるが，実践できていない場合が少なくない．

　近時記憶の障害により，認知症の人が同じことを何度も繰り返して話してしまう場合などには，言葉の一部または全部を繰り返しながら相手の話を聞くことで，受け手の熱意と，受け取ったメッセージの確認になる繰り返しの技法がある．また，相手がひととおり話し終えた後に，その要点をかいつまんで，手短に繰り返すことで，頭が混乱している状態を整理することにつながる要約の技法も有効な技術である．

　認知症ケアでは，会話をするときの座る位置にも配慮が必要になる．座る位置は，180度法，90度法，対面法があるが，相手に威圧感を与えることなく，会話をスムーズにするには，90度法の座り方が望ましいといわれている．認知症の人が話しかけているのに，背中越しに聞くことは，いくら忙しいから，人手が足りないからといっても，行ってはならない聞き方である．

　共感の技法は，相手の気持ちに寄り添いながら，その気持ちに理解を示すことになる．相手が強い不快感や悲しみなどを抱いているときは，理性的に考えるように促したり，励ましたりする前に，まず共感することが必要であり，そのことによって認知症の人は冷静さを取り戻すことができる．

　そしてなによりも，介護者に受容されることで，認知症の人は安心できるのである．受容するとは，介護者が自分の価値観を捨てて，自分が認知症の人と同じになることではなく，自分の価値観を大切にしつつ，同時に認知症の人の価値観を尊重することにほかならない．認知症のケア技術において，受容は決して認知症の人を憐れむことではない．

116

表2-2 認知能力の低下の具体例

記憶障害，見当識障害，失語・失認・失行，実行機能障害	
記憶	思い出すことができない，覚えることができない
時間	時間・日にち・曜日・季節などが分からない
場所	ここがどこなのか分からない
人物	相手がだれなのか分からない
言葉	言葉の意味が分からない，やり取りができない
認識	それがなにか分からない
理解	理解できない
使用	道具や物の使い方が分からない
判断	判断することができない
注意	複数のことに注意を向けられない
計算	計算ができない
計画	計画が立てられない，準備ができない
手順	物事の手順が分からない

小阪憲司，羽田野政治：レビー小体型認知症の介護がわかるガイド
ブック：こうすればうまくいく，幻視・パーキンソン症状・生活障
害のケア．48-49，メディカ出版，大阪（2014）をもとに作成．

Ⅲ．疾患別の認知症ケアの技術

1．認知症の中核症状に対するケア技術

　認知症は，「認知」に障害をきたすために認知症とよばれるが，認知という
概念は幅広く，さまざまな内容を指す．認知症の場合，「中核症状」がそれに
当たる．具体的には，記憶や言葉，理解，判断などの能力が障害されたり低
下したりする．小阪憲司は，認知能力の低下の具体例を表2-2のように挙げ
ている[7]．

　これら中核症状が，認知症の人の生活にどのような影響を与えているのか
を理解することが大切である．たとえば，尿意があり，トイレに行くことの
できる身体能力があるが，トイレの場所を聞くことも，尿意や便意を伝える
ことも，自分の力では行くこともできないときに，介護者がすぐにおむつを

使用してしまう．入浴介助のときに，認知症の人に話しかけても，言葉の意味が分からない，やり取りができないと判断して，介護者が行っているケアの内容を，認知症の人へ伝えない．複数のことに注意を向けること，判断することができない人に対して，複数のことを一度にお願いする．これらは専門性を欠いたケアである．

　近年，認知症に関する医学の進歩に伴い，認知症の原因疾患とその特徴が明らかにされつつある．認知症の症状のなかには，特定の認知症に特有なものも少なくない．たとえば，レビー小体型認知症では，本人がしっかりと覚えていて説明できるような鮮明な幻視，前頭側頭型認知症では，スーパーなどでレジを通さず黙って物を店から持ち出すなどの脱抑制，決まった時間に同じ行動を始めるなどワンパターン化した時刻表的な行動などである．アルツハイマー型認知症，レビー小体型認知症，血管性認知症，前頭側頭型認知症は 4 大認知症とよばれており，それぞれの認知症の医学的特徴に配慮したケア技術が注目されている．

2．アルツハイマー型認知症へのケア

　近時記憶の障害が目立つと，同じことを何度も話したり，たずねたりするが，話したことを忘れていることから，物盗られ妄想に結びつくことがあるため，妄想に対するケア技術が必要になる．たとえば，財布など大切な物をしまった場所を忘れることや，薬などの服薬管理が困難になるため，薬が余ったり，足りなくなったりすることがある．傷んだ物を食べて下痢や腹痛を起こしても，原因を考えることができず，ただ痛みをこらえていることもあるため，生活全般において記憶障害に配慮したケアが必要になる．

　また，時間や場所，人物の障害が現れると，食事の時間も分からなくなり，深夜に食事をしようとしたり，遊びにきた家族をすぐ帰らせようとしたりする．時間・場所・人物をどの程度認識ができるかについての把握が必要になる．

　会話の理解もむずかしくなるため，介護者の表情や態度に敏感になる傾向があり，介護者の態度や口調などのコミュニケーションのとり方で，介護者に対する印象が左右されるため，負の印象が残らないように留意しなければならない．

　観念失行が現れると，道具や家電製品が使えなくなるため，その使い方を説明しても，失語の影響があると理解できない．また，タンスの中身を整理できず，服を着るのに時間がかかったり，ボタンやファスナーを閉めることができない着衣失行が現れたりするため，1つひとつの動作ごとに分かりやすい言葉かけをすることによって，混乱させないようなかかわりが必要になる．さらには，失認によって建物と道との位置関係が分からなくなり，慣れた場所でも自分がどこにいるのか分からなくなるため，外出の際は，慣れ親しんだ場所であっても，不安にならないような声かけが必要になる．

　実行機能障害が現れると，料理をしているときに手順が分からなくなり，順番を間違えるようになる．動作が止まったときは，手順が分からなくなり，思考が止まっているため，間違いを指摘すると，自尊心を傷つけることになる．また，失敗を指摘され，非難されたと感じると，どこが間違っていたのかが理解できず，さらに混乱する[8]ため，教えようとする言葉かけには留意が必要になる．

3．血管性認知症へのケア

　血管性認知症では，従来の性格における短所の面が強調されるといわれている．そのため，自分本位で一方的，がんこで融通がきかなかったり，自己主張が多くなり，自分なりのプライドにこだわったりするなど，独自の態度や言動を示すことから，個別的な対応が必要になる．また，涙もろくなったり，怒りっぽくなったりし，男性高齢者では興奮・易怒で対立的になり，対応に困難をきたすことがある．気分や機嫌にむらがあり，感情的な行動も多いため，落ち着きを取り戻せるようなケアを必要とする．その反面，自分が尊重されていると思ったら，信頼・依存的となる．プライドを傷つけず，ばかにすることのない，心理的に追い込まないケアが必要である．受け止めて吸収しながら，よい方向に転換して流れを変えることが大切である．とくに，人間関係をこじらせない配慮が必要となる．

　また，興奮しやすく，無我夢中に没頭して他人を巻き込み，周囲に迷惑をかけることも多い．その考え方や判断の不当さを指摘すると，対立的になって，時々怒りの叫び声を上げることなどがあるため，このような場合は，お

おぜいのなかから引き離して，雑談，散歩，遊びなど個別対応をするなど注意が必要である．話や訴えを受け止めてくれる介護者が必要である．

　精神状態が変化しやすく，不機嫌で一方的でがんこ，不安げで落ち着かず，つっけんどんで口調が荒くなることなどが多い．これは，その人なりのパターンがある場合があるため，とくに気難しさと気安さの特徴をよくわきまえた対応を心がけるケアが必要である．不安や不満，不信が誘因となるため，不満や不平をためないようにして，安心や満足へ導くなど，その解消を具体的に図るようにする．

　たとえ不適当な訴えや要求であっても，その理由や内容などを十分に話してもらい，部分的にでもかなえることが大切である．また，刺激が強かったり多かったりすると，混乱や過度の興奮を引き起こすため，静かな環境で個別に鎮静的に対応する．介護者の大声や叱責，抑制は興奮を促すため，注意を要する．理屈や常識を押しつけるのではなく，生活や日常行動になじませながら心を通じ合わせ，解決を図ることが重要である．

　また，心身ともに使わないものは衰えるという廃用性低下の傾向が強いため，居室に放置するなどして安易に寝込ませないことが重要であり，寝たきりになると，外からの刺激に対して感情が起こらず，周囲に対して冷淡または不感性になった状態や認知症の症状を助長することなどがある[9]ため，廃用症候群に留意したケアが必要となる．

4．レビー小体型認知症へのケア

　幻視・誤認，妄想に対して，否定・叱責したり，取り合わなかったりするなど，まわりの反応から，本人の思い込みが強くなり，訂正不可能な妄想に発展することがあるため，「否定も肯定もしない」で，本人の苦しさを理解し，事情を聴くケアが大切である．とくに，否定するとますますかたくなになり，妄想がエスカレートすることがある．認知機能が低下しているため，何でもまわりが決めてしまう，さまざまな症状に対して，まわりが先回りしてやってしまうなどの周囲の対応が，病状悪化の一因となることを理解したケアが必要になる．

　パーキンソン症状が現れることもよくある．たとえば，①動き出すのに時

間がかかり，ゆっくりとしか動けない，②顔の表情も乏しくなる，③姿勢・バランスを保ちにくいため，倒れやすくなったり，歩いているうちに前のめりになったりし，チョコチョコと足が止まらなくなってしまう，④片方の手からふるえが始まり，やがて手だけでなく足のふるえも出てくることが多いため，時間に余裕をもち，「待つことを心がけるケア」が必要になる．

　認知機能障害によって，複数のことを同時にすることがむずかしくなり，気にかかることがあると足もとへの注意がおろそかになって転倒しやすくなる．また，視覚障害があると，距離感，平面と段差の区別がつきにくい，まわりのものが変形してみえるなど，歩きにくく転倒に結びつくため，転倒に配慮したケアが必要となる．また，眠りが浅いレム睡眠中に夢をみて，突然大声で叫んだり，手足をばたつかせて暴れだしたりするレム睡眠行動障害がみられる場合には，「睡眠時の異常言動がみられる」ことを医師に伝えることが大切である．うつ状態が続くと，生活リズムが乱れがちになるため，食事，運動，睡眠のリズムを整え，日常生活にメリハリをつけながら，不安を取り除き，穏やかにすごせるようにする．

　認知機能の変動が激しく，状態のよいときには理解力も判断力もあり，しっかり受け答えできるが，次の日には話しかけても反応が鈍いなど，しっかりしている状態とぼーっとする状態を繰り返す．日によって，1日のなかの時間帯によって異なるなど，個人差がみられるため，介護者間で情報を共有したケアが必要になる．状態のあまりよくないときには，さまざまなことをやらせようとしないで，1人ひとりの変動の傾向（状態の波の周期）をつかむことが重要である．

　抗精神病薬，風邪薬や痛み止め，胃腸薬などの市販薬を服薬することでも体調が悪くなってしまうこともあるため，服薬後の変化に注意しなければならない．

　また，どのようなことが，どのようなときに，どこで，どのような状況で現れたのかなど，症状が現れやすい状況をつかむことが大切である．たとえば，①入院や引っ越しなどによる環境の大きな変化，②夕方から夜間にかけての暗さや疲れが認知機能に影響する，③外出時など刺激がいっぱいで，複数のことに意識や注意を向ける必要があるとき，④風邪，便秘や脱水など，

体調が悪いときなどを把握すると，慌てずに対応しやすくなる[10]．レビー小体型認知症のもつ特性を理解し，環境を整えることで安心して暮らすことができる．

5. 前頭側頭型認知症へのケア

　前頭側頭型認知症の初期症状として，同じ行動を繰り返したり，抑制のとれた行動に走ったりする反面，関心のないことはまったく無視するといった，極端な行動上の特徴がある．記憶障害はさほど目立たない．行動は単純化して，天候に関係なく同じ時間に散歩に出て，同じ速度で歩き，同じ時間に帰宅するようになり，状況を踏まえた行動の調整ができなくなるため，時刻表的生活リズムに介護者のケアを合わせるような取り組みが必要になる．食事面では，甘い物，味つけの濃い物を好むようになり，特定の食品にこだわって毎日同じ物を食べる．このように，同じことを繰り返しても，本人に葛藤はない．

　日常生活では，状況に合わせた行動の調整ができず，行動にブレーキがかけられないといった脱抑制がみられる．たとえば，お菓子や飲み物を持ってお金を払わないで店から出て，注意されても謝罪や言い訳もせず，あっけらかんとしているため，周囲に対して病気に対する理解を得るケアが不可欠になる．このほかにも，無賃乗車，信号無視といった反社会的行動として現れることもある．しかし，反社会性や攻撃性・破壊的な気持ちはなく，自分の関心に対して，わが道を行く行動となって現れる．その行動に対して注意を促す説明をしても理解することができず，行動を無理に止めようとすると興奮するため，対応に苦慮することが多い．

　このわが道を行く行動は，人に共感したり，同情したりできないことによる，他者への無関心であると理解することができる．会議中に鼻歌を歌ったり，あくびをしたり，葬儀で大声で笑ったり，はしゃいだりするなど，相手を怒らせるような配慮のない発言も増えるため，まわりの人とのトラブルに発展する可能性が高い．注意や集中力を持続できず，関心や興味が変わりやすいため，ささいな刺激で注意が向かう，被影響性の亢進もみられる．日常生活場面では，介護者が首をかしげるのをみて同じように首をかしげたり，

なにかの文言につられて即座に歌を歌いだしたり，視覚に入る文字をすべて読み上げたりするといった行為として現れる[11]．前頭側頭型認知症では，認知症の人の生活リズムに合わせたケアを組み立てることが必要になる．

文　献

1) 本間　昭，六角僚子：介護に役立つ！　やさしくわかる認知症ケア．4，ナツメ社，東京（2014）．
2) 武田雅俊監，小川朝生，篠崎和弘編：認知症の緩和ケア；診断時から始まる患者と家族の支援．新興医学出版社，東京（2015）．
3) 室伏君士：痴呆老人の理解とケア．44，金剛出版，東京（1985）．
4) 本田美和子，イヴ・ジネスト，ロゼット・マレスコッティ：ユマニチュード入門．43，医学書院，東京（2015）．
5) バルブロー・ベック・フリス（山井和則，近沢貴徳訳）：スウェーデンのグループホーム物語；ぼけても普通に生きられる．33，ふたば書房，京都（1993）．
6) 諏訪茂樹：人と組織を育てるコミュニケーション・トレーニング．日本経団連出版，東京（2000）．
7) 小阪憲司，羽田野政治：レビー小体型認知症の介護がわかるガイドブック；こうすればうまくいく，幻視・パーキンソン症状・生活障害のケア．48-49，メディカ出版，大阪（2014）．
8) 繁田雅弘：認知症の医学的特徴．（日本認知症ケア学会編）認知症ケア標準テキスト；改訂3版認知症ケアの基礎，21-42，ワールドプランニング，東京（2013）．
9) 室伏君士：認知症高齢者の本態の理解．109-114，ワールドプランニング，東京（2014）．
10) 小阪憲司監修：レビー小体型認知症がよくわかる本．80-95，講談社，東京（2014）．
11) 池田　学責任編集：前頭側頭型認知症の臨床；専門医のための精神科臨床リュミエール．146-163，中山書店，東京，（2010）．

第3章

認知症の行動・心理症状 （BPSD）とそのケア

Ⅰ. 認知症の行動サインと心理症状

　従来，認知症の症状は，記憶障害，見当識障害，判断力の低下などの認知機能障害である「中核症状」と，幻覚，妄想，徘徊，抑うつといった認知機能障害を基盤として出現する精神・行動上の症状である「周辺症状」の2つに大別されてきた．「中核症状」と「周辺症状」といった分類は，症状の仕組みを理解するには有用ではあるが，認知症の人の行動や心理に深く関係する病前の性格，人間関係，環境といった多様な要因に関する視点は見落とされがちであった．1996年に国際老年精神医学会から「認知症の行動・心理症状（Behavioral and Psychological Symptoms of Dementia；BPSD）」という言葉が提唱され，その後，わが国でも BPSD の呼称が積極的に用いられるようになった背景には，上述のような理由がある．

　BPSD は，「認知症の人に頻繁にみられる知覚，思考内容，気分または行動の障害による症状」と定義されている．認知症の主要な症状は，神経変性によって引き起こされる認知機能の障害であり，一方で，認知機能障害を背景として生じてくる認知症の人の行動や心理的反応全般を BPSD として理解するのが一般的である．しかし，これまで述べたように，BPSD は単純に認知機能障害と区別され対比できるものではなく，常に共存しているものであり，BPSD なしに認知症という疾患を理解することはできない．

1. 行動・心理症状（BPSD）の重要性

　BPSD が重要である理由として，2点挙げることができる．1点目は，BPSD は治療可能であるということである．認知症の主要症状である認知機能障害に関しては，これを回避もしくは改善させようとする予防法や治療薬の開発が試みられているが，これまでのところ，大きな成果はもたらされていない．しかし，認知症の症状には認知機能障害以外にも医学的治療や対応によって治療が可能な症状があり，そのなかにせん妄や BPSD が含まれる．BPSD は，一般的に認知機能障害などの認知症症状に比べると，治療的介入にもよく反応する．

　2点目は，BPSD は認知症の人のみならず介護者やその周囲の人に多大な

表 3-1　BPSD の症状

心理症状	行動症状
幻覚	身体攻撃性
妄想	徘徊
抑うつ	不穏
緊張	社会的逸脱行動・性的脱抑制
焦燥	部屋のなかを行ったりきたりする
誤認　など	叫声
	無気力
	物を隠す　など

苦痛や負担を強いる点である．認知症の疾病過程において，ほとんどの患者に何らかの BPSD が発現する．誤った介入によって悪化した BPSD は，患者と介護者のいずれにとっても大きな負担となり，生活に混乱と破たんを生じさせる．患者と介護者の両者の生活の質（Quality of Life；QOL）を向上させるためにも，BPSD に対して効果的に介入することが認知症ケアにおいてきわめて重要である．

2．BPSD としてみられる症状

　BPSD としてみられる代表的な症状を一部表 3-1 に記す．BPSD の分類はいくつかあるが，たとえば 1999 年に行われたコンセンサス会議では，行動症状と心理症状に分けることが提案されている（表 3-1)[1]．ただし，これらの分類もあくまで 1 つの考え方であり，焦燥のように心理症状とも行動症状ともとらえることができる BPSD もある．

　また，一般的には従来の中核症状と周辺症状と同様に対比した形で認知機能障害と BPSD の関係が語られることが多い．しかし，誤認といった症状やレビー小体型認知症（Dementia with Lewy Bodies；DLB）における幻視などは，BPSD であるのか認知機能障害としてとらえるべきか識者の間でも意見が分かれる．このように，ひとくちに BPSD といっても，含まれる症状は非常に広範で多岐にわたること，実際には「認知機能障害と BPSD」といった単純な 2 分化した図式はとれない症状もあることに留意すべきである．

3．BPSD の病因

　BPSD の病因を，遺伝的要因（遺伝子など）や神経生物学的要因（神経化学，神経病理学など）で説明しようとする専門家もいれば，心理的要因（病前の性格，ストレスなど）や社会的要因（環境の変化，介護者など）に求める専門家もいる．しかし，既述のように，BPSD は広範で多岐にわたる症状からなり，いずれの要因も単独で BPSD を説明することはできない．BPSD の発現には，常に複数の要因が相互に関係していると考える必要があろう．

　また，個別のケース・症状により，要因のかかわりの程度は異なる．たとえば，「不適切な場所での排尿」といった行動の要因を検討するだけでも，住環境としてのトイレの場所が分かりづらい，便器の形が分かりづらい，生活リズムが昼夜逆転している，不安や無気力のためにトイレに行こうとしない，不適切な利尿剤の使用，前立腺肥大・膀胱炎などの合併症，介護の問題（ネグレクトや放置）といったさまざまな要因が考えつく．いずれか 2〜3 つの要因が主要な原因である場合もあれば，それ以上の複数の要因が等しく関与している場合もある．

4．認知症の病相と BPSD の発現時期，経過

　認知症の病相，すなわち進行度によってさまざまな BPSD が生じる．抑うつといった感情症状は，初期の認知症にみられやすい[2]．妄想といった精神病症状や焦燥，攻撃性などは認知機能が中等度以上障害されると頻繁にみられるが，一定以上の高度の認知症ではあまりみられなくなる[3]．ケアのための適切なアセスメントを行うためには，認知症の進行度により出現しやすい BPSD があることを知っておく必要がある．

　また，BPSD には持続しやすいものと，短期間に改善もしくは消失するものがある．たとえば，徘徊や焦燥などは他の BPSD に比較して持続しやすいことが知られている[4]．しかし，専門家ではない介護者（家族など）の多くは，単純に BPSD は進行とともに悪化すると誤解している．

5．認知症の原因疾患による BPSD の相違（表 3-2）

　いずれの BPSD も，あらゆるタイプの認知症で生じうるが[2]，認知症のタ

128

表3-2　原因疾患により出現しやすいBPSD

アルツハイマー型認知症……妄想，不機嫌，多幸，焦燥，睡眠障害
血管性認知症……自発性低下，抑うつ症状，アパシー
レビー小体型認知症……幻視，妄想，抑うつ症状
前頭側頭葉変性症……衝動性，社会的逸脱行為，性的行動，常同的言動や行動，無関心，
　　　　　　　　　　食行動異常

イプによって発現しやすいBPSDの傾向がある．たとえば，アルツハイマー型認知症では妄想がみられやすい．血管性認知症では抑うつ，アパシーがみられやすい一方で，妄想などの精神病症状は少ないともいわれる[5]．また，幻視はDLBでは高率にみられるが，アルツハイマー型認知症でも20%程度でみられる[6]．前頭側頭葉変性症では，よく知られているように脱抑制，常同行動，食行動異常などのBPSDが，他の認知症に比較し出現頻度が高い．原因疾患により出現しやすいBPSDを知っておくこと，またそれを事前に家族などの介護者に伝えておくことは，BPSDの予防的対策や出現した際の対応にも有効である．

6．BPSDのサインを見逃さないために重要なこと
1）認知症の人と介護者とのコミュニケーション

　BPSDは，病気を抱えていることの不安や苦悩，認知機能障害のためにうまくコミュニケーションがとれないストレスといった了解可能な正常心理から，神経変性によって引き起こされる脳の障害から生じる病的な精神症状まで，きわめて広範囲の心理反応を含む．これら正常な心理的反応と病的精神症状は，比較的容易に区別できることもあれば，両症状が分かちがたく出現していることもある．BPSDが観察されたとしても，必ずしも病的な症状ではないのである．広義にとらえれば，すべての認知症の人はBPSDを表出していると考えてもよいかもしれない．認知症の人は，認知機能障害の進行とともに自身の感情や考えを相手にうまく伝えることが徐々にできなくなり，高度の認知症の人では，自己の状態さえ正しく認識できないかもしれない．認知症の人の行動や心理症状を理解するためにも，その人が発する言葉だけではなく，表情やふるまいの変化なども注意深く観察する必要がある．

　また，コミュニケーションとは，受け手だけではなく伝える側の配慮も必要である．たとえば，施設などでも，「この人は難聴だから」と勝手に判断し，耳の横に口を近づけ，やたらに大声で話しかけるスタッフがいる．しかし，実際は本人と視線を合わせながら普通の音量でゆっくり話せば，日常会話が可能であるケースはよく見かける．アルツハイマー型認知症の場合でも，進行に伴い思考判断力の低下や失語症状のために，通常の会話の速さ，文節の長さでは理解が困難となることから，一見難聴のようにみえるのであろう．顔がみえないところから大声でまくし立てる会話は，認知症の人にとっても不快でしかない．介護者もまた，自身の表情や身振り手振り，スキンシップといったスキルを存分に活用して，認知症の人と適切なコミュニケーションを図る必要がある．共感性がある，忍耐強い，温かい態度，親切，厳格さを求めない柔軟さ，期待をもつ，ユーモア感覚，失敗を恥じない，といった認知症の人との関係づくりに介護者は努めるべきである．そのような雰囲気が培われることで初めて，介護者も BPSD のサインを正確に把握することができ，ひいては BPSD の発現や影響も緩和することにもつながる．

２）その人の生活史を知ること

　確かに，BPSD は認知症という病気を患った人にみられる症状であるかもしれない．しかし，これまで述べてきたとおり，その人となりを知らずして BPSD の真の理解は不可能であろう．そのような点からも，行動サインの意味を知るためには観察だけでは不十分であり，生活史を知ることが重要である．どこで生まれたのか，どのような環境で生きてきたのか，どのような仕事に就いていたのか，どのような家族と暮らしてきたのか，それまでの半生を知ることによって，その人の表す行動や心理反応の理解も深まる．認知症の人の行動が発生する背景，行動の意味，行動の背後にある人間関係，そして認知症の人の世界を理解しようとする姿勢が，BPSD を理解するためになによりも重要である．

7．BPSD に対する介入の進め方（図 3-1）

１）BPSD を正確に評価する

　専門的にケアに携わる人は，認知症の人に起きている症状が典型的な

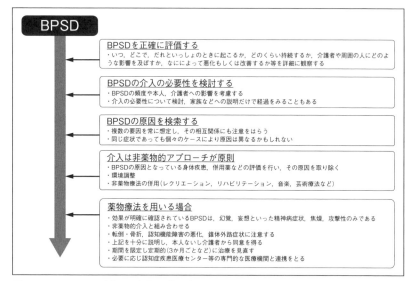

図 3-1　BPSD に対する介入の進め方

BPSD であるか，認知症の中核症状ともいえる認知機能障害に近い症状であるかを正確に把握しなければならない．幻視であるのか誤認であるのか，抑うつであるのかアパシーであるのか，常同行動であるのか不安であるのか，出現した BPSD を正確に評価せずに適切な対応をとることは不可能である．また，起きている BPSD は，いつ，どこで，だれといっしょのときに起こるか，どのくらい持続するか，介護者や周囲の人にどのような影響を及ぼすか，なにによって悪化もしくは改善するか等を詳細に観察する必要がある．

2）BPSD の介入の必要性を検討する

　BPSD が出現した際に，それが介入を要するものであるのかを検討することが必要である．すべての BPSD が積極的に介入を要するわけではない．BPSD の頻度や本人，周囲への影響を考慮する．幻覚症状があるからといって，必ずしも治療的介入を必要としないケースも多い．たとえば，認知症の人が幻視を訴えているが，そのことによって不眠や不穏，日常生活動作（Activities of Daily Living；ADL）を損なわない場合は，「不安かもしれませんが，認知症にはしばしばみられる症状です．いずれ収まっていくことも

ありますから少しようすをみましょう」といった説明で経過をみることも可
能であろう．介護者のなかには，認知症の進行とともに BPSD は増加，悪化
すると誤解している人もいる．ほとんどの BPSD は，時間とともに改善，消
失していくことを説明すると安心するケースも多い．そのようなステップを
踏んだあと，認知症の人本人や介護者にとって強い苦痛や不安を伴う場合，
ADL を損なう状況であると判断された場合に初めて治療的介入を検討する．

3）BPSD の原因を検索する

　BPSD の原因としては，認知症疾患による神経伝達物質や神経病理学的変
化に加え，認知機能低下を背景とした心理学的要因（例：発病前の人格，ス
トレスに対する反応の仕方）や社会的要因（例：環境の変化，介護者との関
係），身体的要因（例：発熱，脱水，薬の副作用）といった多数の因子が関係
している．そして，それぞれの要因がかかわる程度は，個々の症状，ケース
によって異なるため，BPSD の具体的な誘因を特定するのはむずかしい場合
が多い．しかし，可能な限り BPSD の原因を明らかにすることで，初めて効
果的な介入が可能となる．

　介護者は，BPSD が突然生じるという印象をもっているかもしれないが，
その症状が起こるまでの状況を詳しく観察すると，その原因を突き止めるこ
とができることもある．ほとんどの場合，BPSD の原因が 1 つであることは
なく，いくつかの要因が互いに影響を及ぼし合って関与している．介護者は，
このような BPSD の引き金となる要因間の相互作用についても理解する必要
がある．

4）BPSD に対する介入は非薬物的アプローチが原則

　BPSD に対して介入する際にもっとも重要なことのひとつは，非薬物的介
入が優先されるということである．最初に取り組むべきことは，環境調整を
することや BPSD の原因となっている身体疾患，併用薬などの評価を行い，
その原因を調整，排除することである．

　また，本来は認知機能障害の改善を目的として開発された非薬物療法のな
かにも，焦燥や攻撃性といった BPSD に対して有効性が報告されているもの
がある．BPSD の原因に対する対処と並行して，これら非薬物療法を行うこ
とは有効であろう．表3-3 には，これまで BPSD に対して効果がみられた非

表3-3　BPSDに対して効果が期待できる非薬物療法

認知症の人の興味にマッチしたレクリエーション
アロマセラピー
リハビリテーション
　作業活動療法
　運動療法：有酸素運動など
バリデーション療法
音楽療法
芸術療法（絵画陶芸など）

薬物療法を示すが，これら以外にも，個別のケースに対して有効な療法（たとえばペットを用いたセラピーなど）はあるかもしれない．

5）BPSDに対して薬物療法を用いる場合

　薬物療法の効果が明確に確認されているBPSDは，幻覚，妄想といった精神病症状，焦燥，攻撃性のみである．これらの症状に対して，非薬物療法的アプローチを用いてもBPSDに改善が認められない場合に，初めて薬物療法による介入を検討する．薬物療法を検討する場合には，必要に応じて認知症疾患医療センター等の専門的な医療機関と連携をとるようにする．薬物療法を用いるか否かを判断するにあたっては，個々の認知症の人がおかれている環境，BPSDによってもたらされる結果を総合して判断すべきであり，個別のBPSDに画一的に薬物療法を用いるべきではない．たとえば，「攻撃性」といった症状がみられたとしても，プロの介護士がいる施設と家族が介護をしている家庭では，BPSDによってもたらされる負担は異なるであろう．

　一般的には，薬物療法を開始する目安として，①非薬物療法的アプローチを用いてもBPSDに改善が認められない，②本人ないし介護者のQOLが低下している（本人に苦痛をもたらしている場合や介護者の許容範囲を超えている場合），③本人ないし介護者に危険が及ぶ，④身体合併症の治療を要する緊急性がある，といったことが挙げられる．また，たとえ薬物療法を開始しても，並行して非薬物療法的アプローチを継続することが原則である．

　BPSDに対して主に用いられる薬剤の多くは向精神薬に分類され，抗精神病薬，抗不安薬，抗うつ薬，抗てんかん薬，睡眠薬などがあるが，いずれも転倒・骨折，認知機能障害の悪化，錐体外路症状（手の振戦，歩行障害など）

といった副作用がみられる．さらに，高齢者では，腎機能，肝機能，薬物代謝能の低下があることから，これら副作用の発現頻度が高くなる．また，向精神薬投与自体が不安，焦燥感を助長したり，睡眠覚醒リズムを乱したりしている場合があることにも留意すべきである．薬物療法の開始に際し，これらの点を本人や介護者に十分に説明し，同意を得ることが原則である．

　BPSDに対して主に用いられる向精神薬は，本来認知症治療には不要な薬であり，薬物療法は期間を限定し，定期的に治療を見直す必要がある．目安として，薬物療法を開始して3か月経過した場合には，（無効だけではなく改善の場合も含めて）薬物の減量や中止を試みるべきである．

Ⅱ．せん妄の病態

1．せん妄とは
　せん妄とは，軽度の意識障害が基盤にあり，そこに感情の障害，精神運動興奮，幻覚などの多彩な精神症状を呈する状態である．通常，意識障害は，軽度の昏蒙（こんもう／ぼんやりした状態）から重症の昏睡（強い痛みに対しても反応しない状態）まで，意識の明るさの障害の程度によって分類される．しかし，せん妄の場合，この意識の明るさの低下だけでなく，注意や知覚などの認知機能，感情などのさまざまな精神活動も障害され，急性〜亜急性に出現，経過中にもこれらの症状が動揺を繰り返すことが特徴である．

2．せん妄でみられる症状
1）注意の障害
　健常者は関心のある事柄に注意を向け，必要に応じてその注意の集中を維持したり，必要に応じて他の事柄に注意を向け直したりする（注意の転導）ことができる．しかし，意識障害がある場合には，向けるべき対象に注意が向かない，また注意を必要な事柄に持続させることができず注意散漫となる．
2）認知障害（記憶障害・見当識障害・思考障害・知覚障害）
　意識障害では，程度の差はあれ必ず記憶障害を伴う．せん妄も例外ではない．夜間に興奮したことを，翌朝忘れているのはこのためである．かりに，

見聞きした事柄の一部を覚えていても，その記憶は断片的であり，ぼんやりとしている．とくに，臨床における即時記憶（数秒程度の記憶）や神経生理学における短期記憶（数秒から数十秒程度の記憶）の障害が目立つ．それに対して，遠い過去の出来事やせん妄発症以前の事柄などの遠隔記憶は保たれていることが多い．

　せん妄においては，見当識障害も認められる．見当識には，時間に関するもの，場所に関するもの，人に関するものがある．健常者は，今日が何月何日で，いま，何時ごろかが分かり（時間に関する見当識），また自分がいる場所を知っており（地誌的見当識），周囲の人物の名前や自分との関係を理解している（人物に対する見当識）．せん妄については，見当識が障害され，これらのことが分からなくなる．

　思考面においては，考えのまとまりが悪くなり，会話内容が要領を得ないものになる．会話中，唐突に関係のない話題になることなどがある．

　知覚障害として，錯視や幻視が起こる．錯視とは，実際の事物を見誤るものであり，部屋のカーテンや天井の染みが人にみえることなどがある．幻視とは，実際にない物がみえるという症状である．せん妄においては，小さな動物（子犬など）や虫がみえることなどが多い．虫などの幻視のために，布団の上を指でつまむ動作を繰り返すことがある．

3）精神・行動に関する障害

　精神運動興奮と精神運動減退がある．不穏や不安のために会話量や行動量が増加する落ち着きのない状態を精神運動興奮とよび，無気力や意欲の低下によって活動性が低下し，不活発になった状態を精神運動減退とよぶ．せん妄については，興奮した状態と減退した状態が不規則に現れ，変化を予測しがたい．

4）睡眠・覚醒周期の障害

　睡眠と覚醒のリズム（概日リズム）が乱れる．夜間の不眠，日中の傾眠がみられる．

5）感情の障害

　さまざまな感情障害を伴う．過活動型のせん妄の際は，困惑や恐怖感が目立つかもしれず，低活動型のせん妄では，意欲が低下し，無為，無関心，「う

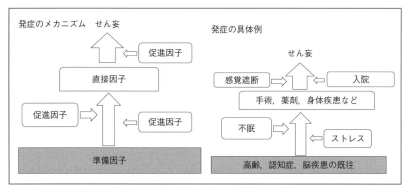

図3-2　せん妄の要因と発症のメカニズム

つろな放心状態」といった病像を呈する．また，不安感や焦燥感などもしばしばみられる症状である．

3．せん妄の経過

　発症は急性であり，数時間〜数日単位で急激に進行し動揺する．そのため，精神症状に乏しく，見当識も保たれ，一見意識も清明とも思える状態から急激に幻覚や精神運動興奮がみられる状態まで，1日のなかでも変動する．とくに，夜間に増悪しやすく，夜間せん妄という言葉も用いられる．個人差により，また個人のなかでも状態が変わることがあり，状態により過活動型せん妄（精神運動興奮を呈するような場合），低活動型せん妄（精神運動の減退が目立つ場合），混合型と分類され，経過からは，短期間のものと遷延するものとに分類することもある．

4．せん妄の要因（図3-2）

　せん妄の要因は，準備因子，促進因子，直接因子に分けて考えることができる[7]．準備因子は基礎にある脳の脆弱性，あるいはせん妄を起こしやすい準備状態を指し，高齢者であること，脳梗塞後遺症などの脳疾患の既往や認知症などが含まれる．促進因子は，単独ではせん妄を起こさないが，他の要因と重なることでせん妄を惹起させる要因であり，身体的要因（疼痛，脱水

表3-4　せん妄の原因となる代表的薬物

抗パーキンソン薬
抗コリン作動薬（ビペリデン，トリヘキシフェニジル）
抗潰瘍薬
H2ブロッカー（シメチジンなど）
抗不安薬・睡眠薬
あらゆるタイプの睡眠薬・抗不安薬
アルコール

注）このほかにも多数ある

など），精神的要因（不安，恐怖，ストレスなど），環境要因（感覚遮断，入院・入所）や睡眠障害が相当する．直接因子とは，単独で意識障害をきたしうる因子であり，脳の機能を低下させる疾患（脳梗塞，脳出血，脳炎などの中枢性疾患，感染症，ビタミン欠乏症，肺炎などの全身性疾患），薬剤（表3-4），手術などが代表的である．

5．せん妄の予防と対応

　せん妄の予防または発症した場合でも，対応の原則は，先述した準備因子，促進因子，直接因子を極力予防，排除することに尽きる．

1）せん妄の予防

　原因となり得るさまざまな要因を，日ごろから避けることが大切である．身体の不調が生じ，何らかの身体疾患が疑われる場合には，早めの対応が必要である．また，すでに治療を行っている疾患が悪化している可能性にも注意をはらう必要がある．とくに，服用している治療薬が変更になった場合については，注意深い観察が必要である．また，生活環境の変化が引き金になることがある．不安や心的なストレスがかかるような場合も，状態の変化に注意が必要である．せん妄を引き起こさないために，本人を取り巻く環境の変化を，日ごろからできる限り抑える工夫をすべきである．

2）せん妄の対応

　せん妄が発症してしまった場合でも，想定される要因を除去・調整することが優先される．せん妄の場合は，ほとんどのケースにおいて医療的介入が必要となってくるため，医療機関との連携も重要である．せん妄の人は，混

乱するとともに，不安・緊張感を伴い，また幻覚や妄想に対して恐怖感を抱く．したがって，不穏を鎮め安心感を与える環境を整えることが必要である．認知も混乱しているため，説得するよりも，安心感が得られるような対応が望ましい．助言は単純で，しかも同一の表現がよい．意識障害のために記憶の時間的つながりは失われ，断片的になっているため，同じ説明を繰り返す必要もある．単純な説明を理解することさえ困難である場合は，本人の手に介護者の手を添えて側にいるだけでもよい．夜間に不穏な場合，室内を暗くすると不安が増すことから，その場合は室内のようすが分かる程度に明るくしてもよいかもしれない．幻覚や妄想を否定すると，否定した内容は忘れても，非難されたという陰性の感情だけが残り，気分がますます不安定になる．別の事柄に関心を向けさせるように努力すべきである．

　精神運動興奮を抑えることと夜間の睡眠を確保することを目的に，抗精神病薬による治療が行われる．最近は，副作用の少ない非定型抗精神病薬が用いられることが多い．

6．せん妄と BPSD の鑑別

　BPSD の鑑別診断の際に，せん妄を除外することはきわめて重要である．認知症がある場合，すでに存在する記憶障害，見当識障害などにせん妄が重なるために，その判別がむずかしいことも多い．しかし，一般にせん妄は日にちが特定できるほど出現が急激であり，昼夜の意識レベルの変化などの特徴がある．せん妄を診断する簡易な方法として，Confusion Assessment Method[8]がある（表3-5）．この方法に加えて，幻視，精神運動活動の変化（運動不穏や不活発）などを指標とすることで，せん妄と BPSD の鑑別の精度は高まるであろう．

Ⅲ．生活リズムの乱れ

1．生活リズムの障害

　人は，朝になると目覚め，日中活動し，夜に眠る，といった 24 時間を周期とした一定のサイクルで生活を営んでいる．このサイクルをコントロールす

138

表3-5　せん妄の特徴

1．急激な症状発現と変動の激しい経過
2．注意障害
3．支離滅裂な思考
4．意識レベルの変化

　　　　　　1と2に加え，3か4がある場合，せん妄が疑われる
　　　　　　　　　　　　　（Confusion Assessment Method より）

その他の症状として
・幻視
・運動不穏（不活発の場合もあり）

るのがメラトニンというホルモンであり，高齢になりこの分泌が減少すると，夜間の中途覚醒とその後なかなか寝られない，早朝覚醒，昼寝の増加，夕刻の早い時間からの覚醒水準の低下[9]といった1日の睡眠と覚醒のリズムの乱れがみられる．これは，高齢者によくみられる生理的な変化であるが，この睡眠・覚醒リズムの変化が生活リズムを乱す原因になることがある．

2．高齢者の不眠症

　不眠には，寝つけない（入眠困難），夜中に目が覚めてその後眠れない（途中覚醒），朝早くに目が覚めてしまう（早朝覚醒）などの訴えがある．不眠は，60歳以上の約30％にみられ[10]，30代まで男女に差はないが，40歳をすぎると女性に多くなる[11]．

　「運動した後はよく眠れる」といわれるが，睡眠の深さは日中の覚醒時間の長さや活動量と関連している．活動している時間が長くなると脳のなかに多くの疲労物質がたまり，眠くなり，睡眠でその疲労物質が放出されて目覚める．50歳をすぎると入眠困難より途中覚醒や早朝覚醒の頻度が多くなるが[12]，これは一般に加齢に伴い精神活動や身体活動の量が低下するため疲労物質の蓄積が不十分となり，また生体の1日のリズムが若年者と比較するとはっきりしなくなるためである．

　睡眠障害を訴える高齢者は，この特有のパターンを「眠れない」と思い込み，「よく眠らなければいけない」と過度に眠りにとらわれると結果的に睡眠障害に陥ることが多い．またストレスや悩みごとの解消がうまくできず，く

よくよしてしまう人にみられる不眠症は精神生理性不眠症とよび，高齢者に多い睡眠障害の原因である．

　また，うつ病でも中途覚醒や早朝覚醒など睡眠の維持が障害されるが，これは脳波検査で確認できる．脳波上睡眠時には遅い波（徐波）が出現するが，うつ病ではこの徐波が減少し，とくにもっとも深い睡眠時にみられる脳波のパターンが減少することで途中覚醒が出現するといわれている．このような脳波のパターンは他の心の病気でもみられるため，うつ病に特有とは言い難いが，脳の機能に何らかの混乱が来たしていることがうかがえる．

3．認知症の睡眠障害
1）睡眠障害の特徴

　認知症の人の睡眠障害は，1996年の東京都の調査[13]によると，アルツハイマー型認知症（Alzheimer's Disease；AD）で25.5%，血管性認知症（Vascular Dementia；VaD）で32.4%と，認知症の人の約50%にみられた．睡眠障害の特徴は，夜間の睡眠持続障害で，睡眠の分断とレム睡眠の低下[14]による．また，睡眠時に10秒以上呼吸が停止することが1時間あたり5回以上出現し，睡眠を中断させたり熟眠を妨げたりする睡眠時無呼吸症候群の出現頻度が多いことも知られている[15]．そのほかに睡眠時に四肢の運動が周期的に繰り返される周期性四肢運動障害やレム睡眠の時期に激しい異常行動（笑う，喋る，叫ぶものから殴る，蹴るといった暴力をふるうこともある）が反復するレム睡眠行動障害がある．このレム睡眠の異常行動は，せん妄との鑑別が困難である．

2）夕暮れ症候群

　夕暮れ症候群は，午後から日没ごろになると徘徊や興奮，攻撃，叫び声，介護に抵抗など不穏な行動や，とんとん叩く，シーツをつまむ，身体をひっかく，など奇妙な行動がみられる．その原因は明らかではないが，背景に夜間せん妄が関連しているともいわれている[16]．

　一般には，午後3時から4時ごろにかけて，なにかを物色し，落ち着かなくなることが多い．夕食が終わるころには落ち着いてくるが，なかには夜間の睡眠にまで影響が及ぶこともある．ときには，暴言，暴力，攻撃などの不

穏状態が出現し，同時に注意散漫，見当識障害，判断の障害，夜間覚醒を伴う．施設入所して間もないある入所者の例では，娘宅に外泊することで夕方の異常行動が消失したことから，慣れない施設生活での過度の緊張や不満・不安がストレスとなり，夕暮れ症候群，あるいはせん妄が引き起こされたことも否定できない．それゆえ，夕暮れ症候群の対応として，向精神薬の投与よりも，まずは環境調整を試みることを考える．

3）昼夜逆転

　認知症に伴う睡眠・覚醒リズムの障害は，自律神経系，内分泌系，循環器系などの生体リズムの障害が併存することが多い．これらの生体リズムは，脳内の特定部分（視交叉核上）がかかわり，24時間の生体活動を調整しているが，これが障害されると睡眠・覚醒リズムが乱れ，昼夜逆転が生じる．

　高齢者の生活リズムを乱す原因としてもっとも多いのが，日常生活での心理的なストレスである．たとえば，身近な人との死別や定年退職などで社会活動が失われるなどの喪失体験をはじめ，体力低下や病気に対する不安がリズムを乱す．これらが原因でうつ病や神経症に発展すると，睡眠障害や日常の活動性低下が著明になり，日中と夜間の活動性が逆転する昼夜逆転も起こることがある．

　身体的疾患では，呼吸器，心臓，胃腸などの疾患でみられる呼吸困難，咳・たん，胸痛，胸やけ，腹痛などが不眠の原因となる．さらには前立腺肥大や尿路感染症のような排尿障害や皮膚の掻痒感なども睡眠を妨げ，リズムを乱す．生体のリズムを乱す薬剤は多種で，向精神薬や抗パーキンソン剤をはじめ，気管支拡張剤，降圧剤，抗不整脈剤などの心血管剤，ステロイド剤，抗生剤などに及ぶ．C型肝炎の治療に用いるインターフェロンも副作用としてうつ病があり，不眠を招くといわれている．

　高齢者に多い脳梗塞や脳出血などの脳循環障害では，その20～50％の高い頻度で睡眠障害を合併する．もっとも多い睡眠障害は途中覚醒で，次に早朝覚醒，入眠困難の順でみられるが明らかな機序は分かっていない[17]．またADの睡眠障害に関する研究も多数報告されているが，これまでの見解では，生理的老化に伴う睡眠の変化がより増幅されたものと考えられている．

4．生活リズム障害の対応

　高齢者の生活リズムの乱れは，認知症をはじめ老年期うつ病などの病気が原因のものが多い．これらは初期に不眠を訴えるため，まずは不眠の原因となる疾患を正しく診断する必要がある．うつ病の場合は，不眠のほかにうつ気分や不安，過度の病気に対する心配，朝の気分の悪さなどの訴えと，日常生活にも混乱がみられる．認知症に伴う不眠は，もの忘れによる日常生活の混乱や夕暮れ症候群，昼夜逆転にみる行動障害を伴うことがある．このように生活リズムの乱れは，精神科医などの専門医に相談し，対応を協議することが求められる．

　生活リズムの障害がせん妄によるものであれば，その原因を明らかにする必要はあるが，困難なことが多い．せん妄は，軽い意識障害を伴い，不眠や異常行動をきたすため，その特徴は，1日のなかでも症状の浮動性や異常行動時のエピソードを本人は覚えていないことが多い．せん妄は，身体疾患や脳の機能障害，あるいは使用している薬物が主な原因であることから，専門医の診断と治療が必要となる．

　認知症の人に生活リズムの乱れと同時に，夕暮れ症候群やせん妄のように行動の異常が伴うと，向精神薬の使用を考える介護者が多い．しかし，薬剤の副作用による過鎮静や日中の傾眠，夜間せん妄が助長される場合も考えられるため，慎重な投与が望まれる．日中の覚醒度を高めるために，介護者がいっしょに散歩をしたり，作業をしたり，その対応に努めることで夜間の良眠と日中の覚醒度が保たれ，生活リズムが改善されることがある．

　認知症の人の生活リズム障害の原因に，生活環境の極端な変化が挙げられる．家族との別離（死亡や転職等）や入所等の環境変化は，不安や不満，焦燥などの精神症状が出現しやすい．これらが生活リズムの障害につながり，不眠や夕暮れ症候群がみられることがある．夕暮れ症候群の初期に徘徊，落ち着きがなくなる，帰宅要求，何度も同じことを要求するなどの兆候があり，それを見落とさずに不安の解消に努める．それには，日中の覚醒度を高める試みとして，できる限り太陽の光が当たる場所で，会話や運動，散歩などの時間を多く設けることが効果的である．睡眠障害や夕暮れ症候群の原因のひとつとして考えられるのが日暮れ時の不安や焦燥による混乱である．その対

応としては，夕方早めにカーテンを閉め，室内で落ち着いた時間をすごせるように配慮する．夕食には好みの食材を用意し，食後は睡眠を促すために室内の明かりを落として静かな環境を提供する．

5．ま と め

認知症の人の生活リズムの乱れの背景には，睡眠・覚醒リズムの障害があり，その結果として夕暮れ症候群や昼夜逆転が出現する．これらが徘徊，興奮，暴言・暴力，攻撃などの行動障害をもたらす．この状況下では，多くの場合，夜間せん妄を共存するため，その対応をいち早く行うことが求められる．夕暮れ症候群や昼夜逆転の症状がみられた場合には，まずはせん妄の出現を念頭におき，意識の変容の原因となる身体疾患，脳疾患や薬物あるいは精神的なストレスを検索し，その対応を行う．また日中の覚醒度を高め，夜間安眠が得られる環境を調整することで効果を得ることがある．

Ⅳ．幻覚・妄想

1．幻覚・妄想とは

幻覚は誤った知覚であり，実際に存在しないものをみる（幻視），聞く（幻聴）が認知症にもっとも多くみられる幻覚症状である．そのほかに，におう（幻臭），味わう（幻味），皮膚を触られる（幻触），自己の身体の異常な感覚（体感幻覚）がある．

妄想は，実際にあり得ないことを真実と強く確信する思考過程の異常であり，その考えを訂正しようとしても不可能な，誤った思考をいう．たとえば，認知症の人が「自分の物が盗まれた」と，真実でないことを真実と思い込んだときに，そのようなことはあり得ないといくら否定し説明しても，その考えを訂正することがない状態を妄想という．

2．高齢者の幻覚・妄想

高齢者の幻覚・妄想は，心や身体の病気あるいは脳の病気であり，脳に何らかの侵襲がもたらされて起こる器質性精神障害によるものが多い．これら

をきたす身体疾患には，甲状腺などの内分泌の疾患や代謝性疾患，ビタミン欠乏症，各種の薬物などをはじめ，種々の末梢神経疾患や脳の疾患がある．その背景には，軽い意識障害によるせん妄状態や通過症候群がある．

　せん妄では幻視が多く，奇妙な色彩や形のほかに人や動物などの具体的な幻視がみられる．またせん妄による妄想は被害的な内容のものが多いが，統合失調症の妄想とは異なり，その内容は固定せず，変わりやすい．通過症候群は，意識障害が回復する途中（ぼんやりした状態）で幻覚や妄想がみられ，やがてそれらの症状は消失するが，認知症に移行する場合もある．

　高齢者の精神疾患でもっとも多いのが老年期うつ病であり，特徴的な妄想が構築されることが多く，幻覚症状はあまりみられない．たとえば「周囲がだらしない人間と思っている」「自分なんかいないほうがよい」「自分は罪深い人間だ」などの罪業感や罪業妄想，「みんなが悪口を言っている」などの被害妄想，「（自分に関連した）うわさ話をしている」などの関係妄想などである．また身体のことを極端に心配し，自分はたいへんな病気に罹っていると確信してしまう心気妄想や，それが重篤になると，自分の身体の内臓が溶けてなくなってしまった，など奇妙な妄想を訴えるコタール症候群がみられる．

　高齢者の躁状態では「自分の子孫は皇族」「自分には莫大な遺産が転がってくる」「国家が自分のためにいくらでも金を出す」など，血統妄想や誇大妄想などの妄想をみる．このように高齢者の精神疾患にはその特異的な妄想が存在し，それが診断の助けになる．

　幻覚や妄想をきたす代表的な精神疾患に統合失調症があるが，以前の国際診断基準 DSM-Ⅲ では，その発症を 45 歳未満と決め，高齢者は発症しないといわれていた．しかし，現在では高齢者にも統合失調症の発症が認められ，40 歳以降に発症する統合失調症は遅発性統合失調症ともいわれている．また妄想の訴えが中心の遅発性パラフレニーも高齢の女性に多い精神疾患である．

3. 認知症の幻覚・妄想
1）出 現 率

　日本神経学会の「認知症疾患ガイドライン 2010」によると，認知症の幻覚は 12～49％にみられ，多くは幻視症状である．疾患別には DLB（Dementia with Lewy Bodies；レビー小体型認知症）で約80％にみられるが，ADでは約19％と報告されている．妄想の出現頻度は比較的高く，1995年の東京都による調査では，在宅で生活している認知症の人の15.5%，特別養護老人ホーム入所中の認知症の人の15.8%に妄想がみられた[13]．諸外国の報告では，ADの11〜38%に妄想が出現し[13]，ほかにもADの15〜56%に，また血管性認知症の27〜60%に妄想がみられると報告されている[18]．

2）特徴的幻覚・妄想

認知症の幻覚は，人や小動物，虫などの具体的な内容の幻視が多い．とくにDLBでは，約8割で幻視がみられ，その多くがDLBの診断基準のなかの中核的特徴「繰り返す，具体的な幻視」で，人物や動物の幻視であるが，なかには視覚認知の障害を幻覚ととらえている場合もある．たとえば，机の置物が猫にみえることや壁の染みが虫にみえるとの訴えは視覚の誤認であり，これもDLBの特徴である．また，「皮膚に虫が這っている」「氷がくっついている」などの体感幻覚を訴えることもある．

認知症の妄想の特徴には，被害的な内容や嫉妬妄想が多い．とくに自分の財布や貯金通帳など大切な物が盗まれたと表現する「物盗られ妄想」は，認知症の妄想の8割以上を占めている．認知症の被害妄想の特徴は，統合失調症の妄想のように体系的なものでなく，妄想内容が変わること，過去の出来事に関係した内容であること，被害妄想の対象がごく身近な人間であることという特徴をもつ．

3）発症要因

認知症の幻覚の要因として，脳の機能障害が挙げられている．主に後頭葉や頭頂側頭葉の視覚認知の障害視覚構成や視空間の障害によるといわれている[19]．いままで穏やかであった人が認知症に冒されると，ささいなことから身近な人に対し被害的な感情や嫉妬の感情をもつことがある．それは，物事を正しく判断する能力や自己を抑制する能力の欠如から短絡的に身近な人を攻撃対象にしてしまう．たとえば，食事の時間に他の家族が話題にしている内容がまったく理解できなかったり，自分への関心が示されなかったりすると，「自分をのけ者にしている」など被害的になることがある．また配偶者が自分を無視する態度や言動をみせると「浮気をしている」と嫉妬の感情に発

展することもある.

4）幻覚の対応

　幻覚の多くは幻視の訴えであり，それに対する恐怖の感情からパニックになる人がいる. とくに DLB の人に多く，その対応として，実際にそれが幻視であることを理解させる，すなわち病識を明確にさせることが効果的である. ある DLB の患者は，幻視に向かって「帰れ，帰れ」と叫び，興奮することが多かった. そこで診察室では，その人に「あなたにはみえているが，私やご家族にはみえない，あなただけにみえるのは，幻覚かもしれない. 幻覚は脳の病気によるものだから，検査をして，治療すればなくなるかもしれない」と何度か説得したところ，検査や治療に応じた事例を経験した. つまり，幻覚は病気でみえるもので，実際にはみえないものと分かれば恐怖心が軽減する例を体験した. 家族のなかには，本人の興奮を収めるために，みえていないものをみえているように振る舞う人がいるが，これは逆効果である.

　認知症の人の幻視や他の幻覚は，早期に専門家の受診を試みることが重要であり，その際に本人には脳の病気によって生じることを繰り返し説明する必要がある.

5）妄想の対応

　疑う感情が強くなり，さらにはその内容が根拠のないもので，いくら「そのような事実はない」と説明してもがんこに聞き入れないようであれば，それは妄想として対応する. 妄想は訂正不可能な誤った考えであることから，訂正や説得はむだであり，むしろそのような対応は，妄想をさらに根深いものにしてしまうことがある.

　妄想が疑われたならば，まず専門家に相談する. 妄想の対象となっている家族が本人を説得して受診させることは容易でない. むしろ，他の信頼している家族が，近ごろ感情の動揺が激しいため受診が必要であると説得すると受け入れる場合がある. とりあえず，本人を受診させる前に一度本人の状況を専門家に相談し，アドバイスを受けることも重要である.

【事例】

　A 氏，73 歳，男性. 71 歳で会社役員を退職. しかし 1 年前ごろからいつも行く碁会所に出かける頻度が極端に少なくなり，このころよりもの忘れが

目立つようになった．また妻が外出しようとすると，必ず「どこへ行く？」とたずね，帰宅したときも「どこへ行っていた」と問い詰めるようになった．妻もめんどうになり「いちいち聞かないでください」と反抗するとますます妻への監視がひどくなった．ある日，娘から妻に電話があった．内容は，「突然お母さんはけしからん，と怒るの．今日もどこのだれか分からない野郎とこそこそと会っている，帰ってきたらとっちめてやる」とお父さんが言っていたとのことであった．妻は，そのとき本人の異常を確信した．それから数日後に，妻が帰宅しても夫の姿はなく，夕食の時間になっても帰らなかったので娘と相談して警察に捜索願を出した．夜の 10 時ごろ警察から電話があり，5〜6 km 離れた警察署に保護されていることが分かった．娘と 2 人で迎えに行ったところ，サンダル履きで，靴下もはかず，寒いのにコートも着ないで，家にいたままの姿であった．推測では，妻を探しに外に出たものの道に迷い，警察に保護されたようであった．

　このことがあり，近くの病院を受診し，MRI や他の心理テストから AD と診断された．その後，家ではますます妻への攻撃が激しくなり，ときには暴力を振るうようになった．また夜間妻が寝ていると突然「お前はなにをしている」と血相を変え妻を責めたてたため，妻は恐ろしくなり翌日，娘といっしょにかかりつけの医師に相談し，専門医を受診した．

　このように，認知症の妄想は比較的身近な人物に対する被害的な内容であり，日常生活と密接に関連する出来事が妄想となる．この A 氏の妄想は，妻が不貞をはたらいているのではないか，という疑いから嫉妬妄想に発展した例であるが，妻が否定すればするだけますます妻が浮気をしているとの観念が固定化し，疑いが確信に変わった例である．同じように認知症によくみられる物盗られ妄想も，日常でのしまい忘れや失敗などの自己の責任を他人に転嫁したもので，その多くが身近な家族に向けられる．

　妄想が構築されるとその対応はむずかしくなるが，まだ猜疑心の段階で適切な対応を施すと妄想に発展しないこともある．認知症の妄想は，作話から始まることが多い．作話は実際に体験しなかったことが誤って追想されることであり，もの忘れによって失われた過去に対し，何とかつじつまが合うよ

うに勝手に追想されたものである．それゆえ，A氏の妻に対する嫉妬妄想は，妻から見捨てられるのではないかという不安が解消されず展開したものである．妻がそのことを理解し，A氏に安心を与える対応をとることで，その不安は解消し妄想に発展しなかったかもしれない．しかし，多くの介護者の場合は，それが認知症に伴う症状のひとつとしてとることはできずに，突然の攻撃に反論し，訂正を求めるだけでなく，反対に認知症の人を攻撃することが多い．このような対応が認知症の人の疑いを確固たる妄想に展開するものと考えられる．

　それゆえ，明らかに真実でないことを訂正してもそれを認めようとしない妄想が出現した場合は，それに反応して動揺し反論することは意味がない．以下の手順をとることが望まれる．

　①まずは十分に傾聴し，本人の訴えを理解する．
　②妄想の多くは被害的な内容で，それが介護者に向けられたものであるとつい否定し，訂正しようとむきになるが，まずは本人に共感する態度で接するように努める．
　　　A氏の場合では，妻がいっしょに買い物へ連れて行ったり，出かける前にはきちんと説明したり，どこに行ったのか紙に書いたりして，A氏の不安を解消する対応が望まれる．
　③介護者に攻撃が向けられ興奮した場合は，話題を変えたり，「ちょっとトイレに行って来ますね，すぐに戻りますから」など本人から一度離れたりすることで興奮が収まる場合もある．その際は本人を避けるような振る舞いをすると，余計に興奮してしまうので注意が必要である．
　④妄想が解消しない場合は，できる限り早い時期に精神科の専門医に相談する．

Ｖ．人物誤認症候群

1．人物誤認とは

　人物誤認とは，人物を同定することの障害であり，まったく知らない人を知人と確信することや，反対に知り合いをまったく知らない人と誤認する症

状で，比較的高い頻度で認知症の人にみられる．第3次神奈川県老人健康調査[20]によると，65歳以上の認知症の人の90.5%に何らかの行動障害を認めたが，そのうち36.2%に人物誤認がみられた．またメンデス（Mendez MF）ら[21]の調査では，217人のADの人のうち人物誤認症状がみられたのが25.4%で，そのうちカプグラ症候群が11人（全体で5%）であった．人物誤認は，視覚における錯覚ともいわれているが，見当識障害に伴う人物誤認や相貌失認，妄想，幻視による人物誤認もあり，これらの区別はむずかしい．認知症の人の人物誤認症候群のなかには，①カプグラ症候群，②幻の同居人（phantom boarder），③鏡徴候（mirror sign），④テレビ徴候（TV sign）がある．

1）カプグラ症候群

　カプグラ症候群は，「自分の身近な人間がそっくりの他人にすり替えられてしまった」と確信する妄想である．1923年にジョセフ・カプグラ（Capgras J）らが「自分の娘が何人もいて替え玉として周囲のさまざまな人にすり替わっている」と確信していた53歳の女性の症例を報告したことから，このような妄想をカプグラ症候群と名づけた．当初は，「替え玉錯覚」ともいわれ，女性に特有で統合失調症，妄想症，感情病などの症状のひとつとされたが，現在では認知症の人をはじめ脳に障害のある人にも出現することが知られている．ここでカプグラ症候群の事例を紹介する．

【事例】

　B氏，74歳，女性．既往歴：胆石．家族歴：特記なし．

　夫（76歳）と次男（43歳）との3人暮らし．5年前に同居していた長男の子どもとバスで買い物に出かけたが，目的地に行けずタクシーで帰宅したことから，夫はB氏の異常に気づいた．そのころから，相貌はいつも緊張と不安感にあふれ，本来の穏やかさが失われ，何度も同じことを夫に訴え，探し物が多くなった．食事のしたくをめんどうがり，同じ献立が毎日の夕食に並ぶようになった．

　3年前に，夫が晩酌を楽しんでいたときに，突然「これはお父さんのお酒でない……」と夫から酒を取り上げた．そこで夫は「お父さんって，だれだ」とたずねたところ，40年前に他界した父親の名前を答えたので驚いた．その数日後の夕方，夫が居間でくつろいでいると「お父さん，早く家に帰ってく

ださいね」「もうすぐ夫が帰ってくるから」と怒り出した．夫は自分が夫であ
ることを説明したが「なにを言っているの，あなたはお父さんでしょう」と
言って，夫を追い出そうとした．夫はその対応に途方に暮れたが，やむを得
ず家の周囲をしばらく散歩して帰宅したところ，「あなた，どこへ行っていた
の」と夫であることを認識した．また，夜間「お父さん，こんなところで寝
ていないで家に帰ってください．私にはお父さんであることが分かるのだか
ら」と寝ている夫を叩き起こしたり，夫がいる前で「夫がいない，お父さん
が家にいるの」と嫁いだ娘に毎日電話したりするようになった．それ以後，
日中でも夫を父親と誤認することが多くなったが，夫がその場から離れ，し
ばらくたってB氏のところに戻ると，B氏は夫を夫と認知できた．

　　事例Bは，改訂長谷川式簡易知能評価スケール（HDS-R）は23/30点，
ADAS（Alzheimer's Disease Assessment Scale)[22]の認知機能検査は11.3失
点であり，単語再生と見当識の失点が高かった．ADLは比較的保たれていた
が，FAST（Functional Assessment Staging)[23]得点は4で軽度認知機能低
下を示した．その他，MRI所見から軽度の両側側脳室下角の拡大がみられ，
ADと診断した．夫は，B氏の実父と相貌は似ていないが，同じように背が
高くやせ形で，姿は似ていたという．そのため，夫のイメージと実父のそれ
が交錯し実父が夫に入れ替わったという「替え玉妄想」に発展した．夫は，
B氏に自分が夫であることを認めさせようとしたが納得しなかった．また日
常もっとも接する機会の多い夫に対してのみの誤認であり，同居している次
男や別居してあまり会うことのない長男への誤認はなかった．
　認知症にみられるカプグラ症候群の特徴を以下に示す．
　①認知症では，「替え玉妄想」の色彩が薄いカプグラ症候群の出現が比較的
　　多く，記憶の不一致から生じる誤認型のものから典型的なカプグラ症候
　　群までさまざまな形の人物誤認がみられる．
　②人物誤認症状に先立って，記憶，見当識などの認知機能が障害されるが，
　　それらが比較的軽度の障害のときに人物誤認をみる．
　③替え玉の対象は，もっとも身近な特定人物であり，ほかの人物への誤認
　　は少ない．

④人物誤認は，他の妄想，たとえば嫉妬妄想，虚無妄想などをはじめ，不安，不穏，攻撃などの行動障害を併発することが多い．

⑤記憶障害の進行に伴い出現する人物の見当識障害は，改善することはないが，「替え玉妄想」の出現は浮動する場合がある．

⑥人物誤認の出現は夕方に多く，夕暮れ症候群の一症状と思われる例も少なくない．その際にせん妄との鑑別が重要である．

2）幻の同居人

『幻の同居人』は他人が自分の家に住み込んでいると確信する妄想性の人物誤認症で，「だれかが部屋のなかにいる」「子どもがたくさん来ている」などの表現が多い．この訴えが脳の障害に伴う幻視なのか，あるいは妄想性の誤認症なのかの鑑別は困難なことがある．『幻の同居人』の場合は，「姿はみていないが確かに家にいる」と確信することが多い．「実際に姿がみえる」といった幻視の訴えではせん妄が関与していることが多いが，『幻の同居人』の場合もせん妄の症状ととらえられることもある．

3）鏡 徴 候

鏡徴候は，鏡に映った自己像を自分自身と認識できず他の人間と取り違えるために，鏡に向かって話しかけたり，食べ物を与えようとしたりする行動である．この徴候の特徴として，高度の認知症の人にみられることが多く，鏡のなかの自分が認識できないために鏡をみて衣服や髪を整える行為はしない．しかし，多くの場合，鏡のなかに映る親しい家族などは認識できる．

4）その他の症候

テレビ徴候は，テレビの場面を現実のことと確信することで，テレビの出演者と会話をする行動をとったり，テレビに向かって大声で怒りを露わにしたりする．認知症の人には多くないが，その他の人物誤認症候群として，見知っている人が変装していると信じるフレゴリ症候群，他人が肉体的，心理的に他人に相互に入れ替わる相互変身症候群，あるいは自分が2人いる自己分身症候群などがある．

2．人物誤認への対応

人物誤認に不穏，不安，攻撃などの不穏な状況が併発すると，家族介護者

は当惑し，必至にその間違えを直そうと説得を試みる．しかし，誤認を否定すればするほど認知症の人の興奮や攻撃は増強し，それにより家族介護者もパニックになる．このような状況における現場での適切な対応について述べてみる．

1）人物誤認がなぜ起きたかを調べる

人物誤認症候群は，高齢者の妄想症やうつ病などにも出現することが多いため，これらと認知症との鑑別が重要である．また，突然，人物誤認がみられ，その症状が浮動し興奮や拒否などの行動障害が併発した場合は，せん妄を疑う．せん妄の場合，原則として，発症の要因となる身体や心の病気の検索が必要である．

2）本人への対応

人物誤認は，妄想や幻覚として出現することが多いため，誤認に対する訂正は不可能である．また誤認の対象人物はごく身近な家族が多いため，家族には衝撃的である．そして，それを強く訂正し，否定しようとするが，それが家族への不信感を招き，攻撃や拒否の原因になることが多い．それゆえ，否定も肯定もせず，「そうですか？」とさり気なく対応することが功を奏することがある．家族には，病気に対する理解を得ることも必要である．

3）家族への心的サポート

人物誤認症候群に遭遇した家族の衝撃は大きく，その心的サポートは欠かせない．事例のB氏の夫には，長年連れ添った自分と父親とを誤認すること自体，どうしても理解できなかった．そのため，介護スタッフが夫に妻が認知症であることを説明し，妻の誤認が訂正不可能であること，否定することや反証することがかえって攻撃や興奮を招き，対応が困難になることを繰り返し説明した．しかし夫は，妻の誤認を受け入れることができずに訂正してしまうことに自責感を抱き，在宅介護の限界を訴えることもあった．夫の葛藤にも耳を傾け，共感することで，徐々に妻への態度が変わり，妻の誤認を容認する態度をとることが多くなった．具体的には，妻が父親と誤認したときは，「ちょっとトイレに行く」などと言ってその場を数分離れることで，妻の誤認が徐々に消失していった．この事例では，夫のいたたまれない感情に共感することが必要であり，妻の誤認を受け入れられずにいる夫に冷静な対

応を強要することは，夫の介護破綻を招くことを認識する必要があった．

妄想の対象となった家族介護者に対し，介護スタッフは一般的に以下の対応が必要である．

①人物誤認は認知症に比較的高い頻度で出現するため，その症状がみられる前から家族にあらかじめこのような症状が出現するかもしれないことを説明し，症状が突然出現しても慌てずに対応する心構えを指導する．

②家族介護者が人物誤認に対して適切な対応を施すためには，認知症の病態を正しく理解することが重要である．それゆえ介護スタッフはできる限り詳しく認知症の病態や人物誤認の要因について家族に説明する．

③介護スタッフは，家族の衝撃や落胆等の感情に共感すると同時に，誤認に対する反証や説得が無意味であることを説明し，理解を求める．

④人物誤認の背景に家族間の複雑な人間関係が存在することがある．また近親相姦や同性愛の感情が露わになることもまれにある．この場合の介護者の衝撃は大きいことを理解し，病気の症状のひとつで，このような症状はよくあり，真実でないことを十分に説明する．いずれにしても，認知症の人はもとより，その家族のプライバシーに十分に配慮した言動や対応が求められる．

⑤家族のなかには，人物誤認を契機に認知症の人への陰性感情が生じ，介護破綻につながることもあるため，介護者には臨機応変に対応することが望まれる．ショートステイなどを利用した一時的な介護者の休息が有効なこともあるが，いずれにしても十分な支援体制が必要である．

⑥人物誤認症状を呈した認知症の人のなかには，精神科の薬物療法で劇的に改善することもあるため，精神科への受診を勧める．

4）薬物療法

妄想的色彩が強い人物誤認の場合は，抗精神病薬が比較的有効なことがある．また，妄想性人物誤認に伴う不穏や攻撃，易怒などの行動障害に対しても同薬物は有効である．これらの薬剤を用いる場合は，用法用量に十分な注意が必要である．できる限り低容量から開始し，1日の投与回数を少なくすることが原則である．また，高齢者に複数の向精神薬を投与することは，原則的に避けたほうがよい．

３．ま と め

　人物誤認症候群のなかには，カプグラ症候群，幻の同居人，鏡徴候，テレビ徴候などがある．典型的な症状がカプグラ症候群であるが，これらの症状は家族介護者には驚きであり，落胆し，介護破綻につながることが多い．この症状への対応としては，まず非薬物療法を主体とした介護者との関係性の改善等に取り組むが，精神科医との相談上，妄想に対する薬物を試みることも必要である．また，介護家族への支援も重要であり，驚き，落胆した家族に対して十分な病状説明とサポートが必要である．

Ⅵ. 無気力・うつ気分

１．認知症の無気力・うつ気分

　無気力とは，部屋に閉じこもるなど，日常の活動性が低下した状態をいう．また，身体的な原因が明らかでないにもかかわらず体調不良を訴え，浮かない表情をして考え込む．そして，ささいなことに悲しみ哀れむ悲哀感や，自分自身がだめな人間であると決めつける自責感がみられ，なにもできずに気分が沈んでしまう状態をうつ気分という．高齢者の精神症状でもっとも多い訴えがこの無気力やうつ気分であり，これらはうつ病の代表的な症状である．

　無気力やうつ気分の原因として，加齢に伴う身体的あるいは心理社会的要因によるさまざまな能力の衰退がストレスとなり，それらが長期化したり，繰り返されたりすることが考えられる．たとえば，身体的要因として，持病が長期化すると日常生活機能が低下し，また精神機能も脆弱化することで気分が落ち込み，なにをするにも自信がもてず，厭世的になり閉じこもってしまう．また心理社会的要因としては，配偶者や友人との死別，生きがいや社会的役割の喪失，社会的孤立感の増大などのさまざまな喪失体験が無気力やうつ気分の出現につながる．

　これら気分の異常は，脳機能障害も原因のひとつと考えられる．たとえば高血圧や脳血管障害などの脳循環障害では，うつ気分が併発する頻度が60％以上と高率であり，同様にうつ気分や無気力がADのような認知症の初期症状として出現することが多い．初期のADでは，記憶力をはじめ洞察力・判

断力のような能力がいちじるしく低下する過程でそれらを自覚し，何とかし
なければと思うが，どうにもならないことへの不安や焦りの感情が生じ，同
時にうつ気分や気力の低下がみられる．このように，高齢者の無気力やうつ
気分は，心理社会的な要因とともに脳の障害が原因であることが多く，とく
にそれが認知症の初期症状とも深く関連する．

２．病的なうつ気分

　憂うつは，日常生活のなかでだれもが体験する感情である．同時に不安感
や焦燥感，絶望感，自責感などを伴うことがある．しかし，憂うつな気分が
あっても，仕事や日常の生活はいつもどおり営み，またうつ気分の原因とな
る状況要因が取り除かれると気分は晴れたり，スポーツやショッピング，食
事といった解消法でもうつ気分が解消されたりするのであれば，治療を必要
としないうつ気分といってもよい．

　しかし，さほど重大でない問題をいつまでも悩み，自責感や自分はくだら
ない人間であると思い込み，ときに自殺を考えたり，また家に閉じこもった
りする状態がみられたらうつ病を考えなければならない．高齢者のうつ病
は，倦怠感，不眠，頭重，胃腸症状などの身体的症状を強く訴え，かかりつ
け医を頻回受診することが特徴である．しかし多くの場合，身体的な原因が
分からず，ますます不安を訴える．また，自殺が多いのも特徴であり，若年
者のうつ病による自殺との違いとしては，確実な手段を選ぶために成功率が
高く，また予測が困難なことが多い．また高齢者のうつ病は，仮性認知症と
もよばれ，AD との鑑別が臨床上重要となる．

３．認知症のうつ病

　認知症のうつ症状出現頻度は，日本神経学会「認知症疾患治療ガイドライ
ン 2010」[24] によると，AD の 10〜20% に典型的なうつ病（大うつ病）が出現
し，その多くは AD 初期にみられる．うつ気分の出現は，大うつ病よりも多
く，わが国の研究者の報告はおおむね 40〜50% といわれているが，調査方法
が異なるため明確な数字とはいえない．いずれにしても，AD のうつ症状の
併発頻度は高い．

　VaD では，うつ気分の併発の頻度が高いといわれている．たとえば，老年期発症のうつ病の93％に潜在性脳梗塞がみられたことなどから[25]，脳循環障害とうつ病の関連が指摘されている．それゆえ，老年期うつ病ではうつ症状の改善のみにとらわれず，脳循環障害の有無やその危険因子である糖尿病や高血圧などの慢性疾患への対応も欠かせない．このように AD のみならず VaD でもうつ気分の併発は多く，認知症とうつ気分には密接な関連があるといえる．

【事例】

　C氏，77歳，女性．既往歴：45歳のときに乳癌の手術．

　同年齢の夫と2人暮らし．夫は息子と自営の紳士服仕立屋を営み，C氏も仕立職人としていまも現役で働いている．ある日，夫が帰宅すると，C氏は電気もつけずに薄暗い居間で呆然としていた．夫がどうしたのかとたずねても「ちょっと」と答えるだけで，それ以上の説明はなかった．食事のしたくもしていなかったため，夫の誘いで近くのレストランへ行ったが，そこでは特別変わったようすもなかった．それからしばらくして夫が仕事から戻ると，部屋のなかは雑然としており，食事のしたくもしていなかったので夫は妻を責めたが，ただ謝るだけで埒が明かなかった．そのころより妻の穏やかな表情は消え，いつもなにかに思い悩んでいるような，また不安げな表情に変わった．夫は妻の体調を心配し，かかりつけ医を受診したが，検査結果に異常はなく，医師からは疲労が原因との説明を受けた．この受診をきっかけに1日中ベッドに横になり，家事等をまったくやらなくなった．また妻は，「申し訳ない」「なにもできない」「どうしたらよいのか分からない」と決まった言葉を何回も繰り返すため，夫はそれに対して大声で叱責するようになった．かかりつけ医は，精神科受診を勧め，精神科では「老年期うつ病」と診断された．2週間の抗うつ剤の服用で表情はやや穏やかになり，日中の就床している時間が少なくなった．その間，夫は仕事を休み妻の側にいて家事等を行っていたが，元気になったため仕事に行って帰宅してみると，再び妻は不安な表情で「なにもできない」「分からない」と訴え，夫につきまとうようになった．このころより，何度も同じことをたずねたり，なにをしたらよいのか分からずにうろうろしたり，洗濯物が乾かないうちにたたまないでタン

スにしまったり，混乱が激しくなった．精神科医に相談したところ，MRI，心理テストを施行した．その結果，脳萎縮が著明，HDS-R が17点であり，診断は AD であった．

4．認知症のうつ気分の対応

　AD の初期には，エピソード記憶の障害のために自分が行った行為を忘れ，周囲から非難され，自責の念に駆られ，自信を失くすことが多い．それをきっかけに，家に閉じこもり，無気力と憂うつな気分がみられることから，うつ病との区別がむずかしいことが多い．

　家族を含め，周囲の人は激励し，ほかのことに注意を向けようと工夫しながら誘い出し，気分の転換を試みる．ときには，この状態を非難したり，叱責したりすることもある．しかし，うつ病や初期の AD の人は，なにもかもうまくいかない自分を責め，焦り，分からないことに不安を抱いている．落胆しているときの家族の激励や叱責は逆効果であり，かえってうつ病を悪化させ，最悪の場合は自殺に追い込むこともある．それゆえ，周囲はこのような異変を病気として対応することが望まれるが，この時期に家族が適切な対応を行うことはむずかしいことが多い．普段と異なる表情や態度がみられたら，できる限り早期に専門医の受診を勧め，適格な診断を受け，治療を受けることが重要である．

　抗うつ剤が投与される場合もある．抗うつ剤は認知症の改善にはつながらないが，AD のうつ気分には効果がある．VaD のうつ気分の合併には，抗うつ剤に加え，脳循環障害の改善のための薬剤や，糖尿病や高血圧など合併症の対応も欠かせない．このように AD のみならず VaD でもうつ病の発症は少なくないが，その対応は多少異なるために，両者の鑑別が重要となる．

　うつ気分の対応は以下の点に留意する必要がある．

　①早期の専門医受診を促す

　うつ気分の多くは治療で改善することが多いため，本人にはいまのつらい気分が病気からくるものであることを説明するとともに，薬で症状が楽になることを伝え，早急に専門医の受診を促す．

②つらさを共感し，励まさない

　本人は，「自分がしなければならないことを分かっていてもできない」「他者から『がんばれ』と言われてもどのようにしたらよいのか分からない」「自分の失敗やできないことを怒られても自分でもどうしたらよいのか分からない」と，自分ではなにも解決できないのがうつ気分の特徴である．それゆえ，いまのつらい気分に対して激励や叱責は禁物であり，まずは「いまはつらいですね」と共感をもって話をし，そして早期の専門医受診を勧める．

　③身体の休息を勧める

　うつ気分の人に，散歩や運動，気晴らしのための外出，旅行などを勧めることが多いが，それはうつ病の場合は逆効果になる．うつ病の高齢者は，そのような気分転換ができないために苦しんでおり，できないことに自責感を強く抱いている．それゆえに，「いまは病気だからゆっくり休んで，元気になったら散歩でも行きましょう」と身体の休息を促す．

　④食欲不振には水分補給に努める

　うつ気分のときに食欲の不振を訴える人は多い．無理に食事を促すことは本人にとって苦痛なことが多く，またそれによる食事の拒否も強くなる．その際に水分をとることを拒否する高齢者は多く，脱水の危険がある．それゆえに水分だけでも十分にとることを勧める．

　⑤自殺念慮の有無を口に出してたずねる

　うつ病が遷延化してくると，多くの高齢者は他者との接触を拒み，家族との会話もしなくなる．そのようなときは自殺を考えていることが多いため，注意が必要である．まずは本人に「自殺しようと思っているの？」と直接自殺についてたずねてみる．その際，そのような気配に対して「そんなことをしてはダメ」と注意を促すのではなく，「そう，自殺しようと思うほどつらかったのですね」とまずは共感することが大切である．そして「これは病気によるつらさであるから，早くお医者さんに診てもらって，治しましょう」と共感した態度で接することが重要である．

　⑥身体症状の注意深い観察

　うつ気分やうつ病の高齢者の多くは，糖尿病や高血圧を罹患している場合が多く，他の身体疾患を抱えている場合も多い．また食欲の不足や節水から，

脱水や栄養状態が悪化していることも考えられる．それゆえ，このような高齢者の身体管理は重要である．

5．まとめ

　認知症の初期にうつ気分を併発することは多い．また，高齢期のうつ病と認知症初期症状と鑑別が困難なことが多い．活動性が低下し，家に閉じこもり，日常の行為に混乱がみられるなどの異常に気づいたら，専門医を受診し，適切な治療を受けることが望まれる．うつ気分は，いずれの場合でも抗うつ剤により改善をみることが多いため，適切な種類と量の抗うつ剤投与を基本として，ケアの環境調整を図ることが望まれる．

Ⅶ．徘　　徊

1．徘徊の要因

　徘徊は一度出現すると，BPSD のなかでも対応に苦慮する行動症状のひとつであり，介護者に及ぼす負担も大きい．徘徊には，無目的な徘徊もあれば，目的がある（出口を探すなど）徘徊もある．また，前頭側頭葉変性症にみられる徘徊のように，同じ時間に同じコースを歩く周遊行動であることもある．

　徘徊に対して効果的な対応をするためには，その目的を推し量って考える必要がある．認知症の人に徘徊が出現する背景には，次のような 5 つの要因が考えられる．

1）見当識障害

　認知症の人が見当識障害（とくに地誌的見当識障害）を示す場合，記憶障害，視空間認知（立体的な奥行きや構成などを正確に把握する機能）の障害，思考・判断力の障害といった認知機能とも深く関係する．自分の住んでいる場所が自分の家であることが分からなくなると，生家や転居前の居宅など，以前に住んでいた家を自分の本当の住まいであると勘違いする．その結果，「本当の」家に帰ろうとして歩き回ることがある．また，認知症が高度化すると，屋内でもトイレの場所などが分からなくなり，探して歩き回る．

２）記憶障害

　健忘のために，物を置いた場所を忘れ，探して歩き回る場合がある．自分の物をどこかに置き忘れて探し出すことができないという症状は，認知症の初期症状としてよくみられるものである．探しているうちに，なにを探しているかを忘れてしまうこともある．

３）思考・判断力の障害

　思考障害や判断力の障害が出ると，周囲の状況を理解することができず，どのように行動したらよいか判断がつかない．また，はじめは目的があって行動を起こしたにもかかわらず，実行機能障害のために手順が分からず混乱してしまうこともある．さらに，次にどのように行動してよいかが分からず，混乱して徘徊が生じることがある．

４）気分・感情の障害

　気分の高揚が徘徊の原因となることもある．出来事や周囲の状況の変化が刺激となって，本人の気分が高揚する．ごく日常的な出来事であっても，それが刺激となることがあり，周囲からは理解できないことも多い．また，「退屈である」といったことも徘徊の誘因となりうる．

５）不安・緊張

　不安や緊張が徘徊の原因となることもある．自分のしていることに失敗することや，自分自身の状態について理解できないことも不安を強める．たとえば，身体疾患が生じても，その症状を適切に理解して訴えることができない場合，身体的不快感だけが持続して混乱するとともに，不安も増長する．1人でいることが不安であるため，だれかいっしょにいてくれる人を求めて徘徊することなどもある．

２．徘徊への対応

１）現在の住まいを自分の家と認識することができず徘徊が生じている場合

　「昔の家はもうない」「別の人が住んでいる」などと説明しても納得はしない．また，頭ごなしに否定すると感情的になり，徘徊を増長することになる．そういった対応は，焦燥，攻撃性といった別の行動症候を生じさせることもある．むしろ，「家に帰りたい」という気持ちをくみ取り，「帰る家にはごは

んの準備がないかもしれないから，まず食事をすませてからにしましょう」
「今日はもう時間が遅いから明日いっしょに行こう」「今日は実家に帰る連絡
だけをしておこう」などと説明し，いったん気持ちを別のことに向けさせる
のがよい．「いっしょに行こう」と言って家のまわりをひと回りすると気がす
むこともある．気持ちがいったん収まって，のちに再び繰り返すことも多い
が，その場合も同様の対応をする．

2）自分の持ち物を探して徘徊が生じている場合

　探し物をしているという本人の気持ちを否定しない．本人といっしょに探
すことも1つの方法である．「長い時間探して疲れたから休憩しよう」「あと
で探すのを手伝うから，ひと休みしてお茶でも飲もう」などといって一時中
断するのがよい．物を探している本人の不安や焦りといった気持ちを理解す
るところから出発して対応を考えることが大切である．

3）何らかの刺激によって不安や緊張が生じて徘徊が生じている場合

　それ以上の環境の変化を避け，本人が安心感を得られるような環境で，穏
やかに接する必要がある．言葉によって説明するよりも，本人を取り巻く状
況を穏やかなものにして時間がたつのを待つことが大切である．静かな音楽
を流したり，他の話題を提供したりする．声を大きくしないなど，慣れた環
境でなじみのある人が側にいることも大切である．

　徘徊が夜間に及び，行方不明になる場合がある．睡眠障害から夜間の徘徊
に発展することもあり，デイサービスなどを利用して昼夜のリズム（概日リ
ズム）の構築を図ることも必要である．行方不明になった事態に備えて，GPS
を用いて居場所を特定するサービスもある．

Ⅷ．性的異常行動

1．はじめに

　認知症の人の性的異常行動に性欲亢進（hypersexuality）があるが，その
異常行動は，サルの両側側頭葉切除実験で有名なクリューバー・ビューシー
症候群の5つの徴候のひとつでもある．それゆえ，性欲亢進症状は側頭葉や
大脳辺縁系の障害に起因すると考えられている．そのほかに，露出症，窃視

症，フェティシズムなどがあるが，認知症に比較的多いものが判断力の障害
や抑制の欠如から性的異常行動に発展するケースである．その背景には，介
護者が配偶者の場合に，見捨てられ不安や嫉妬妄想があることが多い．

2．嫉妬妄想が背景にある性的異常行動

【事例】

　D 氏，73 歳，女性．診断：AD.

　78 歳の夫と 2 人暮らしであり，夫が 75 歳で退職したころに D 氏の家事等
の混乱に気がついた．病院を受診したところ，AD と診断され，そこで医師
の勧めで介護保険を申請した．要介護 1 と認定され，週 2 回の訪問介護サー
ビスを受けることにした．

　ヘルパーが訪問するようになって D 氏の夫に対する態度が急変した．最
初，夫に対して「なぜあの女が家に来るのか」と疑念を訴えたため，ケアマ
ネジャーといっしょにヘルパーであることを説明した．その場は納得したよ
うであるが，次の訪問時には強い口調で夫を攻め，興奮したため，夫は無視
して外出した．夫が帰宅すると，D 氏は険しい表情で「どこへ行っていたの
か，女のところか」と問いただした．夫が買い物に行っていたと説明しても
D 氏は納得しなかった．そして，D 氏は突然夫に性交を要求したが，夫が拒
否すると D 氏は泣きながら夫に暴言と暴力を浴びせた．このようなことが度
重なり，ときに夫は D 氏の要求に従ったが，行為の最中にも夫を責め立て，
性交がうまくいかないと「女がいるからだ」と暴力をエスカレートさせた．
また 1 日に何度も妻から性交を求められるようになった．

　この事例は，夫に対する嫉妬妄想が性的異常行動に発展した例である．D
氏は，突然の女性ヘルパーの出現に「見捨てられるのではないか」と疑念を
抱き，それが嫉妬妄想につながった．夫は，その疑いを払拭するために説明
を繰り返すが，いつも口論となり，そのうち D 氏を無視するようになった．
それにより D 氏の嫉妬妄想はますますエスカレートし，夫に異常な性交を要
求するようになった．

　D 氏の性的異常行動が判明するまでに初診から数か月を要した．ある受診
時，夫に疲れ果てたようすがみえたため，ショートステイの利用を勧めた際，

それが不可能な理由にD氏の嫉妬妄想を挙げ，そのときはじめてD氏の異常な性交要求に困り果てていることが明らかになった．

　介護者が性的異常行動を治療者に訴えることを躊躇するのは当然であり，それゆえ，性的異常行動が表面化されないことが多い．69歳の妻が72歳の認知症の夫から嫉妬妄想による性的虐待を受け，膣裂傷の被害にあった事例を経験したこともある．その例では妻が痛みに耐えかねて治療者に相談したが，そのような状況になるまで治療者は夫の性的虐待に気がつかなかった．

　いずれの例も，認知症の人の見捨てられ不安が嫉妬妄想に発展し，性的異常行動，性的虐待と発展した例であった．上記の症例では，嫉妬妄想を改善させるための向精神薬の投与を開始するとともに，夫とその対応について話し合った．D氏の場合，夫はその解決方法として，常に側にいるようにし，D氏に十分な愛情をそそぐ努力を繰り返した．その効果，強制的な性交の要求はなくなり，D氏は落ち着いていった．

　夫に性的虐待を受けた妻の例では，妻の精神的なトラウマが大きかったことと，実際に妻には入院治療が必要であったことから2週間のショートステイを利用した．ショートステイから帰宅したのち，2～3日後に再度夫からの性交要求があったが，妻は受け入れられず，ほかの部屋に逃げた．いまだ妻の様態が完治していないことから，治療者と妻，婦人科医の3者で夫の欲求に対する方法を話し合った．そこで妻は，さまざまな方法を試みたが，夫の性交要求に対する恐怖心は払拭できず，介護施設の入所を決断した．

　配偶者に対する性的異常行動では，心労いちじるしい状況が存在するため，専門家の傾聴，共感そして対応方法のアドバイスが重要となる．それゆえ，配偶者が1人で解決しようとせずに，治療者に打ち明けやすい環境を提供することが求められる．

　対象が配偶者以外の場合，たとえば娘や嫁のような身近な家族，あるいはヘルパーや看護師のような介護職者を対象とした性的異常行動は，強姦のような直接的な行為は少なく，窃視や性的言動が問題になる．認知症の人のそのような行動には，まず毅然とした態度と言葉ではっきりと注意することも有効である．

３．カプグラ症候群に伴う性的異常行動

　人物誤認症候群のひとつであるカプグラ症候群では，性的異常行動を伴うことがある．ここで，その事例を紹介する．

【事例】

　E 氏，70 歳，男性．既往歴：胃癌（全摘手術）．家族歴：母親が AD.

　2 年前に近医で AD と診断された．ある日の夜，E 氏は妻に「なぜ，おまえがここにいる．妻が帰ってきたらどうする」と言い，妻は驚いた．「私はあなたの妻ですよ」と必死に説明するが「お前は，よしえ（妹／仮名）だ」と実妹と勘違いしているようであった．その数日後も，妻に「お前と俺の関係がゆき子（妻／仮名）にばれたらどうする」と妻を家から追い出した．妻はしばらく外出して帰宅するが，妻を見つけて「どこの男と浮気をしたのだ」と暴力を振るった．それ以後，毎日のように同じことが繰り返され，そのうち，妻に性的暴力を振るうようになった．妻がたいへん驚いたのは，性的行為を強要しているときに実妹の名前を呼んで性交の同意を求めたことであった．

　この事例は，夫の性的虐待に妻が耐えかねて受診した例である．初診時の E 氏は，HDS-R 16 点，MRI で軽度の脳萎縮がみられたことから AD と診断された．E 氏には，妻を妹と誤認し，妹が妻に入れ替わる典型的なカプグラ症候群がみられた．妻は，自分が義妹に誤認されたことから，過去に兄妹間で性的関係があったと確信した．

　この症候群の背景には，近親相姦的感情の願望充足がある，といわれている．この事例も幼いころに両親と死に別れ，妹の世話をしていた E 氏にとっては，潜在的に妹への近親相姦願望があったと推測する．また同時に妻に対する愛情が交差し，これらが替え玉妄想につながり，E 氏による妻への性交の強要や性的虐待に至ったと解釈できる．

　この事例では，妻，ケアマネジャー，治療者の 3 者が対応を協議し，夫の関心をほかに向ける策を講じた．その対応としてデイサービスを週 4 日間利用したところ，約 1 週間でその効果が現れた．そしてショートステイを 1 週間利用し，向精神薬を服用することで，性的異常行為は軽減した．

4. 前頭側頭型認知症の性的逸脱行為

　もともとピック病と呼ばれていた前頭側頭型認知症（Frontotemporal Dementia；FTD）の非社会的行動として性的逸脱行為が挙げられる．たとえば，人前で見知らぬ女性の身体を触わる，自分の性器を出す，性的な会話をする等の行為がある．これらを平気で行うため，周囲は唖然とし，家族はたいへん衝撃を受ける．このような性的逸脱行為は前頭葉の障害による抑制の欠如によるもので，ときには犯罪者として取り扱われる．

　この行動は，責任能力のない FTD の症状であるため，犯罪者として扱われる前に，早急に医療機関で診断を確認する必要がある．それには，初期にみられる無関心，身勝手な行動，こだわりの行動，立ち去り行動など，いままでみられなかった奇妙な行動に注目し，まずは専門機関に相談することである．また，エピソード記憶などは比較的保たれているため，医療機関への受診を戸惑う家族が多く，診断が遅れることが多い．

5. ま と め

　認知症の人の性的異常行動は，多くは顕在化せず介護者が 1 人悩むか泣き寝入りすることが多いが，意外に多い行動障害である．認知症の人の場合は，配偶者が対象となることが多いが，その発端は見捨てられ不安であり，それが嫉妬妄想に発展し，性的異常，虐待につながる．また比較的多いのが人物誤認であり，顕著化する近親相姦感情の願望充足で，これが配偶者への性的異常行動につながる．また，FTD では，人格変化に伴う抑制の欠如が性的逸脱行動に結びつく．

　性の問題は，介護者が他者に援助を求めることが容易でないため，介護支援者には，家族介護者と良好な関係を築き，気楽に相談できる関係づくりが求められる．性の問題が表面化することで，介護者の負担は軽減できる．

Ⅸ．会話・言葉の異常 （失語，作話，保続など）

1. 会話・言葉の異常

　認知症の初期から会話・言葉の異常がみられ，物の名前が思い出せず「あ

れ」「それ」といった代名詞で説明しようとしたり，喋っていることがまった
く意味をなさなかったりすることをよく体験する．このような会話の障害や
言葉の異常は，失語といわれる脳の機能障害が原因で「話す」「聴く」「書く」
「読む」といった言語の理解や表出が障害されることで生じる．失語のメカニ
ズムは複雑であり，発語や理解の機能障害にとどまらない．みたり，聴いた
り，感じたりする知覚や，考える過程から情報を受ける機能の障害にまで及
び，人間がもつ多くの高次の脳機能障害に関与している．
　ここでは，会話や言葉の障害がどのような形でみられるのかを整理し，同
時に障害の名称を正しく理解する．

1）聴力の障害

　高齢者は，高音領域の難聴や耳鳴りが多く，これらが会話の障害につなが
ることがある．聴力障害を有すると，難聴のために日常会話で実際に理解で
きていないことでも，その場の状況でうなずいたり，相槌を打ったりするこ
とがある．この状況を，周囲は会話を理解していると解釈してしまうが，あ
とでまったく覚えていないことから，認知症と判断してしまうことがある．
このように，聴力は会話を維持するために重要な機能であり，その障害の有
無を確認することを忘れてはいけない．
　この難聴を自覚している高齢者が約11％であるのに対し，補聴器装用率は
14.4％であり，欧州の41.6％に比較して低いとされている．また，最近の研
究では難聴が認知症の発症に関連しているとの結果から，補聴器の装用が認
知症予防に効果的であるともいわれている[26]．

2）言葉の理解の障害

　言葉を言語音として認知できず単語の意味も分からないと，話し声が聞こ
えても，それがどのような意味なのか理解できない．それゆえ，質問をして
も答えられず，短い会話も復唱できない．
【関係する障害】
　①感覚性失語（ウェルニッケ失語；Wernicke 失語）
　言葉の理解の障害が重度であり，復唱や喚語も障害される．自発語は流暢
で構音も正常であるが，話のテンポは速く，錯語を呈し，支離滅裂で了解が
困難なことが多い．障害部位は優位半球の上側頭回の後1/3の領域のWer-

nicke 中枢の損傷が問題となる.

3）発話の障害

　言葉を発する障害があると，意図する言葉が発せなかったり，適切な言葉を使えなかったりすることで会話ができなくなる．この場合，相手の会話は理解できるが自分が意図した内容を流暢に話せなくなる．

【関係する障害】

　①構音障害

　脳卒中で脳幹や脳幹につながる神経が損傷して，唇や舌などの言葉を発する筋肉の麻痺や協調運動が障害されて発音がうまくできなくなる症状であり，運動障害性構音障害ともいうが，一般的には構音障害といわれている．症状としては，話し言葉の異常であるが，聴く，書く，読む機能は正常である．声が出にくく，鼻に抜けるような声，あるいは会話の調子が速すぎたり遅すぎたり，抑揚がなかったりする．

　②発語失行

　言語機能の障害である失語とも，発話筋運動障害の構音障害とも異なるものであり，構音運動のプログラミングの障害ともいわれ，構音障害と異なる病態と考えられている．

　③喚語困難

　どのようなものか分かっていてもその言葉が出てこない，言葉を適切に用いることができない状態をいう．たとえば，本人は財布が見つからずに家族に「あれはどこ」と聞くと，家族「あれってなに」，本人「あれよ，いつもあるやつ」，家族「それじゃあ分からない」，本人「いつも持っているやつ」，家族「財布？」，本人「そうそう，財布よ」といった会話がなされる．

　④錯語

　自分で言おうとした言葉と異なる言葉を言ってしまうことをいう．錯語のうち，単語のなかの一文字が変化してしまうものを音韻性錯語（または字性錯語）といい，たとえば「ペン」を「パン」と言ってしまう．言葉そのものが違うものに置き換わってしまうことを意味性錯語（または語性錯語）といい，たとえば茶碗がコップ，自転車が自動車のように関連あるものに置き換わることが多い．

⑤ジャルゴン失語

錯語が激しくなにを言っているのか分からない状態をいう.

⑥統語障害

名詞や動詞などの関係を規定する機能語（助詞，助動詞）が障害される.
たとえば,「私　仕事　行く」といった助詞や助動詞が抜けてしまう. またそ
れらが誤って使われると「私に学校が行く」といった会話になる.

⑦復唱障害

聴いた文章をそのまま復唱することができなくなる.

⑧運動性失語（ブローカ失語；Broca 失語）

相手の言葉は理解できるが，自発語をはじめ，復唱，音読，呼称のすべて
に障害がみられる. 左下前頭回後 1/3 Broca 領域およびその近接領域の障害
により起こり，脳卒中が原因であることが多い.

４）文字言語の障害

文字をみてもその意味が正しく理解できない文字の視覚的理解の障害と，
文字が書けない書字の障害とがある. 前者は，漢字と仮名の識別や文字の模
写は障害されないが，後者は漢字では意味性錯書，仮名では音韻性錯書が多
い傾向がある.

【関係する障害】

①純粋失書

自発言語や読字にはまったく障害がないにもかかわらず，書字のみが障害
された状態.

②純粋失読

自発言語や書字はほぼ正常であるにもかかわらず，読字のみが障害された
状態.

５）作　　話

作話は，実際に体験しなかったことが誤って追想されることで，その内容
はくるくる変化しやすい. ここで問題となるのが作話と妄想との違いであ
る. たとえば,「財布が盗まれた」と騒ぎ立てる認知症の人の場合，実際に盗
まれていないにもかかわらず盗まれたと訴えるのが作話なのか，被害妄想な
のか，その区別は容易でない. 妄想は訂正不可能な誤った判断であるが，

誤った観念を正しいと強く確信をもっている．それに対して作話は，むしろもの忘れによって失われた過去に対し，何とかつじつまが合うように勝手に追想されたものであり，妄想のような断定的で継続する主張は少ない．たとえば「財布が盗まれた」と誤った追想がされたときに，「そんなはずはない，どこかにしまったのでしょう」と対応すると「そうかね」と素直に認める．そしていっしょに財布を探して見つかるとその作話は消失する．しかし被害妄想の場合は，財布が見つかっても「盗んだ奴が元に戻したんだ」「そいつがここに隠した」と，自分の誤った考えを変えようとしないのである．

　作話と虚言の違いは，虚言の場合は本人に何らかの利得があり，またその虚言の真実が明かされた場合は，何とか取り繕おうとする態度がみられる．それに対して作話は，過去の追想に対して確信をもっているため，それが真実と異なることが分かっても悪びれた態度は示さないことが多い．

６）保　　続

　保続は，いったん行った行為や思考，言葉，会話などが不必要に繰り返されることであり，新しい行為を起こそうとしたときに出現する．保続の多くは，発語や書字に関連してみられるが，復唱や呼称をさせた場合に高率で起こり，またすべての失語症の人にみられる．このように保続は失語と関連するが，同語反復や語間代も保続である．

【関係する障害】

　①同語反復

　ある語，語句を何度も繰り返し，止まらなくなってしまう．反復するにつれてその速度も速くなる．たとえば，「帰りたいよ，帰りたいよ」と反復を繰り返す．

　②語間代

　「帰りたいよ，いよ，いよ，いよ……」のように言葉の終わり部分が繰り返される保続のことをいう．

２．認知症における会話・言語の異常

　認知症をきたす疾患では会話や言葉の異常をきたすことが多い．なかでもADやVaDの脳卒中に伴う失語症，FTDの独特な言語障害が診断の決め手

にもなる．また近年前頭側頭葉変性症（Front Temporal Lpber Degeneration；FTLD）や原発性進行性失語という臨床症候も話題になっているため，これらについても簡単に記載する．

1）アルツハイマー型認知症（AD）

　病初期には，物の名前が思い出せずに「あれ，あれ」と代名詞で答える喚語困難がみられる．この時期は，会話は流暢であり，思い出せない物の名前のヒントを与えたり，その最初の音を与えたりすると答えられることがある．ADでは，進行に伴い喚語困難が重篤となり，錯語や回りくどい言い方が目立つようになる．言葉の理解や復唱も障害され，そのうちに反復性の言語障害やわけの分からない言葉を言うようになる（新造語）．また，書字や読字も障害されるがブローカ失語のような非流暢な運動性失語はみられないといわれるが，まれにみられることがある．

2）血管性認知症（VaD）

　VaDは，その発症原因が脳の循環障害（脳卒中）であるため，循環障害が左側で起こった場合には運動性失語や感覚性失語がみられる．比較的範囲が大きな脳卒中（左側の脳の血管の梗塞やくも膜下出血）でブローカ領域とウェルニッケ領域の両方にまたがると，自分で言葉を発することも，意味を理解することもできなくなる全失語が生じる．

3）前頭側頭型認知症（FTD）

　FTDでは，1つの行為を繰り返す保続がみられる．自分の発した言葉を繰り返す同語反復，相手の言葉のオウム返しである反響言語がみられ，病気の末期には無言症となる．FTDで有名なものは滞続言語である．これは新しいセンテンスのなかに以前の言葉が入り込んでしまうことである．以下のような例がある．

　（ご飯を食べましたか）「ご飯を食べた」

　（おいしかったですか）「ご飯を食べた」

　（今日はだれといっしょに来たのですか）「今日は，だれとご飯を食べた」

　（タクシーで来たのですか）「そう，タクシーでご飯を食べた」

　（何時ごろ着きましたか）「何時ごろ，ご飯を食べた」

　（トイレは大丈夫ですか）「トイレはご飯を食べた」

4）原発性進行性失語症

　言語機能の障害が徐々に進行する変性疾患である．言葉の想起，部品呼称，言葉の理解の障害が徐々に進行するが，約2年間は日常生活上問題が生じないといわれているが，その根拠は明らかではない．やがて，AD や FTD に移行することが多い．この失語症は，進行性非流暢性失語，意味性認知症，Logopenic 型進行性失語の下位グループに分けられている．

5）前頭側頭葉変性症（FTLD）

　行動障害型前頭側頭型認知症，意味性認知症，進行性非流暢性失語症に分類される．そのほか病理学的分類では，タウタンパクに関連する大脳皮質基底核変性症や進行性核上性麻痺などの変性疾患やタウ陰性変性疾患も含まれている．

　会話・言語の異常が主な症状である．意味性認知症と進行性非流暢性失語は，前者には，呼称障害や語義失語がみられ，後者には，会話がうまくいかない発語失行と失文法がみられる．

3．会話・言葉の異常の対応

　会話や言葉の異常の原因としてもっとも多いのは脳卒中であり，一般には言葉を発することができない運動性失語や言葉が理解できない感覚性失語が多いが，主に左側の脳血管障害に伴い出現する．このような脳卒中に伴う失語症の予後は，発症年齢が若いほど，また左利きのほうが回復がよいといわれている．障害部位の大きさは予後に関連するが，脳卒中発症後1か月の間に急速に改善するものは予後がよいといわれている．また，急性期から言語聴覚士によるリハビリテーションを行うと，行わない場合と比較して有意に改善をみることから，脳卒中発症後の早期の対応が望まれる．

　認知症の人の言葉の障害については，多くの場合，対応する側がその障害を理解できず，急がせたり，非難したりすることでますます混乱させてしまう．認知症の人のほとんどに言葉の障害が存在するといっても過言ではない．それゆえ，まずはどのような種類の障害かを明確にし，そして，できる限り残っている機能を用いてコミュニケーションをとる努力をすることが重要である．また本人の訴えを傾聴し，内容を確認しながら本人の不安や焦り

を取り除き，介護者との良好な関係づくりを心がける．また，妄想や作り話
の場合には，とかく介護者がそれに振り回され，否定し説得を試みるが，と
りあえず傾聴し，本人に共感する姿勢を示すことが重要である．

4．ま と め

　認知症に伴う会話や言葉の障害は，複雑に脳の病態が関連しており，専門
分野での議論が中心となっている．最近の神経医学分野で話題となることが
多い原発性進行性失語を新たに取り入れたが，FTLD の進行性非流暢性失語
や意味性失語との区別に混乱を招くことが予測される．そのため，AD や
FTLD の初期症状ととられると理解しやすいかもしれない．これらの名称も
今後改正される可能性が考えられる．いずれにしても，症状名の理解は，今
後多職種がケアを検討するうえで重要と考える．

X．食行動の異常

1．食行動の異常
　認知症の人にみられる食行動の異常を挙げると以下のものがある．
　①多食：一度に大量の食物を食べる
　②頻食：絶えず食べている，食べようとする
　③過食：多食と頻食をまとめていう
　④盗食：他人の食べ物を盗んで食べる
　⑤異食：食物でない物を口にする
　⑥不食：少量しか口にしない，あるいは食べたり食べなかったりする
　⑦拒食：食べまいとする
　これらの食行動の異常は，主に認知症の中等度から高度にその頻度が高く
なるが，その原因は明らかでない．おそらく認知機能障害をはじめとした脳
の障害さらには末梢神経障害に至るまでのさまざまな機能障害が関連してい
ると思われる．
　AD では，その病期に特徴的な食行動の異常がみられる．たとえば，初期
は記憶力や判断力の障害に伴い炊事行為の失敗，味覚や嗅覚の変化による嗜

好の変化などを訴える．やがて食べたことを忘れて何度も食事をしようとする頻食や過食がみられ，また摂食行動もマナーが悪くなり，周囲を汚し，手で食べるなどの異常な行為がみられることもある．さらに認知症が進行すると，食べ物の認知が障害され食物でない物を口にする異食行為や，食事をまったく拒否することもある．

2. 過　　食

食事により血液中のブドウ糖濃度が増えると，それが脳の視床下部にある満腹中枢を刺激し，満腹感をもたらし食べることを止める．このような摂食に関する生理的制御作用が脳にあるが，AD などの認知症に冒されるとこの機能が障害され，満腹感が得られなくなり過食行動が起こる．

認知症の人の食行動異常の頻度は明らかでないが，1995 年に実施した東京都全域を対象とした在宅認知症高齢者の疫学調査では，過食が認知症の人の10.3% であったのに対して異食は 0.9% であった．また認知症の重症度別の過食の頻度は，軽度認知症が 3.1% であったのに対して中等度が 10.3%，高度が15.6% と認知症の進行に伴いその頻度は明らかに増加している．また，AD の過食が 5.9% であるのに対して VaD は 18.9% と約 3 倍の頻度を示した．バーンズ（Burns DD）らの報告も過食の頻度は 9.8% と東京都調査とほぼ同じ結果を示していたが，重症度別の違いや，AD と VaD の違いは明らかにされていなかった．

認知症の人の過食は，認知症の発症から 5〜6 年後の進行した状態での発症が一般的であるが，この過食の発症には性・年齢・ADL などの要因は無関係であることも示されている[27]．

認知症の人の過食でよくみられる例は，食べ物の好みが変わることから始まる．いままでは肉類や揚げ物をあまり好まなかったにもかかわらず，それらを好んで食べ，食事中にほかの家族の分も食べたがるようになる．また，いま食べたことを忘れて食事を何度も要求するため家族がそれを拒否すると盗食に発展したり，家にある食べ物を物色したりする行為がみられる．ここで典型的な認知症の人の過食の事例を紹介する．

【事例】

　F氏，76歳，女性．既往歴：特記なし．

　71歳のときにADと診断された．現在は要介護3で長女の家族と同居，夫は15年前に癌で他界している．

　正月に，長女が正月料理のしたくをしていると，側に来て料理をつまみ食いしていた．そのころより，食前にテーブルに並べたおかずを手で摘んで食べることが多くなったが，長女はとくに注意をせずに好きにさせておいた．それからしばらくして，食事が終わっても「ご飯，ご飯」と要求し，長女が「食べたばかり」と説得してもすぐに「ご飯，ご飯」と長女の後をつきまとうようになった．そのころからデイサービスで他の利用者のお弁当に手をつけたり，お菓子を盗んだりするようになり，他の利用者とのトラブルも頻回となったため，しばらくデイサービスを休ませることにした．

　F氏は身長152cm，体重40kgであったが，現在は体重が46kgと増え，その異常な食欲が心配となり，かかりつけ医に相談した．諸検査の結果はとくに異常はなかったが，このまま体重が増えると糖尿病になる恐れもあると注意されたため，長女は食事を制限するようにした．数日後，夜間台所で物音がするので長女が行ってみると，F氏が冷蔵庫を物色しており，買ってあったフルーツゼリーとプリンの空容器が散乱し，また袋からソーセージを取り出して食べていた．その姿をみた長女は唖然とした．

1）過食への対応

　F氏の例からも分かるように，過食を阻止しようとすると食べることにますます執着し，そのうちに介護者の認知症の人に対する陰性感情が強くなり，介護破綻につながることがある．過食への対応に良策はないが，F氏の長女の試みが比較的よい結果をもたらしたので，ここで紹介する．

　①食事は，可能な限り家族といっしょに食べるようにし，おかずは大きな皿に盛り，そこから皆が自分で取り分けるようにした．そのことで食事中にF氏が他の家族の皿に手を出すことが減った．

　②食事が終わった後の食事の要求には，「はい，分かりました」と返事し，ようすをみるようにした．たまにはお茶とお菓子を少量皿に盛り「食事までこれを食べていてください」と差し出した．

③冷蔵庫には，鍵をかけ F 氏が開けられないように工夫した．その他，食べ物は F 氏が探せない場所にしまうことにした．

④デイサービスに参加した．事業所の職員との話し合いで，食事中は職員が F 氏の側について話しかけ，職員もいっしょに食事をすることにした．

⑤ F 氏の食べ物への執着から，暴言・暴力に発展した場合，長女はさり気なく F 氏の側を離れ，遠くから観察するように努めた．

3．異　　食

異食は，食欲の質的異常であり，土，砂，石，草，糞，尿など通常は食欲の対象とならない物を摂食する食欲の倒錯である，と定義され[28]，小児や発達遅滞児などの行動障害として注目されていた．認知症の人の異食行為には，食糞などのように家族介護者にとって衝撃なものもあり，在宅介護の破綻の原因にもなる．また施設では取り返しのつかない事故につながることがあるため，ケアの現場ではしばしばその対応が問題になる．

異食は，中等度から高度の認知症にみられるが，その発症機序は明確ではない．異食は，必ずしも過食と関連しているわけではなく，その辺に落ちているものを拾っては集める物収行為のときに拾ったものを食べ物と誤認して口に入れることから始まる場合がある．また，高度の AD にみられる症状に，おむつのなかの大便を持ち歩いたり，ポケットや引き出しにしまったりする弄便行為がみられるが，弄便で手にした便をそのまま口に入れてしまう糞食行為にはたいへん驚かされることがある．

FTD のなかには，目にした物を何でも口のなかに入れ，噛んだり舐めたりする症状がみられることがある．これは口唇傾向（oral tendency）といい，異食と関連する行為といわれている．この行為は，サルの両側側頭葉を実験的に破壊することでみられるクリューバー・ビューシー症候群のひとつの症状であり，側頭葉障害に関与している．それゆえ，側頭葉や前頭葉の局所脳萎縮をみる FTD では，70% 以上にこの口唇傾向がみられるとの報告もある[29]．異食と口唇傾向が同一のものとする考えもあるが，後者はサルが口唇あるいは口腔内で対象物を確認する行為であり，食べられない物は決して飲み込まないことから，両者がまったくいっしょのものとは断定できない[28]．

1）異食への対応

　異食に対する効果的な対応はない．ADでは比較的高度の場合にみられるため，叱責，説得，指示などはむだなことが多い．FTDの場合は，比較的早い時期から異食が始まるが，この有効な対応はない．異食する物として，家庭では，冷凍食品，加工されていない食品，タバコ，錠剤のパッケージ，液状洗剤，石けんなどがあり，一見食べ物と見なされるような物が多い．これらの物のなかには，体内に入ると危険な物もあるため，まずはすぐに吐き出させる必要がある．タバコの葉や薬品類は，生命の危険にもつながるため，すぐに専門医に相談すべきである．施設で多い異食が消毒薬などの薬品である．この場合も胃洗浄などの処置を有するためできる限り早期に専門医を受診する．

　口唇傾向の認知症の人は，何でも口に入れるためその管理が困難なことが多い．ときに清潔な厚手の大きなタオルを渡しておくと，それを口に入れて噛んでいることがあるが，これは他の危険な物の異食を多少とも防ぐことができる．もっとも重要なことは，異食ができない環境を整えることである．認知症の人の行動範囲に，容易に手に取れる物は極力置かないようにする．とくに殺虫剤や消毒薬などの薬品，タバコ，薬品などの危険物の管理は徹底する．

4．食欲低下と拒食

　認知症の人にしばしば食欲の低下をみるが，その原因としては身体疾患によることが多い．なかには医学的に原因が特定できないこともあるが，その場合，精神的な原因で食事を拒否するいわゆる拒食も考えられる．

　食欲低下をきたす身体的な疾患は多い．日常でよくみる疾患のほとんどが食欲低下をきたすといっても過言ではない．普段の食事の摂取量と比較してその量がいちじるしく低下した場合は急性期の疾患を考える必要がある．その場合は，顔の表情が冴えず，活動性低下や発熱などのサインがみられ，吐気や嘔吐を伴うことがある．また食欲の低下は，水分摂取量の低下による脱水にもつながり，重篤な事態をもたらすことがある．一般成人の体内の全水分量は約60％といわれるが，高齢者はその水分量が4〜5％低いために，多

少の水分が不足しても脱水症になりやすい。いずれにしても，急激な食欲低
下がみられた場合にはすぐに専門医に相談する。同時に医師の指示により消
化のよい物やお粥などの食べやすい物を出すように工夫する。水分の補給は
重要であり，少量の水分を頻回に与えるか，水分を多く含む食物を与えるよ
うに心がける。

食欲が徐々に低下している場合には，まず身体状況をチェックし，毎日の
食事量の観察から，その人の普段の食事量から比較してどの程度少ないのか
を把握する。そして医師と相談しながら本人の好みの食材を料理に取り入
れ，工夫しながら標準体重 1 kg 当たり 20〜25 kcal を確保するようにする。

認知症の人のなかには，身体的な原因がないにもかかわらず食事を拒否す
る場合もある。原因としては，AD の初期にみられるうつ病や環境の変化な
ど心理・環境的要因が考えられるが，その要因を特定することはむずかしい。
施設入所や入院して間もない認知症の人がとくに身体的要因がないにもかか
わらず食事をとらなくなり，中心静脈栄養までしなければならなくなった事
例を数多く経験する。ある事例では，たまたま家族の法事があり家族がその
人を 3 日間家に連れて帰ったところ，家庭ではまったく問題なく食事をとる
ことができた。この事例は，入所という環境の変化が心理的な要因となり拒
食につながったが，その後の対応として，家族に頻回に面会を依頼し，それ
が実行されることで徐々に食事量が回復したことを経験した。

極端な例として，拒食による消極的な自殺を図った高齢者もいる。この場
合はうつ病が併発していることが多いため抗うつ剤が有効であるが，うつ病
の有無を判断するためには専門医の受診が必要である。がんこな拒食がみら
れ活動性がいちじるしく低下し，不眠もあり，会話のなかに厭世的な内容が
みられた場合は，本人に「死にたいと思っているのですか」とたずねること
で，本人のつらい感情が言語化され理解できることがある。このような場合
は，積極的に食事を勧めるのではなく，まずは共感することが重要であり，
抗うつ剤の投与を試みる。

高齢者の拒食は，若い人にみられる神経性食欲不振症とは異なり，自分の
ボディイメージのかたよりによる拒食はない。その多くは家族から見捨てら
れる不安や環境の変化などの心理的要因が多い。それゆえ，その対応として，

まずは認知症の人とできる限り多く接して，その人の不安や不満を聞き入れる努力が必要である．

5．ま と め

　認知症の人の食行動の異常には，過食，盗食，異食，拒食などがあり，これらの行動障害は，心理・環境的要因もあるが，むしろ機能の障害がその背景にある．認知症の人には，視床下部にあるといわれる満腹中枢の機能障害から過食や盗食がみられ，また異食は側頭葉を中心としたその周辺の障害が原因の場合もある．それゆえ，これら食行動の異常に遭遇した場合はその要因となる脳機能障害や身体障害の対応が優先されるため，まずは専門医に相談し，その対応を医療と連携しながら決めていく必要がある．

XI．その他の行動サイン

1．弄　　便

　弄便は，便をもてあそぶ行為という意味であるが，高度の認知症の人にみられる行動障害のひとつである．多くは，自身の便を持ち歩く，あるいは手に持った便をポケットにしまい込む，また引き出しやタンスのなかなどにしまい込むなど，便の誤った始末が起こす異常な行為である．ときには，手に持っていた便を拭い取るために部屋の壁中に塗りたくり，落ちた便を足で踏み散らし，部屋中に便臭が漂い，しばらくの間その部屋が使用できない状況になるという悲惨な事例もある．ときには手に持った便を口のなかに入れる人もいる．このように，弄便は介護者への精神的負担が大きく介護破綻の要因ともなる．

　この弄便の直接的な原因は便失禁であり，排便行為とその後始末がうまく行えないことから発生する．それゆえリハビリパンツを利用している場合でも，排便や排尿の処理はできる限りスムーズに行い，清潔を保つことが介護者の基本的な対応である．

　最近のトイレは，ほとんどが水洗トイレであり，排便のあと立ち上がると便が便器に残っているのが目に入る．高度の認知症の人は，水洗トイレの水

を流す操作ができないと，便器から便を取り出し，持ち歩くことがある．このようにトイレの使用環境によっては，認知症の人に大きな混乱をもたらすことがあり，放尿，放便，弄便につながる．その配慮として，トイレ使用後のチェックと始末をできる限り介護者が行うような工夫をすることで，弄便を防ぐことができる．

２．放　　尿

　放尿は，失禁とは異なる．尿意が生じて排尿行為を行うときに，トイレで行うのではなく，部屋の片隅や廊下，ごみ箱，庭などで排尿してしまう行為をいう．この行為の要因として考えられるのは，「場所」についての見当識の障害である．いままで慣れ親しんでいた自宅でも，トイレの場所が分からなくなることがある．また，在宅から施設に移り住んできた高齢者などは，トイレの場所を覚えられず，それが失禁や放尿につながる．

　対応としては，トイレ誘導およびトイレの場所を明確にするなどの対応が必要である．また，夜間は寝室にポータブルトイレを置いたり廊下の照明を明るくしたりする対応が行われているが，できる限り時間を見計らってトイレ誘導することが望まれる．それには，本人の排便・排尿の行動パターンを明確にする必要がある．

３．火の不始末

　火の不始末は，台所で食事のしたくやお湯を沸かしたあとに火を消し忘れることや，タバコの火の消し忘れなどが多い．弄火とは，火をもてあそぶことであるが，これは目的なくマッチに火をつけては消し，また紙に火をつけてもてあそぶ行為をいう．場合によってはそれが原因で火災を引き起こし，大きな問題になることもある．タバコの火も同様で，とくに火の消し忘れは大惨事につながるため介護者もその対応に気を使う．

　そもそも火の不始末は，エピソード記憶の障害に伴うもので，その対応は実際に火を使わないようにするか，あるいは安全性に優れた IH 式レンジを使うことなどの対応が望まれる．このような認知症の人を取り巻く環境の整備が必要であるが，喫煙している人の場合はその対応が困難なことが多い．

認知症が比較的高度になると喫煙することを忘れてしまう場合もあるが，ごく初期の認知症の人は，禁煙が困難なケースが多い．ある事例では，家族がうるさく禁煙を指示したために，高齢者が隠れてタバコを吸い，火災を引き起こしてしまった．それゆえ，禁煙の強要は大惨事につながることがあるため，むしろ安全な喫煙を心がけることも対応のひとつである．喫煙の際の火の始末や灰皿の工夫など，火の不始末を防ぐ工夫が介護者に求められる．

4．収　　集

認知症の人のなかには，空き瓶や缶，ごみくず，鉄くず，石，布きれなど，普段の生活で使いようのない物を収集し，部屋に並べておくことがある．介護者にとっては，集めてきた物にどのような意味があるのか理解に苦しむことが多い．比較的多いのがプラスチックケースであり，なかには他人が食べた食材が残っている物を家に持ち込むケースもある．また，ごみとして捨てた食器類や衣服，新聞紙，雑誌を持ち込むことや，自分の家のごみをそのまま家にためておくこともよくある．衣服や雑誌などを整理できずに重ねて置いておくうちに，家中がごみ屋敷のように不潔な状況になっても，平気で生活している高齢者をみることがある．

このような物の収集は，捨てられないという強迫行為と考えると，その行為をやめさせるのは容易でない．認知症の人は，自分の行為を覚えていないことが多いため，このような収集行為の場合でも，何のために，どのように集めたのか覚えていないことが多い．それゆえ，認知症の人がいないときに，新しく収集した物を処分し整理しておくこともひとつの対応かもしれない．場合によっては，デイサービスやショートステイを利用している間に部屋のなかを整理するのもひとつであるが，根本的な解決にはならない．

5．まとめ

認知症の人にみられる BPSD は，その的確な対応方法がないことが多く，とくに家族介護者にとっては大きな介護負担につながる．ここに挙げた4つの BPSD および徘徊（本章Ⅶ参照）は，比較的頻度が高く，またその対応に苦慮するケースである．多くの場合，その行為を説得して止めさせることは

困難であり，むしろその行為ができない，あるいは，させない環境を工夫することが望まれる．また，まったく環境の異なる施設や短期入所，デイサービスの利用などもひとつの方法といえる．いずれにしても，介護者1人で対応を考えるのではなく，何人かのプロの介護者と協議し，対応策を見いだすことも必要である．

文　献

1) Finkel SI, Burn A：BPSD Consensus Statement. In Association IP, ed.(1999).

2) Reisberg B, Ferris SH, de Leon MJ, et al.：The stage specific temporal course of Alzheimer's disease；functional and behavioral concomitants based upon cross-sectional and longitudinal observation. *Progress in Clinical and Biological Research*, 317：23-41 (1989).

3) Tariot P, Blanzina L：The psychopathology of dementia. In Handbook of dementing illnesses, ed. by Morris JC, Marcel Dekker Inc., New York (1994).

4) Devanand DP, Jacobs DM, Tang MX, et al.：The course of psychopathologic features in mild to moderate Alzheimer disease. *Archives of General Psychiatry*, 54(3)：257-263 (1997).

5) Lyketsos CG, Steinberg M, Tschanz JT, et al.：Mental and behavioral disturbances in dementia；findings from the Cache County Study on Memory in Aging. *The American Journal of Psychiatry*, 157(5)：708-714 (2000).

6) McKeith I, Fairbairn A, Perry R, et al.：Neuroleptic sensitivity in patients with senile dementia of Lewy body type. *Bmj*, 305(6855)：673-678 (1992).

7) Lipowski ZJ：Delirium；Acute Confusional States. Oxford University Press, New York (1990).

8) Inouye SK, van Dyck CH, Alessi CA, et al.：Clarifying confusion；the confusion assessment method. A new method for detection of delirium. *Annals of Internal Medicine*, 113(12)：941-948 (1990).

9) 三島和夫, 戸澤琢磨：老年期の睡眠の特徴. 老年精神医学雑誌, 10(4)：393-400 (1999).

10) 内山　真：高齢者睡眠障害の治療. 老年精神医学雑誌, 21(9)：996-1003 (2010).

11) 内村直尚：高齢者の不眠とその対応. 老年精神医学雑誌, 17(12)：1278-1284(2006).

12) 山口成良：老年期睡眠障害の分類と診断. 老年精神医学雑誌, 10(4)：401-410 (1999).

13) 本間　昭：痴呆の精神症状と行動障害の特徴. 老年精神医学雑誌, 9(9)：1019-1024 (1998).

14) 山寺　亘：老年期痴呆性疾患にみる睡眠障害の特徴. 老年精神医学雑誌, 10(4)：425-430 (1999).

15) 古田寿一，森川恵一，山口成良：痴呆老人の睡眠・覚醒障害．老年精神医学雑誌，5(9):1050-1057（1994）．

16) 一瀬邦弘，土井永史，中村　満，ほか：行動障害の日内変動；日没症候群と概日リズム障害．老年精神医学雑誌，9(9):1044-1051（1998）．

17) 長江雄二，伊藤栄一：脳卒中後の睡眠障害．老年精神医学雑誌，2(3):342-350（1991）．

18) 馬場　存：高齢者の妄想；総論．老年精神医学雑誌，17(10):1027-1031（2006）．

19) 下村辰雄：レビー小体型認知症の認知機能障害．老年精神医学雑誌，22(2):147-154（2011）．

20) 神奈川県福祉部老人福祉課：神奈川県老人健康実態調査報告書．神奈川（1993）．

21) Mendez MF, Martin RJ, Smyth KA, et al.：Disturbances of person identification in Alzheimer's disease；A retrospective study. *The Journal of nervous and mental disease*, 180(2):94-96（1992）.

22) Mohs RC, Rosen WG, Davis KL：The Alzheimer's disease assessment scale；an instrument for assessing treatment efficacy. *Psychopharmacology bulletin*, 19(3):448-450（1983）.

23) Riesberg B, Ferris SH, Anand R, et al.：Functional Staging of Dementia of the Alzheimer Type. *Annals of the New York Academy of Sciences*, 435:481-483（1985）.

24) 一般社団法人日本神経学会監，「認知症疾患治療ガイドライン」作成合同委員会編：認知症疾患ガイドライン2010．医学書院，東京（2010）．

25) 藤川徳美，山脇成人，藤田康信ほか：初老期・老年期うつ病と潜在性脳梗塞の関係についての臨床研究；MRIを用いての検討．精神神経学雑誌，94(9)：851-863（1992）．

26) Wasano K, Kaga K, Ogawa K：Patterns of hearing changes in women and men from denarians to nonagenarians. *The Lancet Regional Health-Western Pacific*, doi:10.1016/j.lanwpc.2021.100131（2021）.

27) Keene JM, Hope T：Natural history of hyperphagia and other eating changes in dementia. *International Journal of Geriatric Psychiatry*, 13(10):700-706（1998）.

28) 日野博昭，小阪憲司：認知症性老人の異食とoral tendency．老年精神医学誌，10(12):1398-1403（1999）．

29) Miller BL, Ikonte C, Ponton M, et al.：A study of the Lund-Manchester research criteria for frontotemporal dementia；Clinical and single-photon emission CT correlations. *Neurology*, 48(4):937-942（1997）.

第4章

薬物療法の知識

Ⅰ．はじめに

　認知症ケアにおいて，薬物療法は重要なパートナーである．認知症の中核をなす認知機能障害（記憶障害，失語，失行，失認，実行機能障害）に対しては，その回復までは期待できないが，その進行を抑制する薬物療法がある．薬物療法による認知機能障害の進行抑制は，認知症のケアにおいてきわめて重要である．その理由は，認知症に対して希望と時間をもって対応できることにある．また，認知症においてみられる BPSD（Behavioral and Psychological Symptoms of Dementia；認知症の行動・心理症状）の多くは，ケアや環境を工夫することにより対応が可能であるが，ときとして薬物療法の助けを借りる必要がある．このように，薬物療法は，認知症に対応するにあたり，ケアとともに両輪をなすものである．

Ⅱ．中核症状の薬物治療

1．アルツハイマー型認知症の病態とコリンエステラーゼ阻害薬

　認知症の多くの部分を占めるのは，アルツハイマー型認知症（Alzheimer's Disease；AD）であり，その病態に関しては研究が進み，現在では多くの治療薬の開発がなされている．AD の脳内では，アセチルコリン（神経伝達物質のひとつ）を分泌する神経細胞が障害を受けたり死んだりするために，脳内のアセチルコリンの減少が生じている．アセチルコリン分泌神経細胞の機能低下・死は，AD の病態では最下流に位置すると考えられており，症状の発現にもっとも密接に関係している（図 4-1）．アセチルコリン分泌神経細胞は，前脳基底核（マイネルト神経核，中隔核，ブローカ対角帯）から大脳新皮質・海馬に投射し，脳全体の活性化に関与している（図 4-2）．初期からアセチルコリン分泌神経細胞に障害が生じ，アセチルコリンの異常はさまざまな症状と密接に関連している．この病態に対して，アセチルコリンの分解を抑制するコリンエステラーゼ阻害薬が開発された．

　2010 年までは，抗認知症薬として市販されている薬剤は，コリンエステラーゼ阻害薬であるドネペジル塩酸塩（以下，ドネペジル／アリセプト®，

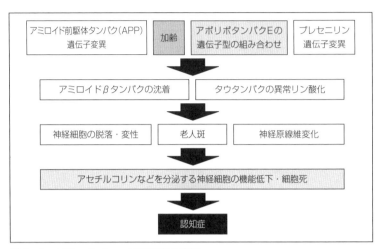

図4-1　アルツハイマー型認知症の病態

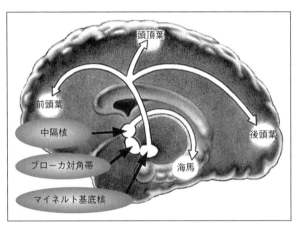

図4-2　脳内におけるアセチルコリン作動性神経細胞の所在
　　　とその投射経路

1999年11月薬価収載）のみであったが，2011年に新しく2つのコリンエステラーゼ阻害薬が製造承認を受けた．新しく製造承認された2剤は，コリンエステラーゼ阻害薬であるガランタミン臭化水素酸塩（以下，ガランタミン／レミニール®），リバスチグミン（イクセロン®パッチ，リバスタッチ®

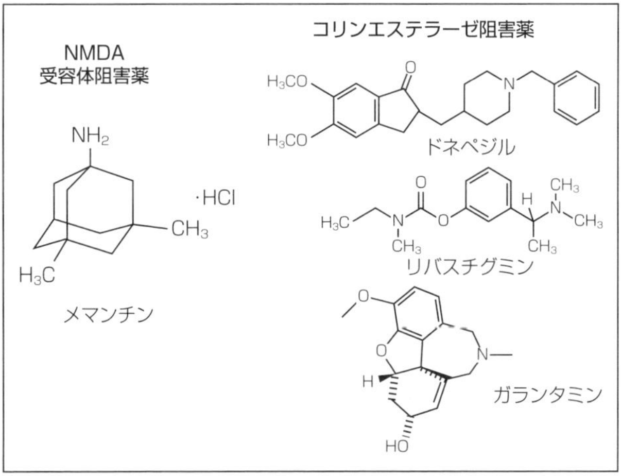

図 4-3　2021 年現在承認されている抗認知症薬

パッチ）である（図 4-3，表 4-1）．コリンエステラーゼ阻害薬同士の併用は
認められていないが，コリンエステラーゼ阻害薬とメマンチン塩酸塩（以下，
メマンチン／メマリー®）の併用は可能であり，治療の幅が広がった．

2．各コリンエステラーゼ阻害薬の特徴
1）ドネペジル（アリセプト®）

　ドネペジルは，わが国では 1999 年に発売され，長く唯一の認知症の治療剤
であった．世界においてももっとも使用量が多く，もっとも多くのエビデン
スを有している薬剤である．2007 年 8 月に高度 AD に適応が認められ，現
在，わが国で全重症度（軽度～高度）に適応を有しているのはドネペジルの
みである．

　2014 年にレビー小体型認知症（Dementia with Lewy Bodies；DLB）に適
応が認められ，現在の適応は，「AD（軽度～高度）における認知症症状の進
行抑制，および DLB における認知症症状の進行抑制（ドネペジルのみ）」と
なっている．初めて服用する場合は，3 mg/日（朝食後）から開始し，標準
的な用量は，軽度～中等度の AD では 5 mg/日，高度 AD と DLB では 10 mg/
日となっている．

表4-1 抗認知症薬の比較

製品名	メマリー®	アリセプト®	レミニール®	イクセロン®パッチ リバスタッチ®パッチ
一般名	メマンチン塩酸塩	ドネペジル塩酸塩	ガランタミン臭化水素酸塩	リバスチグミン
主な作用機序	NMDA受容体阻害薬	コリンエステラーゼ阻害薬		
主な副作用	浮動性めまい、傾眠、頭痛、便秘	悪心、嘔吐、下痢	悪心、嘔吐	適応部位皮膚症状
適応重症度	中等度〜高度	軽度〜高度	軽度〜中等度	軽度〜中等度
剤形	錠剤、口腔内崩壊錠、ドライシロップ	錠剤、口腔内崩壊錠、ゼリー、ドライシロップ	錠剤、口腔内崩壊錠、液剤（分包）	貼付剤
用法用量	1日1回 1週間ごとに5mgずつ漸増 維持用量：20mg 高度腎機能障害がある場合は10mg	軽〜中等度：1日1回3mgより開始 1〜2週間後に5mg 高度：1日1回5mgで4週間以上経過後10mg増量	1日2回 1か月ごとに8mgずつ漸増 維持用量：16mgまたは24mg	1日1回経皮 1か月ごとに4.5mgずつ漸増 維持量：18mg 9mgから開始し、1か月後に18mg維持用量可能 維持用量に達するまでは適宜増減可能
Cmax (ng/ml)	28.98±3.65 (20 mg)	9.97±2.08 (5 mg)	47.3±8.3 (8 mg)	8.27±2.31 (18 mg)
Tmax (hr)	6.0±3.8 (20 mg)	3.00±1.10 (5 mg)	約1.0 (8 mg)	約8 (18 mg)
T1/2 (hr)	71.3±12.6 (20 mg)	89.3±36.0 (5 mg)	9.4±7.0 (8 mg)	除去後約3.3 (18 mg)
代謝経路	腎排泄	肝代謝	肝・腎代謝	エステラーゼにより分解（肝代謝）
血漿蛋白結合率	41.9〜45.3%	92.6%	17.8%	約40%
CYP代謝酵素	CYPで代謝されにくい	3A4, 2D6	3A4, 2D6	CYPによる代謝はわずか

　ドネペジルは，AD脳内で減少しているアセチルコリンを分解する酵素であるアセチルコリンエステラーゼを阻害することにより，脳内のアセチルコリンを増やす作用がある．特徴は，血中半減期（服用後血液中の濃度が半分になるまでに要する時間）が健常人で約90時間と長く，1日1回の服用で安定した作用を発揮する点にある．徐々に血液中の濃度が上昇することにより，消化器系の副作用（吐気，嘔吐）が生じにくい．また，ドネペジルには，口腔内崩壊錠（OD錠：比較的硬く製造された速崩錠），フィルムコート錠，細粒剤，ゼリー剤（はちみつレモン味），ドライシロップの5剤形があり，ゼリー剤やドライシロップは，固形薬や散薬の内服を忌避する患者や嚥下に問題がある患者（飲み込みが遅い，むせる，など）に服用させやすい．

2）ガランタミン（レミニール®）

　ガランタミンは，もともとマツユキソウの球茎から分離したものであり，現在は合成品として製造されている．わが国では2012年3月に発売された．

　ガランタミンを初めて服用する場合は，8 mg/日（分2朝夕食後）から開始し，4週間後に16 mg/日に増量する．さらに，4週間後に24 mg/日に増量することが可能である．8 mg/日，16 mg/日の用量で段階的に慣らすことにより，消化器系副作用（吐気，嘔吐）を抑えることができる（下痢は少ない）．ガランタミンには，アセチルコリンエステラーゼ阻害作用（ドネペジルの項参照）のほかに，ニコチン性アセチルコリン受容体（アセチルコリンやニコチンにより刺激を受けると活性化する）へのAPL（Allosteric Potentiating Ligand）作用を有し，ニコチン性アセチルコリン受容体への刺激作用がある．このニコチン性アセチルコリン受容体を介したalert作用（注意力の向上）があることが特徴である[1]．また，同じ重症度で使用できる薬剤に幅があることも特徴であり，16 mg/日で効果が不十分，ないしは症状の進行がみられた場合には増量が勧められている．わが国で行われた臨床試験においては，服用する量が多いほど認知機能の改善・維持作用が強いことが示されている[2]．また，長期的には24 mg/日を服用することにより，進行抑制効果を最大限に引き出すことができる．普通錠，OD錠，分包液剤の3剤形と液剤の剤形を有していることも特徴である．なお，液剤には人口甘味料により弱い甘味がつけられている．

また，吐気，嘔吐などの消化器系の副作用が特徴的である．

3）リバスチグミン貼付剤（イクセロン®パッチ，リバスタッチ®パッチ）

リバスチグミンは，もともと経口剤として開発されていたが，吐気，嘔吐，下痢などの消化器系の副作用が強く発現したために開発が中断されていた．これらの副作用を軽減する目的で，貼付剤が海外で開発された．わが国においても開発が再開され，2011 年 7 月に販売が開始された．わが国での臨床相試験では，認知機能のほかに日常生活動作（Activities of Daily Living；ADL）に有効であることが示されている[3]．

特徴は，アセチルコリンエステラーゼ阻害作用（ドネペジルの項参照）のほかに，ブチリルコリンエステラーゼ阻害作用を有する点にある．AD では，進行に伴いブチリルコリンエステラーゼを多く放出するグリア細胞（神経細胞を支持する細胞）が増えると考えられている．そのため，ある程度進行した AD にもリバスチグミンは有効であると考えられている．

初めて貼付する場合は，4.5 mg（1 日 1 回 1 枚）から開始し，4 週間ごとに4.5 mg ずつ増量し，18 mg を維持用量とする．漸増することにより，消化器系副作用（吐気，嘔吐）を低く抑えることができる．また，2015 年 8 月からは 9 mg から開始し，4 週間後に 18 mg に増量することが可能となった．超高齢者や低体重の場合は，4.5 mg からの使用が勧められる．

貼付部位での副作用を避けるために，

①貼付部位は毎日変えること

②貼付部位の糊を濡れタオルなどできれいに拭き取ること

③背中など手の届かない部位に貼付すること(掻爬しないようにするため)

したがって，入浴前にはがして，入浴後に以前貼付していた反対の背中に貼付することがベストである．

また，高齢者は皮膚が乾燥していることが多く，適応部位での副作用を避けるためには，保湿剤（ヒルドイド®クリーム・ローションなど）などによる事前の保湿が有効である（はがれやすくなるため，貼付時には塗布しない）．背中にこれらの軟膏・クリームを塗布することは，グルーミング効果があり，不安感を減らしたり，安心感につながったりするものと期待される．

このような処置をすることが困難である場合には，速乾性のあるフルメ

タ®ローション（油分を含まないローションタイプのステロイド外用剤）を
貼付する部位に前もって塗布することにより，皮膚症状を起こりにくくする
ことができる．

　適応部位で皮膚に炎症が生じた場合には，ステロイド軟膏（リンデロン V®
など）を用いる（なお，リバスチグミン成分自体には感作性はみられない）．

4）異なる作用機序をもつメマンチン（メマリー®）

　メマンチンは NMDA 受容体阻害薬である．NMDA 受容体は，記憶の形成
に関与するとともに，神経細胞の機能低下や死にも関与する受容体である．
メマンチンは NMDA 受容体に対して弱く結合することから，正常なグルタ
ミン酸を介する神経伝達には影響せず，それ以外の過剰なグルタミン酸の刺
激から神経細胞を保護する作用がある（図 4-3，表 4-1）．メマンチン（メマ
リー®）は 2011 年 6 月に発売され，中等度および高度 AD において適応を有
し，剤形は普通錠と OD 錠である．

　メマンチンはコリンエステラーゼ阻害薬（ドネペジル，ガランタミン，リ
バスチグミン）とまったく異なる機序で神経保護作用を発揮することから，
コリンエステラーゼ阻害薬と併用投与が可能である．また，わが国の臨床試
験において，認知機能悪化を抑制する作用以外に，徘徊や常同行為，興奮・
攻撃性の予防・改善作用が認められている[4]．これらの作用は，コリンエス
テラーゼ阻害薬と併用しても発揮される[5]．

　初めて服用する場合は，5 mg/日（1 日 1 回）から開始し，1 週間ごとに 5
mg/日ずつ増量し，20 mg/日を維持用量とする．基本的には，副作用などの
問題がない限りコリンエステラーゼ阻害薬は継続して使用し，切り替えるこ
とは勧めない．

　また，メマンチンは副作用の頻度が低いことが特徴であり，1 週間ごとに
5 mg/日ずつ増量することにより，浮動性めまい（ふらつき），頭痛，眠気な
どの副作用を低く抑えることができる．腎臓の機能が悪い場合は，半量の 10
mg/日を投与する．メマンチンのみを用いる際には便秘に注意する．なお，
服用時間は 1 日 1 回であり，いつでも服用可能である．眠気などがみられる
場合や夜間に覚醒が多い場合には，夕食後投与が勧められる．

3．投与方法・投与経路・剤形による各薬剤のメリットとデメリット

　抗認知症薬4剤でもっとも際立って特徴に差があるのは，投与方法・経路である．まず，投与方法・経路・剤形のメリットとデメリットを述べる．

1）ドネペジル（アリセプト®）のメリットとデメリット

　ドネペジルの最大の特徴は，1日1回の経口投与であることにある．また，血中半減期（服用後血液中の濃度が半分になることに要する時間）が長いことから，短期間の服薬中断では効果が落ちにくい．したがって，コンプライアンス（きちんと薬剤を服用すること）があまりよくない場合には，使いやすい薬剤である．

　また，剤形がもっとも豊富で，ゼリー剤は嚥下に時間がかかる場合や固形物の服用をいやがる場合に有用である．逆に，血中半減期が長いため，副作用が生じた場合には投与を中止してもただちに軽減しない恐れがある．

2）ガランタミン（レミニール®）のメリットとデメリット

　ガランタミンは，血中半減期が短いことから，1日2回の服用が必要になる．しかし，副作用が生じた場合には投与中止によりすみやかに軽減が図れる．また，ガランタミンは唯一液剤（分包）を有していることが特徴である．ある程度の甘味も有しており，固形物の服用をいやがる場合に有用である．

3）リバスチグミン貼付剤（イクセロン®パッチ，リバスタッチ®パッチ）のメリットとデメリット

　抗認知症薬のなかでは唯一の貼付剤であり，剤形としてもユニークである．

　(1) リバスチグミン貼付剤のメリット

・血中濃度が安定することにより，嘔気，嘔吐，下痢などの副作用が軽減され，また効果も安定する．

・薬物投与の有無が視認できる（ほかに内服薬がある場合でも，服薬完了時に貼付すれば服薬確認に利用できる）．

・外面に油性マジックなどで日付などが記載できる．

・薬剤の投与が短時間ですむ．

・スキンケアを含めたスキンシップの促進が望める(グルーミング効果)．

・内服をいやがる，飲み込むのに時間がかかるなど，経口剤では治療が困難である場合に投与しやすい．

・貼付剤という剤形の安心感がある（口から入れる薬剤よりも「薬」というイメージがソフトになる）．

・副作用が出現した場合にははがすことにより，すみやかにリバスチグミンの血中濃度を低下させ，副作用を軽減することが可能である．

・誤嚥性肺炎や骨折などの治療中で，経口服薬が困難な場合であっても治療継続が可能である．

(2) リバスチグミン貼付剤のデメリット

・貼付部位での有害事象（紅斑，掻痒感，皮膚炎）が起こる．

・1包化ができない．

・「薬」というイメージがわかない．

4）メマンチン（メマリー®）のメリットとデメリット

　メマンチンの特徴は，ドネペジルと同様に血中半減期が長く，1日1回の経口投与であることである．メマンチンはコリンエステラーゼ阻害薬と併用が可能であり，ドネペジルと併用する場合には，1日1回同時に経口投与できるメリットがある．また，血中半減期が長いことから，ドネペジルと同様に短期間の服薬中断では効果が落ちにくいことが特徴であり，コンプライアンスがあまりよくない場合にも使いやすい薬剤である．逆に，血中半減期が長いことから，副作用が生じた場合には投与を中止してもただちに軽減しない恐れがある．

4．各薬剤の有効な症状によるメリットとデメリット

　各薬剤の有効な症状によるメリットとデメリットは，明確なエビデンスに基づくものではない．国内治験の結果からは，メマンチンのみが行動障害（徘徊，無目的な行動，常同行為など），攻撃性（焦燥，暴言，暴力）に対して効果があることが示されており，これらの症状が前景に出ている場合には，メマンチンを先行して使用することがよいと考えられる．一方，自発性や意欲の低下が前景に出ている場合には，基本的にはコリンエステラーゼ阻害薬を先行して使用することがよいと考えられる．メマンチンも穏やかに自発性や意欲を改善する効果があるため，患者のようすをあまり迅速に変えたくない場合にはメマンチンを先行投与することが考慮される．

5．各薬剤の代謝経路（分解・排泄経路）によるメリットとデメリット

　4剤とも，肝臓に障害がある場合は，かなり高度なものでない限り比較的使いやすい薬剤である．ドネペジルとガランタミンは，肝臓において生体異物を代謝する酵素で分解されることから，同酵素に影響がある薬剤との併用下では多少の影響を受ける恐れがある．しかし，ドネペジルの場合は血液中のタンパクとほとんどが結合しており，徐々に分解されることから影響はそれほど大きくない．また，ガランタミンは一部腎臓から排泄されるために影響はそれほど大きくない．リバスチグミンは肝臓においてエステラーゼという酵素で分解され，多くの薬剤の分解に関与する酵素の影響をほとんど受けないことが特徴である．一方，メマンチンは完全に腎臓から排泄されることから，腎機能の影響を大きく受けることに注意が必要であり，高度に腎機能が障害されている場合には投与量を減量しなければならない．また，透析中の患者に対しての使用については，いずれの薬剤も添付文書には明確に示されていない．ドネペジルのみ，血液中のタンパクとほとんどが結合しているため，透析中の患者に投与することはむずかしい（透析で除去することができない）．

6．メマンチンとコリンエステラーゼ阻害薬の併用は有効か

　認知症治療ガイドラインでは，中等度以上ではコリンエステラーゼ阻害薬のひとつとメマンチン（メマリー®）の併用がアルゴリズム上で推奨されている（図4-4, 4-5)[6]．とくに，併用投与に問題がない限り，長期の進行抑制を図る目的で併用投与することが望ましいと考えられる[5]．2剤併用による進行抑制効果については，米国で行われた大規模な臨床試験で検証されている．最近，英国で行われた2剤併用に関する臨床試験では，当初予定した規模の半分以下で行われたために2剤併用の有用性については検証できなかったが，ドネペジル中止による症状悪化は明らかに示されている[7]．

　筆者の経験では，メマンチンとコリンエステラーゼ阻害薬を併用すると症状が安定し，悪化しにくくなるように思われる．また，併用においても，メマンチンの異常行動，興奮・攻撃性の改善作用が認められており，併用することは日常生活を安定するためにたいへん有用であると考えられる[5]．

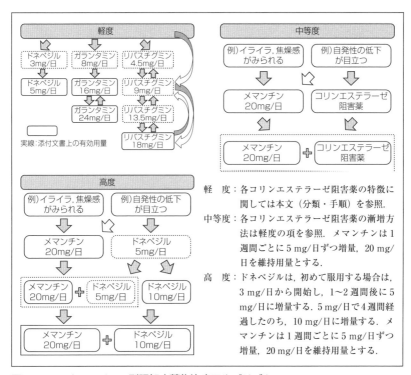

図 4 - 4　アルツハイマー型認知症薬物治療アルゴリズム

7．コリンエステラーゼ阻害薬の切り替えは有効か

　コリンエステラーゼ阻害薬同士の切り替えについては，小規模な臨床試験はある程度行われているが，公平な目線で行われた大規模な二重盲検比較試験はない．したがって，コリンエステラーゼ阻害薬同士の切り替え基準は存在せず，多くは経験によるものである．コリンエステラーゼ阻害薬は，化学物質としては大きく異なるため，異なる薬理活性，薬物動態（分布も含む）をもつ．そのため，切り替えることでさまざまな臨床症状が変化することは少なくない．あるコリンエステラーゼ阻害薬の服用中に焦燥や攻撃性が認められた場合，コリンエステラーゼ阻害薬の種類を変更するとそれらの症状が改善することが少なくない．したがって，認知症の諸症状に悪化がみられる場合，コリンエステラーゼ阻害薬を変更することも有力な手段となり得る．

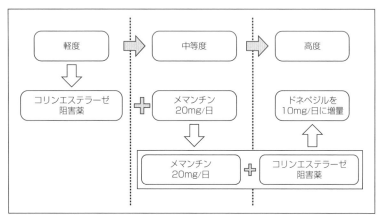

図 4 - 5　重症度の進行に合わせたアルツハイマー型認知症薬物治療アルゴリズム

　コリンエステラーゼ阻害薬同士の切り替え法については確立した方法はないが，欧米のガイドラインでは，wash out 期間（薬を中断する期間）をおかずに切り替えることとなっている[8,9]．これは，コリンエステラーゼ阻害薬が共通してもつ消化器系副作用の切り替え時の発現を抑えるためである．しかし，切り替え期間中にコリンエステラーゼ阻害作用が減弱するため，一過性に症状が悪化する恐れがあることに留意する．

8．脳梗塞などの合併がある場合

　脳の画像診断で多くの小さな脳梗塞がみられる場合には，多発性脳梗塞後遺症として診断する傾向があるため，AD と診断されず，これらの薬剤が投与されていない場合がある．実際は，脳梗塞などの脳血管障害を伴う AD はAD 患者の約半数を超えるという報告がある[10]．脳梗塞などの脳血管障害を伴う AD の治療に関しては，海外の臨床試験でガランタミンが有用であったという報告がなされているが[11]，その他の 3 剤も根幹にある AD に作用することから，有効性が期待できる．

9．レビー小体型認知症（DLB）の場合

　DLB は，もっとも対応が困難な認知症である．幻覚，それに基づく行動異

常，転倒，失神，うつなど，対応が困難な症状が多い．これらの症状はケア
や環境調整だけでは対応がむずかしく，何らかの薬物治療が必要であること
が多い．そこで，DLB を対象としたドネペジルの治験が行われた．第Ⅱ相試
験では，ドネペジルの用量依存性の効果が報告された[12]．次いで，第Ⅲ相試
験が行われ，2014 年にアリセプトに対して DLB が適応追加された．また，
海外では，PDD（Parkinson's Disease with Dementia；パーキンソン病に伴
う認知症／DLB はこれに含まれる）に対して，リバスチグミン経口剤の大規
模な二重盲検比較試験が行われ，リバスチグミンの有効性が証明されてい
る[13]．海外では，リバスチグミンが PDD を適応症として有している．抑肝
散（血中のカリウム濃度が低下することがあるため血液検査を行う）やメマ
ンチンをコリンエステラーゼ阻害薬と併用して用いると，幻覚と行動異常に
有効な場合がある．

10. 前頭側頭型認知症の場合

　対応がたいへん困難である前頭側頭型認知症を適応とする薬剤はないが，
新薬のなかではメマンチンが期待される．欧米では，一部の前頭側頭型認知
症の症状にメマンチンが有効であるとの報告がある[14]．筆者の経験では，徘
徊・周回，また，利用行動（すぐに物に手を出してしまう）などに有効な場
合がある．今後，メマンチンが前頭側頭型認知症を適応として認められるよ
うになることを期待する．

11. 4 剤の使用でなにが変わるか

　現在，コリンエステラーゼ阻害薬3種とメマンチンを使えるようになった．
コリンエステラーゼ阻害薬は症状に応じて，また切り替えることによって，
もっとも適したものを選択することができる．また，メマンチンは，神経保
護による進行抑制が主な作用であるが，徘徊・無目的な行動，焦燥・暴言・
暴力の予防・抑制作用があり，おおいに期待される薬剤である．
　これらの薬剤を選択，または組み合わせることにより，認知機能・活動性
を上げ，感情を安定させることが可能である．これらの作用により，日常生
活を安定させ，ケアをスムーズに行うことができ，またさまざまなリハビリ

テーションに導入することができる．ケアと薬剤を一体化することにより，より長く在宅で暮らせることにつながるものと期待される．

12. ケアの観点から「進行抑制」は意味があるか

　薬剤により進行抑制が発揮されれば，ケアを行う期間が延びるだけであるという考え方がある．認知症の大部分を占める AD の発症は加齢の影響を受けている．もともと 100 歳まで長生きすれば，脳のなかは科学的には認知症の状態となっている．しかし，ゆっくりと年を重ねた人を認知症ということは少ない．それは，ゆっくりと年を重ねることにより，自分も周囲もさまざまな機能が低下することに慣れるからである．認知症で混乱が生じるのは，さまざまな機能の低下が急激に起こることが理由である．したがって，薬剤の使用やリハビリテーションにより認知症の進行を和らげることは，「慣れる」時間を得ることにつながるのである．ある程度，認知症に慣れれば本人および介護者の困難は減り，抗認知症薬は，結局，本人および介護者の生活の質を上げることにつながるものと期待される．

Ⅲ．行動・心理症状（BPSD）に対する薬物治療

1．重要な基本的な注意[15]

　認知症でみられる種々の BPSD に対して，抗精神病薬，抗不安薬，睡眠導入剤などを使用する場合は，意識障害，歩行障害，転倒，認知機能障害の悪化などの副作用が生じることが多く，基本的には本人のニーズに対応したケア，人間関係や環境調整により対応し，それらの対応ではむずかしい場合にのみ薬物療法を試すべきである．安易に薬物療法に頼ることは勧められない．

　また，認知症でみられる種々の BPSD に対して適応をもつ薬剤は実際にはほとんどなく，安全性が確立されていないことから，服用に際しては十分な注意，インフォームドコンセント（説明と同意，場合によっては文書で確認する）が必要である．

　BPSD がみられた場合は専門医への受診を勧めるとともに，患者の日常生活での変化がなかったかどうかに目を向ける．日常生活，体調，介護の仕方

などに変化があるようであれば，それらについて見直す．身体的に異常をきたしている場合も少なくなく，一般医を受診し，身体的な診察を受けることも重要である．

　また，メマンチンなどの抗認知症薬（先述）を服用することにより，BPSDが軽減されることも多く，薬物療法を行うにあたっても，抗精神病薬，抗不安薬，睡眠導入剤などは最終的に用いるべきである．

2．幻覚・妄想

　認知症でみられる幻覚・妄想のほとんどは誤認症状であることから，基本的に統合失調症でみられる幻覚・妄想とは異なることに留意する．これらの症状に対しては，低い用量の非定型抗精神病薬（リスパダール®，ジプレキサ®，セロクエル®，ルーラン®）が奏功することが多い．しかし，米国食品衛生局（FDA）から Black Box Warning という警告が出ており，非定型抗精神病薬を服用する際には注意が必要である．Black Box Warning の内容は，「認知症高齢者における臨床治験においてプラセボ（偽薬）投与群に比して，非定型抗精神病薬投与群の死亡率が増加するために，精神病症状を伴う認知症高齢者に非定型抗精神病薬の投与は承認しない」というものである．やむなく投与する場合は，本人，家族に十分なインフォームドコンセントが行われているべきであり，同意書に相当するものを取得していることが望ましい．

　また，塩酸チアプリド（グラマリール®）が幻覚や妄想に対して有効なことがある（興奮・焦燥，敵意，攻撃行為の項参照）．

　また，幻覚がしばしばみられる DLB の場合は，非定型抗精神病薬に感受性が強く，パーキンソン症状などの錐体外路症状（歩行障害，転倒，動作緩慢，手の振戦など）などの副作用が出現しやすいため，原則使用しない．この場合は，コリンエステラーゼ阻害薬を中心に用いて，抑肝散やメマンチンの併用を考慮する（いずれも適応外使用）．

3．興奮，焦燥，敵意，攻撃行為

　軽度の興奮，焦燥感，徘徊などの異常行動（夜間，昼間を問わず）には，

メマンチンが奏功することが多い（適応内使用，メマンチンの項目を参照）[4]．また，興奮や焦燥，不眠などに対しては，塩酸チアプリド（グラマリール®）も奏功することが多いが，低用量から開始し，徐々に増量することが望ましい．また，抑肝散がこれらの症状に対して有効な場合があるが，血中カリウム濃度に注意して使用する．

　これらの治療でコントロールできない場合には，非定型抗精神病薬を用いるが，十分注意して用いることが肝要である（適応外使用，幻覚・妄想の項を参照）．

4．うつ症状

　認知症の初期では，うつ症状を伴うことが多く，うつ病と鑑別することが困難であることが多い．認知症と診断された場合でも，うつ症状が認められたときは，SSRI（トリンテリックス®，レクサプロ®，ジェイゾロフト®，パキシル®，ルボックス®，デプロメール®），SNRI（サインバルタ®，イフェクサ SR®），または NaSSA（リフレックス®，レメロン®）を服用する場合がある．いずれも低用量から開始し，徐々に増量することが望ましい．これらの薬剤は，高齢者に吐気や嘔吐以外に眠気や認知機能障害を悪化させることがあるため注意する．また，薬物相互作用についても注意が必要であり，ほかに服用している薬剤があれば，必ず医師または薬剤師に相談すべきである．

5．多動・徘徊

　多動・徘徊に対しては，メマンチンや抑肝散が奏功することがある．ほかには，塩酸チアプリド（グラマリール®），SSRI（トリンテリックス®，レクサプロ®，ジェイゾロフト®，パキシル®，ルボックス®，デプロメール®），SNRI（サインバルタ®，イフェクサ SR®），または NaSSA（リフレックス®，レメロン®）なども奏功することがある．しかし，眠気，ふらつきなどの副作用には十分注意をはらわなければ，転倒などのリスクがたいへん高い．

6．不　　眠

　認知症の人の不眠は，入眠困難，途中覚醒，早朝覚醒などがみられるが，

概して，日内リズムのずれに起因していることが多い．生活リズムの是正が第一であり，薬剤の使用はなるべく避けるべきであるが，実際は睡眠導入剤を用いて強制的に生活リズムをつくる必要がある．このような場合は，筋弛緩作用のあるベンゾジアゼピン系睡眠導入剤は転倒・骨折の恐れがあるため避けるべきである．したがって，仕方なく睡眠導入剤を用いる場合は，筋弛緩作用の弱い非ベンゾジアゼピン系睡眠導入剤（塩酸ゾルピデム，ゾピクロン，エスゾピクロン）を低用量から用いるべきである．比較的睡眠導入作用の強い塩酸ゾルピデム（マイスリー®）は，5 mg/日から開始し，10 mg/日を投与する場合には十分な注意が必要である．また，エスゾピクロン（ルネスタ®）は1 mg/日から開始し，2 mg/日まで増量可能である．

　日内リズムの形成を補助するホルモンであるメラトニンと同様の働きをするラメルテオン（ロゼレム®）は，ふらつきなどの副作用が出現する恐れがかなり低く，用いやすい．しかし，本剤は就眠直前に投与しないと効果を発揮しにくいため，注意が必要である．

　覚醒を促すホルモンであるオレキシンの受容体のみを阻害することにより脳内の覚醒系を抑制し入眠，睡眠維持を促す作用のあるスボレキサント（ベルソムラ®），レンボレキサント（デエビゴ®）は，同じく，ふらつきなどの副作用が出現しにくく，用いやすい．

　また，メマンチンにより夜間の行動異常が改善されることがある．

　抗ヒスタミン作用の強い塩酸トラゾドン（レスリン®，デジレル®，25 mg/日から開始）やミルタザピン（リフレックス®，レメロン®，15 mg/日から開始）を眠前に投与すると奏功する場合もある．

　ほかには，抑肝散が奏功する場合も多く，不眠に対しては，薬剤の用量を増やすのではなく，患者に合う薬剤を探すことが第一である．

　高度の不眠に対しては，非定型抗精神病薬を用いるが，十分注意して用いることが肝要である（適応外使用，幻覚・妄想の節を参照）．

7．失禁に対する薬物療法

　失禁に関しては，できる限りケアで対応する．認知症でよくみられる失禁は切迫性失禁であり，尿意を感じない，トイレの場所が分からない等の理由

で失禁が発生することが多い．適時のトイレ誘導，夜間の水分調整，トイレの明示，居室の位置などのケア，工夫をまず行う．薬物療法では，切迫性の失禁では，コハク酸ソリフェナシン（ベシケア®），イミダフェナシン（ステーブラ®，ウリトス®）などの薬剤が有用である．抗コリン作用の強い，もしくは脳内移行性の高い排尿治療剤の使用は，認知症の人には勧められない．

Ⅳ．認知症の人の薬物療法における基本的な注意[15]

1．ひとりで服薬させない

　介護者（訪問介護者も含む）が服薬管理を行い，用法・用量に従い服用させる．とくに，血糖降下剤，その他の糖尿病薬，免疫抑制剤，抗がん剤，睡眠導入剤などの安定剤，抗てんかん薬，抗不整脈薬などは絶対にひとりで管理させてはならない．

2．できる限り，薬剤を整理する

　多くの診療機関を同時に受診している場合は，服薬している薬剤を正確に把握し，相互作用や併用禁忌でないかをチェックする．また，必要最小限度の投与量，服用回数にしてもらうように医療機関に連絡することを勧める．また，同一薬効の薬剤が重複して処方されていることも少なくなく，その際は当該医療機関に連絡する．また，認知機能障害を引き起こしやすい，または悪化させる薬剤があることに注意する（参考を参照）．

3．水分を充分にとらせる

　高齢者は脱水になる傾向が強いが，認知症の人は口渇を訴えることが少なく，より脱水に陥りやすい．食事以外に，1日に500 ml 程度余分に水分をとるように指導する．

4．病識がないことが多い

　病識がないことが多く，治療の開始が遅れることが多い．患者本人は，認知機能障害があることを否定したがる傾向が強い．そのため，初診の場合は

あまり病気とは言わずに，「検査を受けましょう」と誘導し，専門医から時間をかけて説明してもらうことが重要である．また，服薬忘れも多く，自己管理はむずかしいことを介護者に説明することが重要である．

5．独居の場合は薬の管理がむずかしい
　独居の場合，薬物治療を行うことがむずかしいことが多い．基本的には，近隣の家族が管理するか，もしくは訪問看護師とホームヘルパー等に援助を依頼する必要がある．

【参考】認知機能障害を引き起こしやすい，または悪化させる薬剤がある[15]
　現在投与されている薬剤すべてについて，医師や薬剤師と相談することが重要である．そのような可能性のある薬剤を投与されている場合は，投与または処方している医師と相談し，可能であれば中止する必要がある．また，年齢，体重に対する薬の量，全身の状態なども考慮する必要があり，できる限りの情報を医師や薬剤師に伝えることが重要である．
　そのような薬剤には次のようなものがある．
・ベンゾジアゼピン系薬剤：とくに，トリアゾラム（ハルシオン®），フルニトラゼパム（サイレース®，ロヒプノール®）のようなベンゾジアゼピン受容体に親和性の高い超短時間作用型の薬剤では認知機能の悪化やせん妄が生じやすい．
・三環系抗うつ薬：抗コリン作用の強い三環系抗うつ薬の投与ないし長期の連用により，とくに高齢者でせん妄，認知機能障害が生じやすい．
・四環系抗うつ薬：抗コリン作用は三環系抗うつ薬よりも弱いが，眠気が強い薬剤が多い．
・フェノチアジン系／ブチロフェノン系の薬剤：高齢者の場合，少量であっても作用が強く現れることがあるため留意する．
・非定型抗精神病薬（ジプレキサ®，リスパダール®，セロクエル®，ルーラン®）
・抗ヒスタミン薬：アレルギー疾患（花粉症や接触性皮膚炎）や感冒に対して使われる H1 受容体遮断薬（抗ヒスタミン薬）は副作用として眠気

204

が強いものが多く，認知機能障害の原因となることが多い.

・抗痙攣薬：フェノバルビタールやアレビアチンは，認知機能障害を惹起
　することがしばしばある. これらを投与している場合は，血中濃度の測
　定は不可欠である.
・カルバマゼピン（テグレトール®）：慢性疼痛に対して用いられることも
　多いため注意を要する.
・抗パーキンソン病薬：抗コリン剤（trihexyphenidyl 等），他の抗パーキ
　ンソン病薬（L ドーパ，アマンタジン）はせん妄をきたすことがある.
・その他の抗コリン剤：PL などの総合感冒薬の一部，抗コリン作用を有す
　る排尿治療剤.
・5FU など抗がん剤
・インスリン，血糖降下剤：低血糖により認知機能障害を起こす.
・抗不整脈薬：ジギタリス製剤やリドカインなどの抗不整脈薬でせん妄や
　認知機能障害を起こすことがしばしばある.

文　献

1) Davis BM（小山　司監訳）：コリンエステラーゼ阻害薬の新たな課題. 臨床精神
　薬理, 10(2):349-367（2007）.
2) 本間　昭, 中村　祐, 斎藤隆行, ほか：ガランタミン臭化水素酸塩のアルツハイ
　マー型認知症に対するプラセボ対照二重盲検比較試験. 老年精神医学雑誌, 22
　(3):333-344（2011）.
3) Nakamura Y, Imai Y, Shigeta M, et al.：A 24-week, randomized, double-blind,
　placebo-controlled study to evaluate the efficacy, safety and tolerability of the
　rivastigmine patch in Japanese patients with Alzheimer's disease. *Dementia
　and Geriatric Cognitive Disorders Extra*, 1(1):163-179（2011）.
4) 中村　祐, 本間　昭, 北村　伸, ほか：新規 NMDA 受容体拮抗剤であるメマンチ
　ン塩酸塩の中等度から高度アルツハイマー型認知症に対する第Ⅲ相試験；有効性
　および安全性の検討. 老年精神医学雑誌, 22(4):464-473（2011）.
5) Tariot PN, Farlow MR, Grossberg GT：Memantine treatment in patients with
　moderate to severe Alzheimer disease already receiving donepezil；a random-
　ized controlled trial. *The Journal of the American Medical Association*, 29(13):
　317-324（2004）.
6) 日本神経学会監修：認知症疾患治療ガイドライン 2010；コンパクト版 2012. 医学
　書院, 東京（2012）.

7) Howard R, McShane R, Lindesay J, et al. : Donepezil and Memantine for moderate-to-Severe Alzheimer's disease. *The New England Journal of Medicine*, 366 (10) : 893-903 (2012).

8) Farlow MR, Cummings JL : Effective pharmacologic management of Alzheimer's disease. *The American Journal of Medicine*, 120 (5) : 388-397 (2007).

9) Burns A, O'Brien J, BAP Dementia Consensus group, et al. : Clinical practice with anti-dementia drugs ; a consensus statement from British Association for Psychopharmacology. *Journal of Psychopharmacology*, 20 (6) : 732-755 (2006).

10) Meguro K, Ishii H, Yamaguchi S, et al. : Prevalence of dementia and dementing diseases in Japan ; the Tajiri project. *Archives of Neurology*, 59 (7) : 1109-1114 (2002).

11) Bullock R, Erkinjuntti T, Lilienfeld S, et al. : Management of patients with Alzheimer's disease plus cerebrovascular disease ; 12-month treatment with galantamine. *Dementia and Geriatric Cognitive Disorders*, 17 (1-2) : 29-34 (2004).

12) Mori E, Ikeda M, Kosaka K, et al. : Donepezil for Dementia with Lewy Bodies ; A Randomized, Placebo-Controlled Trial. *Annals of Neurology*, 72 (1) : 41-52 (2012).

13) Emre M, Aarsland D, Albanese A, et al. : Rivastigmine for dementia associated with Parkinson's disease. *The New England Journal of Medicine*, 351 (24) : 2509-2518 (2004).

14) Boxer AL, Lipton AM, Womack K, et al. : An open-label study of memantine treatment in 3 subtypes of frontotemporal lobar degeneration. *Alzheimer Disease and Associated Disorders*, 23 (3) : 211-217 (2009).

15) 中村　祐 : 認知症. 薬局, 58 (4) : 437-448 (2007).

第5章

リハビリテーション

Ⅰ．認知症のリハビリテーション

　リハビリテーション（Rehabilitation）には，狭義と広義の意味がある[1]．狭義では，病気や事故によって発生した身体的・精神的な障害を以前の健康な状態に回復する治療や訓練を指す．広義では，人間である権利や尊厳が何らかの理由によって否定され，一度失った身分や名誉を回復する全人間的復権を意味する．

　認知症は記憶障害や見当識障害，失行，失認などを中核症状とし，その周辺症状として認知症の行動・心理症状（Behavioral and Psychological Symptoms of Dementia；BPSD）を呈する．この中核症状や BPSD を標的としてその改善や軽減を図るアプローチは，狭義のリハビリテーションととらえることができる．したがって，実践においては，認知症のどの症状に対してどのように改善しようとしているのかを明確にすることが重要である．

　狭義のリハビリテーションは，本巻第 6 章の非薬物療法のひとつに位置づけられ，作業療法士（Occupational Therapist；OT）や理学療法士（Physical Therapist；PT），言語聴覚士（Speech Language and Hearing Therapist；ST）などの療法士が，専門職種としてその業務にあたっている．

　一方，中核症状や BPSD の改善に努めつつ，現存している日常生活動作（Activities of Daily Living；ADL）や手段的日常生活動作（Instrumental Activities of Daily Living；IADL），趣味や特技を活用したり，役割を担ってもらうと同時に注目や賞賛されたりする場を設けることにより，認知症の人の生活の質（Quality of Life；QOL）を高めたり，生活を豊かにしたりする取り組みは，広義のリハビリテーションに当たる．また，あってはならない事態ではあるが，認知症の人が虐待（身体的虐待，心理的虐待，経済的虐待，介護や世話の拒否）を受けているとしたら，安全で安心して暮らせる生活を取り戻すと同時にそれを保障することは，広義のリハビリテーションである．

　つまり，認知症のリハビリテーションは，単に中核症状の改善を目指す治療や訓練の狭義のリハビリテーションに終始してはならない．ましてや，認知症の人がこれまで歩んできた人生を踏みにじるような，幼稚で単純な，た

図5-1　国際障害分類（ICIDH）

とえばパズルや塗り絵を目的もなく提供するようなことがあってはならない．認知症の人のその人らしい生活を継続して営めるようにする広義のリハビリテーションと認識すべきである[2]．

　また，2017年7月に改訂された「認知症施策推進総合戦略（新オレンジプラン）」において，認知症の人に対するリハビリテーションは，「実際に生活する場面を念頭に置きつつ，有する認知機能等の能力をしっかりと見極め，これを最大限に活かしながら，ADLやIADLの日常の生活を自立し継続できるよう推進する」と示されている[3]．したがって，その実践にはOTやPT，STと認知症の人にかかわりをもつすべての多職種は，パーソン・センタード・ケアの理念[4]を根幹に据えて，それぞれが持ち合わせている情報を共有し，それぞれの専門性を生かした分業（分担）と協業（統合）による目標達成に向けたチームアプローチが不可欠である．チームアプローチについては認知症ケア標準テキスト「認知症のケアの実際Ⅰ；総論」も参照されたい．

1. 国際生活機能分類（ICF）とリハビリテーション

　認知症のリハビリテーションやケアに先駆けて，認知症にみられる障害を整理する必要がある．過去，障害は，国際障害分類（International Classification of Impairments, Disabilities, Handicaps；ICIDH／1980年）において，疾病による心身の「機能障害（impairment）」，これによってもたらされるADLの自立低下としての「能力障害（disability）」，そして「社会的不利（handicap）」が生じるという直線的なモデルとして示されていた（図5-1）．このモデルでは，「心身機能の喪失や異常」「日常生活を送るための能力の低下」「社会的活動の制約」といったマイナスの側面が強調され，現存しているプラスの機能や生活環境の位置づけが明解ではなかった．

　そこでICIDHの改訂版である国際生活機能分類[5]（International Classifi-

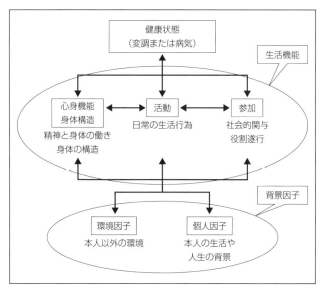

障害者福祉研究会編：ICF 国際生活機能分類；国際障害分類改定版. 中央法
規出版，東京（2002）より一部改変.

図 5-2　国際生活機能分類（ICF）

cation of Functioning, Disability and Health；ICF／2001 年）（図 5-2）が
示された. ICF では，ICIDH の機能障害を「心身機能と身体構造（body
functions and structure）」，能力障害を「活動（activity）」，社会的不利を
「参加（participation）」という用語に置き換えている.「心身機能と身体構造」
は，精神機能や感覚機能と痛み，神経系の構造など 16 章の内容から構成され
ている.「活動と参加」は，コミュニケーションやセルフケア，家庭生活，対
人関係など 9 章の内容から構成されている（詳細は文献 4 を参照にされた
い）. そしてこれら 3 つを包括する用語が「生活機能（functioning）」であ
る. また，「生活機能」それぞれが問題を抱えた状態を障害ととらえ，「機能
障害」「活動制限（activity limitation）」「参加制約（participation restriction）」
と表わす.「生活機能」は，それぞれが相互に関連し合い影響を及ぼす. ま
た，「生活機能」には，同時に「健康状態」や背景因子である「環境因子」と
「個人因子」も作用する.「環境因子」は，家族や職場など個人にかかわる「個

212

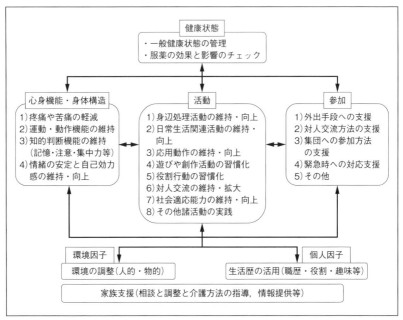

荻原喜茂：認知症に対する作業療法．作業療法，27(3):216-220（2008）より一部改変．

図5-3　ICF を用いた認知症の人への対応目標

人的環境」とコミュニティや制度などの「社会的環境」からなる．「個人因子」には，性別，年齢，体力，ライフスタイル，習慣，生育歴，教育歴，職業，過去および現在の経験，性格などが含まれる．

　ICF で示された「生活機能」は，対象者と家族や保健・医療・福祉領域の専門職間での共通言語として位置づけられている．これは，健康を単に病気の治療ではなく，対象者の生活や人生，環境といった統合的な視点からとらえ，QOL を向上させるという相互理解と協力を促進することを目的としている．図5-3 に ICF を用いた認知症の人への対応目標例を示した[6]．

　また，障害の把握を「医学モデル」と「社会モデル」とで説明する立場もある．「医学モデル」では，障害を個人の問題ととらえ，病気や外傷などの健康状態から直接的に生じるものであり，個別的な治療を必要としている．一方,「社会モデル」では，障害は主としてその多くが社会やその環境によって

生じる問題とみなし，社会や環境を変える必要性を障害の把握ととらえている．これは認知症の人が，安全で安心して生活し続けることができる地域づくりを実現するうえでは肝心な点である．ICF ではこの 2 つのモデルを統合し，健康に対する，生物・心理・社会的アプローチの重要性を示している．つまり，認知症の人を人間としての尊厳をもった生活者として全人間的にとらえる，リハビリテーションそのものの考え方にほかならない．

Ⅱ．認知症の作業療法

1．はじめに

　認知症の人のリハビリテーションやケアに対する社会的な関心が高まるなか，認知症の人が住み慣れた地域でできる限り生活を継続できる支援策として，2013 年に認知症初期集中支援モデル事業が開始され，2019 年 9 月末には全市町村で認知症初期集中支援推進事業が実施されている[7]．この事業開始当初から事業チームの一員として作業療法士（OT）が明記され，認知症に対する作業療法が広く注目されるようになった．しかしながら，作業療法は，単に手工芸やレクリエーションなどの作業を行うことと認識されがちである．そのため，作業療法による治療・訓練についての誤解も少なくない．OT はこのことを重く受け止め日々の実践を通して，対象者とその家族，そして地域社会に作業療法を啓発する姿勢を保ち続けることが重要である．

　認知症の作業療法について，作業療法の定義と作業，OT の役割，方法，実施の留意点などを解説する．

2．作業療法の定義と作業

　作業療法とは，「身体又は精神に障害のある者に対し，主としてその応用的動作能力又は社会的適応能力の回復を図るため，手芸，工作その他の作業を行なわせること」をいう（理学療法士及び作業療法士法第 2 条）．この定義は「医療機関において手工芸を行わせること」であるといった誤解も生じさせかねない．

　一般社団法人日本作業療法士協会による作業療法の定義は，「作業療法は，

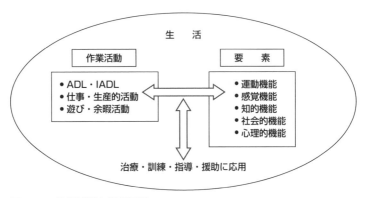

図5-4　作業活動と遂行要素

　人々の健康と幸福を促進するために，医療，保健，福祉，教育，職業などの領域で行われる，作業に焦点を当てた治療，指導，援助である．作業とは，対象となる人々にとって目的や価値を持つ生活行為を指す」[8]となっている．

　作業には，日常生活活動，家事，仕事，趣味，遊び，対人交流，休養など，人が営む生活行為と，それを行うのに必要な心身の活動が含まれる．作業に焦点を当てた実践には，心身機能の回復，維持，あるいは低下を予防する手段としての作業の利用と，その作業自体を練習し，できるようにしていくという目的としての作業の利用，およびこれらを達成するための環境への働きかけが含まれる（註釈より抜粋）[8]．

　また，「作業」は，生活活動（掃除や調理など生活のなかでの作業），創作・表現活動（陶芸や編み物など手芸や工芸での作業），感覚・運動活動（風船バレーボールなど運動での作業），仕事・学習活動（農作業や勉強など社会での作業）に包括された多様な内容を含んでいる[9]．

　作業は，健康や虚弱な時期，病気や障害発生後の急性期から回復期，維持期・生活期を経て終末期，あるいは通所や通院，または在宅におけるあらゆるステージにおいて以下の基本的な5要素の組み合わせによって実践されている（図5-4）．

　①運動機能：筋力と関節の可動性や全身耐久性，手の巧緻性など

　②感覚機能：視覚と聴覚，触覚や痛覚などの表在覚，運動覚や位置覚の深

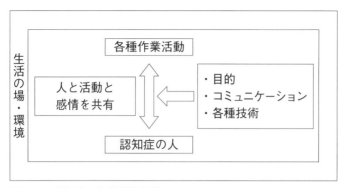

図 5 - 5　認知症の作業療法実践

　部覚など
　③知的機能：理解と思考や判断など
　④社会的機能：対人関係の構築や役割の遂行など
　⑤心理的機能：情緒の安定や意欲など
　また，作業療法に含まれる業務には，ADL に関する訓練，家事や外出等の
IADL 訓練，職業関連活動の訓練，福祉用具の使用に関する訓練，退院後の
住環境への適応訓練等が含まれ（医政発 0430 第 1 号/2010 年），生活自立に
向けた OT の積極活用が望まれている．

3．作業療法士（OT）の役割

　作業療法は，多様な作業を用いる療法である．そのため，認知症の人ので
きることや，できると予測される，興味や関心のある作業は個別性が高く多
岐にわたることから，それぞれの人に対応しやすい療法である．また，作業
を介して，個別的なかかわりや集団での対人交流によって派生する喜びや楽
しさといった感情の共有を可能にするという特徴をもつ．したがって，認知
症の人同士のなじみの関係を構築しやすい．これらを生かす作業療法実践は
図 5-5 に示したように，どのような目的で作業を用いて，どのようなかかわ
りをもつのかを明確にすることが重要である．そして，コミュニケーション
を駆使することによって，日常生活において現われるさまざまな症状の軽減

を図る.

　作業療法では医学的知識に基づき，認知症の人の環境や個人の背景因子を考慮しつつ生活全体をとらえ，1人ひとりの生活がしやすくなるよう環境調整や身のまわりの工夫，周囲の人のかかわりへの助言などを行うことが肝心である.

　作業療法の特徴に基づき，認知症の人に対するOTの役割を以下に示す.

1）生活行為向上マネジメント

　われわれが生活していくうえで日々繰り返している生活行為は，前述のADLやIADL，生活活動，創作・表現活動，感覚・運動活動，仕事・学習活動の連続で成り立っている．しかし，認知症の人では，中核症状やBPSDの影響によりその人らしい主体的な生活の営みが損なわれ，活動制限や参加制約の状態であったり，周囲との関係性が悪化したりする傾向にあり，生活行為の障害を生じている場合が多い．これに対してOTは，活動と参加に焦点を当てたQOL向上のための生活行為向上マネジメントに努める[10,11].

2）本人が望む・意味のある作業の選択

　OTは，認知症の人が現在できていることやできるようになりたいこと，またはうまくなりたいと思っている作業をていねいに確認する過程が非常に大切である．できている場合には，その実行度や満足度を把握する．生活行為向上のためには，認知症の人が主体的に作業を選択して取り組むことが望ましい．しかし，必ずしもそうとはいかないことが多い．その場合には，生活行為向上マネジメントシートの活用が有用である．その1つである興味・関心チェックシート（図5-6）を使用することによって，している・してみたい・興味がある作業の抽出と優先度の高い作業を明確にする．詳細は文献10，11を参照されたい.

　また，同じ作業であっても，それぞれの認知症の人が持ち合わせている重要度や価値と意味づけは異なる[2].　たとえば，園芸の野菜づくりでは，家族の食材のためや趣味として栽培する野菜もあれば，友人・知人にお裾分けする場合，品評会に出展するためや収入を得るための栽培，場合によっては土地保全のための栽培もある．この違いによって，野菜づくりに対する意味づけや回想する内容は異なる．これらを理解したうえで，作業を選択すること

氏名：_____　年齢：_____歳　性別（男・女）記入日：H____年____月____日

　表の生活行為について，現在しているものには「している」の列に，現在していないがしてみたいものには「してみたい」の列に，する・しない，できる・できないにかかわらず，興味があるものには「興味がある」の列に○を付けてください．どれにも該当しないものは「している」の列に×をつけてください．リスト以外の生活行為に思いあたるものがあれば，空欄を利用して記載してください．

生活行為	している	してみたい	興味がある	生活行為	している	してみたい	興味がある
自分でトイレへ行く				生涯学習・歴史			
一人でお風呂に入る				読書			
自分で服を着る				俳句			
自分で食べる				書道・習字			
歯磨きをする				絵を描く・絵手紙			
身だしなみを整える				パソコン・ワープロ			
好きなときに眠る				写真			
掃除・整理整頓				映画・観劇・演奏会			
料理を作る				お茶・お花			
買い物				歌を歌う・カラオケ			
家や庭の手入れ・世話				音楽を聴く・楽器演奏			
洗濯・洗濯物たたみ				将棋・囲碁・ゲーム			
自転車・車の運転				体操・運動			
電車・バスでの外出				散歩			
孫・子供の世話				ゴルフ・グランドゴルフ・水泳・テニスなどのスポーツ			
動物の世話				ダンス・踊り			
友達とおしゃべり・遊ぶ				野球・相撲観戦			
家族・親戚との団らん				競馬・競輪・競艇・パチンコ			
デート・異性との交流				編み物			
居酒屋に行く				針仕事			
ボランティア				畑仕事			
地域活動（町内会・老人クラブ）				賃金を伴う仕事			
お参り・宗教活動				旅行・温泉			

　　　　　　　　　　　　　　　　　　　生活行為向上マネジメント

出典）日本作業療法士協会（2014）「興味・関心チェックシート」（https://www.jaot.or.jp/files/news/wp-content/uploads/2014/05/seikatsukoui-2kyoumikanshin-checksheet.pdf）．

図5-6　興味・関心チェックシート

が肝心である.

3）作業の工程分析

認知症の人へ提供する作業は，すべての行程において可能であるのか，一部の工程が可能であるのか，かりに援助する場合には，どの工程でどの程度の援助が必要であるのかを OT は見極める.

4）多職種との協同

本人が望む優先度の高い作業を OT が提供したり，多職種と情報を共有したりすることで，作業の導入と継続を図る．たとえば，在宅生活者であれば介護支援専門員への情報提供によりケアプランに反映してもらう．また，自宅で家事として食事の準備や後片づけを担っていた施設入所者であればその機会を設けてもらう.

5）心理社会面の向上を図る

認知症の人それぞれの「個人因子」である生活歴に根ざしたライフスタイルや性格，行動様式,「活動と参加」としてのコミュニケーションや対人関係などの特性に配慮し，個別介入と集団介入を併用する．介入では，対象者に役割を担ってもらったり，他者から注目や賞賛される場を設定したりすることにより，満足感や効力感を高める．また，認知症の人同士のなじみの関係性の構築に努めるなど，心理社会面の向上を図る.

6）廃用症候群の予防

認知症では，抑うつやアパシー，自発性の低下による心身機能の不活発や，夜間せん妄などから，1 日の生活リズムは乱れやすい．このような場合には，早期から作業療法を日課に組み込み，作業への取り組みと人と人との交流を介して，知的機能や心理社会面と身体機能の活性化に努める.

7）認知症初期集中支援チームの一員として

認知症初期集中支援チームの一員としてかかわる場合には，ICF に基づき健康状態や中核症状と BPSD，活動と参加，自宅内外の環境に対する現状を把握し支援チーム内で情報を共有する．そして，生活行為向上に向けた作業とその遂行能力や今後も継続が望ましい社会参加を見極めて，本人と家族へ情報の提供をするとともに実行に向けた調整を図る[12].

４．作業療法の方法と内容

　作業療法では，前述のとおりさまざまな作業を用いた介入を行う．認知症の人に用いる作業の選択と方法においては，種目そのものが何であるかということではなく，「いま」を生きている対象者の QOL の維持・向上を目指すために充足すべき作業はなにか，それを達成するためには個別および集団での活動をいかに組み合わせて実践するかが重要であるといえる[12]．たとえば，作業工程を分割し分担し合う小集団での作業療法による BPSD の改善が報告されている[13]．

　作業療法実践では，当然のことながら認知症の人の主体性を重んじる一方で，それを引き出すためには，たとえば，OT が認知症の人に教えを請う立場をとることも，介入においては必要である．

　また，地域住民を対象とした介護予防・認知症予防の観点では，作業療法技術を応用した集団活動を活用した通いの場などの居場所づくりと，そこへの参加に伴う波及効果として，外出や話す相手の増加により人との交流が増えることや，気持ちが明るくなった，幸せを感じるようになったなどの心理社会面の良好な変化[14,15]が明らかにされている．さらに，通いの場参加者は非参加者に比べて，認知症発症が3割少ないという効果が検証されている[16]．

　一方，認知機能障害や記憶障害の改善と代償に焦点化した狭義のリハビリテーションでは，何らかの記憶課題を繰り返し行い，記憶課題を繰り返す間隔を延長していく間隔伸張法や，「活動と参加」を促進するための方法として，環境調整法や外的代償法も取り入れられている．環境調整法では，たとえば，IADL の調理では，献立一覧や作業の流れを箇条書きにして確認しやすい場所に貼っておいたり，買い物リストを作成したりする．冷蔵庫内での食材保管は，透明タイプのトレーに品名シールを貼り収納することによって，食材の場所や数量を確認しやすくする．また，普段使用している引き出しになにが入っているか分かるようにラベルを貼ったり，自分の居室やトイレが分かるように目印をつけたりする[17]．外的代償法は，自分が記憶する代わりの道具として，記録ノートや電子手帳，携帯電話やスマートフォンなどに忘れてはならない情報を保存する[18]．作業療法実践では，図5-4 に示した知的機能や社会的機能が含まれるため，おのずと認知刺激も伴う．今後，認

220

知症の人のみならず介護予防・認知症予防分野も含めて作業療法のさらなる研究成果の蓄積が望まれる.

5．作業療法時の留意点

作業を用いた作業療法の効果を高めるうえで留意すべき5点を以下に示す.

1）成功体験に基づく喜びをもたらす

認知症の人は，中核症状の増悪に伴い，それまで可能であった ADL や買い物，炊事，掃除，洗濯など役割として担っていたことができなくなる．その結果，家族や周囲の人たちは，安全面を優先するあまり対象者の作業を制限しがちになる．そのような一方的な対応は，対象者に混乱を招き，ひいては自信喪失につながる.

作業療法場面は，認知症の人が作業に失敗することなく，成功することから喜びや自信を取り戻す場となることが大切となる．また，前述の活動分析に基づき，失敗が予想される作業は事前に避けることが肝要である．しかし，対象者のやりたいという願望を拒否するのではなく，その場合には失敗させないさり気ないサポートが必要となる.

2）個別介入と集団介入を見極める

認知症の人の過去の対人交流の特徴と現在の状況から，個別介入が必要な時期なのか，2〜3人の小集団介入がよいのか，あるいは大集団へ参加しても十分に自己を発揮できる状況なのかを見極め，その人らしさを引き出せる場の環境設定が重要となる．たとえば，施設入所直後の生活環境の変化による混乱や不安，作業に拒否的な場合には，個別対応を優先し，不安の払拭と安心を感じるような介入を行う．また，集団を活用する場合には，治療・訓練の目的に応じて，閉鎖的集団と開放的集団のいずれが適応かを判断する.

なお，前頭側頭型認知症による脱抑制や社会性の低下が顕著な対象者の場合には，突発的な行動が予測され，他の参加者への影響が考えられることから，集団への参加は避けることが肝要である.

3）視覚的な情報呈示を心がける

認知症の人の多くは，言語的な問いかけや指示への理解が低下しており，取り違えたり無反応であったりする場合が少なからずある．対象者の理解と

反応をより高めるには，OT が手本を示したり見本を示したりするなどの指導法の基本にのっとり，とくに視覚的な情報呈示を多用することにより理解を高め，作業への取り組みを促す．

4）肯定的なコミュニケーションを心がける

生活上の BPSD が顕著になるにしたがって，周囲の人たちは，認知症の人の言動をすべて否定・禁止する言葉がけが多くなる．そのため，作業療法の場面においては，肯定的な言葉や賞賛する言葉，受容的な言葉を一貫して多用することで，他人から認められているという陽性感情の生起となり，そのことが存在感を得ることになる．

5）作業への参加を無理強いしない

認知症の人に作業への参加を促す場合，無理強いすることなく対象者が興味・関心を示すもの，また示したときにさり気なく活動に導くことや賞賛することから，活動への動機づけを高める．

以下に，意味のある作業活動を活用した実践内容の事例を紹介する．

【実践例】意味のある作業を取り入れることで習慣化していた活動の再開に向けた作業療法の事例

本事例は，夫の他界後しばらく独居生活をしていたが，転倒をきっかけにADL がいちじるしく低下したため，現在は通所リハビリテーションを利用している女性である．

屋外での転倒により腰背部を強打，骨折は認められず，安静加療していたが屋内で再転倒，これにより腰痛が慢性化し，徐々に ADL が低下し，自宅内で臥床している時間が増え，活動量低下の悪循環に陥っていた．また，認知機能も徐々に低下し，現在 HDS-R（改訂長谷川式簡易知能評価スケール）19 点である．認知症高齢者の日常生活自立度ランク I，CDR（Clinical Dementia Rating）は 1，NPI（Neuropsychiatric inventory）では不安 12点，うつ 12 点とやや抑うつ傾向にある．腰痛が原因でトイレまでの移動が困難となり，現在はおむつを使用している．

転倒するまでは，家事全般をこなし，趣味の読書をしながら，毎週月曜日

には地域の公民館で開催される川柳クラブに参加していた．しかし転倒以降，日常生活に介助が必要な状態となり，現在は近隣に住む娘2人が交代で訪問し世話を行っている．本人は，読書や川柳クラブの参加よりも，トイレを自立したいという気持ちが強い．しかし，現在も新聞を毎日読む習慣は継続しており，興味・関心チェックシートによる聞き取りでは，たくさん本が読めるようになりたいというこれまでの習慣を取り戻したい気持ちも聴取された．しかし，足に力が入らないから歩けない，トイレに行けない，そのような状態ではとても本なんて読んでいられないなど自己否定ともとれる発言があり，認知症の症状からくる抑うつに伴い心理状態が不安定であった．

　腰痛の状態は徐々に改善されてきており，廃用性の下肢筋力低下に対しては，筋力増強を行うことで自宅でのトイレ移動に必要な3m程度の屋内歩行は可能になると判断された．移動能力の再獲得により，自己効力感が高まりこれまで習慣化していた読書も再開できる可能性がある．これらのことを踏まえ，まず，通所施設にある図書スペースを利用し，テーブルから書棚までのおおむね3mの距離を手すり使用で移動し，立位で本を探すことを作業療法の課題とし，並行して下肢筋力増強を実施した．また，作業療法場面では，うまくできたことを賞賛する正のフィードバックを強化することから，認知行動療法的に心理支持を与え活動の高まりを意図する介入を行った．

　作業療法開始当初は，身体機能の回復を優先しつつ，徐々に基礎的なADL再獲得に向けられていた希望を，意味のある作業として読書につながるよう介入環境を工夫した．腰痛以外には基礎疾患がないこともあり，身体機能は徐々に改善され，自宅の居室からトイレまでの移動に必要な3mの歩行能力を再獲得できた．この変化が本人の自己効力感を高めるきっかけとなり，不安，抑うつは軽減され，読書という意味のある作業の再開につながった．

　その後，転倒前に習慣的に行っていた川柳クラブへの参加に向け，その方法を検討し始めている．自宅から公民館までは1km程度の距離があり，これまでのように徒歩での移動は現実的ではないと判断し，代償的手段と介助を検討している．

　本事例では，本人の希望であったトイレ自立をどのようにとらえるかがポイントであった．作業療法では，興味・関心チェックシートでの聴取を参考

に本人が価値をもつ読書という作業を，利用施設の環境を活用することにより，単に ADL 再獲得だけを目標とする作業遂行ではなく，本人にとって読書という意味のある作業遂行が可能になったと考えられる．

6. おわりに

　以上，認知症の人の作業療法について，作業療法の定義と作業，OT の役割，方法，実施の留意点などについて事例も提示して解説した．

　OT は，対象者の現存しているプラスの機能を生かしながら，対象者の個別性を考慮した「意味のある作業」「作業の場」「人と人とのかかわり」を応用することから，「いま」を生きる認知症の人の QOL の維持・向上に寄与するための介入が望まれる．

Ⅲ. 認知症の理学療法

1. 理学療法の定義

　理学療法とは，「身体に障害のある者に対し，主としてその基本的動作能力の回復を図るため，治療体操その他の運動を行なわせ，及び電気刺激，マッサージ，温熱その他の物理的手段を加えること」（理学療法士及び作業療法士法第2条）とされている．つまり，「身体に障害のある者」を対象とし，「運動機能や基本動作能力（寝返り・起き上がり・立ち上がり・歩行等，ADL を遂行するうえで土台となる動作）の回復」を目的に，その手段として，「運動療法，物理療法」等を実施することが理学療法である．作業療法との違いを表5-1に示す．

　理学療法の対象は，「身体に障害のある者」であり，精神疾患に分類される認知症は，理学療法の対象疾患ではない．しかし，高齢化に伴い，近年では身体障害と認知症等の精神障害を合併する対象者が増えており，身体障害の改善を目的に理学療法を実施する際の，精神症状への対応の重要性が増している．また，BPSD やうつ状態等の精神症状に対する運動療法の有効性が検討され，認知症自体に対する理学療法の効果も期待されており，介護保険における認知症短期集中リハ加算や医療保険における認知症患者リハ料の算定

224

表5-1　理学療法と作業療法の違い

	理学療法	作業療法
対象	身体障害	身体または精神障害
目的	基本動作・移動動作能力の回復によるADLの改善	巧緻性および応用的動作能力の回復によるADLの改善
手段	運動療法を主体に物理療法の併用，補装具・義肢の利用	各種の作業やactivity，自助具等の福祉用具の利用

臼田　滋：理学療法の学問的体系化と研究法．（奈良　勲編）理学療法概論，第6版，140，医歯薬出版，東京（2013）をもとに作成．

が認められている．そのため，理学療法の対象は，身体障害だけでなく精神障害にも広がりつつある．また，理学療法の目的は「運動機能の回復」であるが，生活障害の改善を図り，最終的にはQOLの向上を目指すものである．そして，理学療法の手段は，「運動療法，物理療法」に加えて，「補装具の選定や環境調整」等もある．認知症高齢者では，意欲や指示理解の低下などにより，高強度・高頻度・細かい運動療法を提供することはむずかしく，そのためいちじるしい心身機能の改善が得られない場合もあり，環境調整による生活障害の軽減は重要な手段であるといえる．

2．理学療法士の役割

　認知症の人に理学療法が提供される場面は，①片麻痺や整形外科疾患等の身体障害をもち，認知症を合併する患者の運動機能の治療場面（医療機関等が多い）と，②認知症自体に対する治療場面（介護・福祉施設等が多い）がある．ここでは，両者に共通する理学療法士（PT）の役割の概要を述べたうえで，①の治療場面におけるPTの役割を病期別に述べる．

1）概　要

（1）対象者の最大限の心身機能・活動の評価

　認知機能，筋力，関節可動域（range of motion；ROM），筋緊張，疼痛，心肺機能などの心身機能と起居・移乗動作，歩行，ADLなどの活動能力について，能力発揮の阻害因子を軽減し，補装具や手すり等の代償手段や環境調整により，現存能力，潜在能力等を引き出し，最大限の心身機能・活動を評

価する.

(2) 生活障害の個別的・包括的評価と解釈

　国際生活機能分類（ICF）に基づき，(1) の対象者の最大限の心身機能・活動の評価結果と，疾病，合併症等の医療情報，年齢，性別，生活歴等の個人因子，介護力，自宅の構造など環境因子等を統合し，包括的に生活障害の原因を分析・説明する．たとえば，排泄場面において，便座からの立ち座りがスムーズに行えない原因について，立ち座りの指示を理解できない等の認知的要因，下肢の骨折による筋力低下やROM制限のため等の身体的要因，手すりがない，便座の高さが低い等の環境的要因，疾病特性やもともと依存的な性格であった等の個人的要因等を統合し，明らかにする.

(3) 生活障害の軽減のための治療（疾病等による一次障害の回復）

　(2) の個別的・包括的評価結果に基づき，リスク管理を行いながら生活障害を軽減するための治療を実施する.

　①心身機能の回復

　ROM，筋力・筋持久力，協調性，バランス能力，姿勢保持，体力等の改善，痛みの軽減・除去を通じて，基本動作・ADLの改善や全身状態の安定を図る．たとえば，トイレで便座からの立ち座りがスムーズに行えない原因が脳血管障害による右下肢の運動麻痺であれば，右下肢の運動機能の回復練習を実施する.

　②代償・環境調整

　上述した例において，運動機能の回復を目指すと同時に，麻痺のない左下肢を中心に用いて立ち座りが行えないか，右下肢の運動麻痺を補う補装具や手すり設置等の環境調整により立ち座りが行えないかを検討する.

(4) 予後予測に基づく生活のコーディネート（二次障害の予防）

　(3) の治療で最大限現存能力が発揮され，かつ安全・安楽に生活が行える状況を確認したうえで，疾病特性や現状の生活状況等から，将来を予測し，自主練習メニューや介護サービスの利用の提案等を通じて，疾病の再発や重度化，廃用症候群や虚弱（フレイル）を予防するための生活様式や，転倒予防のための手すりの設置等の環境調整を提案し，二次障害を予防する.

（5）現存能力の発揮による社会参加と QOL の向上

（3）の治療によって完全に元の生活に戻れるとは限らず，多くの場合，生活障害が残存する．そのため，（2）の個別的・包括的評価では，「できないこと」にばかり執着するのではなく，「できること」にも注目し，対象者の強みを引き出し，社会参加につなげ，QOL を高める．たとえば，ADL は介助であっても，歩けたり，車いすで自由に移動できたりすれば，生活範囲を広げ，行きたい場所に行くことや，会いたい人に会いに行くことができる．また，上下肢が自由に動けば，楽しみや仕事等の役割活動に参加でき，QOL を向上できるかもしれない．

（6）片麻痺や整形外科疾患等の身体障害をもち，認知症を合併する患者の運動機能の治療場面

①急性期（病院）

救命，脳血管障害・整形外科疾患等の主疾病の治療が優先される．認知症を合併している場合，痛み等の体調不良や環境の変化等からせん妄，BPSDが出現し，主疾病の治療を阻害する場合がある．そのため，全身状態の安定，痛みやストレスの軽減，意識の賦活等を目的とした軽運動やリラクゼーション運動，痛みに対する温熱，患部の炎症を軽減するためのクーリング等の物理療法，ポジショニング等のベッド周囲の環境調整を行う．可能であれば，早期からのギャッジアップや離床等により生活リズムを調整し，主疾病の治療の阻害因子となるような症状を予防・軽減する．また，せん妄や混乱によりベッドからの転落事故等が起こりやすいため，低床ベッドや離床センサー等を活用し，安全な環境設定を行う．主疾病の治療を優先するための安易な拘束等は，急速で不可逆的な認知症の進行等を引き起こす可能性があり，慎重に行われるべきである．また，主疾病の治療が安定したあとを見越し，廃用症候群や虚弱（フレイル）を防ぐための筋力強化や ROM 運動を実施する．

②回復期（病院，介護老人保健施設等）

主疾病の治療が安定した状態であり，積極的な理学療法により心身機能の回復を図り，起居・移乗，歩行，ADL の自立を促し，生活障害の軽減や生活リズムの安定を図る．理学療法では，基本動作能力の回復を主目的とするため，ADL においてはとくに食事・整容時の「座位姿勢の保持」，更衣時に必

要な「上・下肢の粗大な運動機能」や「座位バランス能力」,排泄動作時の便座への「移乗動作」,立位での下衣の上げ下げを行うための「立位バランス」,便座からの「立ち座り動作」,入浴時の浴室内の「移動」や浴槽の「またぎ」,浴槽内の「立ち座り動作」等にアプローチする.レビー小体型認知症,認知症を伴うパーキンソン病,進行性核上性麻痺,皮質基底核変性症等の錐体外路障害を呈する認知症疾患以外の合併であれば,手続き記憶は障害を受けにくいため,手続き記憶として保持されている動作方法で ADL 練習を実施すると対象者は取り組みやすい.さらに,同じ環境設定で獲得を目指す ADL に特化した運動を繰り返し行うことで,手続き記憶に働きかければ,新たな運動学習も可能である[19].

　この時期は徐々に活動性が増える時期であり,認知症があると,自身の状態を正しく認識できず(メタ認知障害),歩けないのに歩き出す,ブレーキのかけ忘れなどによる転倒・転落のリスクが増える.見守りの状況など介護者と連携をとり,センサーマット,介助バー,自動ブレーキ車いすを選定するなど,安全な環境設定を行う.

　③生活期(介護保険施設,老人ホーム等・在宅での訪問理学療法)

　この時期は,急速な機能回復が一段落した時期であり,生活のなかで活動性を維持したり,自己メンテナンス等で,機能維持や再発予防につなげたりする.認知症の人は,意欲低下をきたしやすく,促しがないと無為にすごし,廃用症候群や虚弱(フレイル)をきたしやすい.生活のなかで定期的な運動や役割など,活動する習慣がつくような仕掛けづくりが必要である.逆に,グループホーム等で役割をもって活動的な生活を送るようになると,退院時より機能が改善する場合もある.また,認知症の進行や加齢の影響で,徐々に身体機能は低下する.そのため,身体機能の変化に合わせて,歩行補助具をより安定性の高いものに変更したり,介助量を増やしたりするなど,事故が起こらないよう,さきを見越して対応する必要がある.とくに,施設では集団生活や環境要因により活動範囲が狭小化,活動内容がパターン化し,刺激の少ない生活になりやすいため,個別性を重視したアプローチが望まれる.一方,在宅における訪問理学療法等であれば,介助方法の指導など介護負担軽減のための家族支援にも取り組む.

表5-2　運動療法の種類と目的

種類	目的
関節可動域運動	関節の全可動域を動かしたり，最終可動域で伸長運動を加えたりし，関節可動域の維持・改善を図る
筋力・筋持久力増強運動	一定以上の負荷をかけ，筋力・筋持久力の維持・改善を図る
バランス運動	静的（座っていられる，立っていられる），動的（手を伸ばした際や歩行など運動時）のバランスの維持・改善を図る
全身持久力運動	心肺機能・体力の維持・改善を図る

3．理学療法の方法と内容（種類）

　理学療法の基本的手段である運動療法，物理療法，基本動作・ADL練習，補装具の選定・環境調整について述べたのち，それらを認知症の人に対してどのように実施するのか病期・疾患に分けて述べる．

1）具体的手法

　(1)　運動療法[20]

　理学療法の中核をなす手法であり，対象者自身による運動（自動運動）や他者による運動（他動運動）によって，神経系，運動器系，呼吸・循環系，代謝系などの機能の改善および維持を目的に行われる．認知症の人では，病識低下のため必要性が理解できない，どのように動いたらよいか分からない等の理由で，協力が得られないことも多い．具体的な手法は表5-2に示す．

　(2)　物理療法[21]

　生体に加えた物理的刺激（温熱，寒冷，電気，光，水等）によって生じる生理的反応を治療に応用するものであり，鎮痛，筋力強化，筋萎縮予防，循環改善，創傷治癒促進，軟部組織伸長性改善等の目的に用いる．運動療法と併用される場合も多い．機器を用いるものが多く，認知症の人では，機器の使用目的が理解できず拒否される場合や，じっとしていられないため実施できない場合も多い．一方，運動療法と比較すると，対象者は受け身でよいため，温熱や電気刺激等の快刺激を伴う手法に関しては好まれる場合もある．そのため，痛みがある場合や運動療法を拒否する場合の導入として物理療法を実施することで，拒否なく運動療法を実施できる場合がある．

（3）基本動作・ADL 練習

　日常生活場面で動作を反復練習し，遂行能力の向上を目的とする．単に動作パターンを繰り返すだけではなく，できない動作を工程に分け，運動学的，生体力学的に分析し，動作獲得に必要な筋力や ROM 等の運動機能の向上を図ったり，次に述べる補装具や環境調整等を同時に実施したりする．本手法は，認知症の人がこれまで生活のなかで実施してきた目的動作であり，理解しやすく，比較的スムーズに実施できる．そのため，認知症の人では基本動作や ADL 練習を介して，運動機能の向上を目指す場合もある．

（4）補装具の選定・環境調整

　PT は，福祉用具のなかでも義肢，装具，車いす，歩行器，杖等の補装具の選定を得意とする．また，環境調整では，手すりの設置，段差解消等の安全・安楽な移乗や移動に関する家屋改修等を指導する．認知症の人は補装具をうまく扱えない場合も多く，主に環境調整で対応する場合が多いため，とくに転倒・転落防止のための環境調整にかかわることが多い．認知症の人は，そのときの本人の状態やわずかな環境の変化で，基本動作や ADL ができたり・できなかったりするなど状態が変動するため，一度できたから常にできると考えず，継続的に生活のなかで実施できているか評価する必要がある．

2）認知症自体に対する病期・疾患別の理学療法

（1）健常～軽度認知障害（認知症予防）

　近年，認知症予防に身体活動や運動療法の有効性が報告されている（詳細は，認知症ケア標準テキスト「認知症ケアの基礎」を参照）．主に，中強度の有酸素運動や筋力トレーニングなどを組み合わせた複合的な運動介入で認知機能の低下を予防できる可能性が示されている[22]．そのため，PT は，認知症予防に有効な運動療法開発や実践に取り組む必要がある．一方で，運動の認知症予防効果を維持するためには，運動の継続が必要とされている[23]．そのため，単に運動方法を指導するだけでなく，運動を習慣化するための仲間や通いの場づくり等にも取り組む必要がある．また，身体活動には生活環境も影響しており，たとえば，近隣に遊歩道や休憩用のベンチが用意された公園がある，公共交通機関が発達している等の地域では，身体活動が増える可能性があることが指摘されている[24]．そのため，地域包括ケアシステムにお

いて PT は，地域住民や行政と協働して，住民が運動を継続したくなるような（自助），仲間や通いの場づくり（互助），まちづくり（広義の環境調整）にも関与していく必要がある．

(2) 軽度〜中等度認知症

比較的軽度の段階からうつやアパシー等により，活動性が低下し，廃用症候群や虚弱（フレイル）をきたしやすい．そのため，歩行・ADL 練習等で生活中の活動性を高め，楽しい全身運動や集団体操等でストレスの軽減を図り，心身機能を維持することが ADL の維持や認知症の進行予防につながる．散歩や集団体操等は，とくに男性ではレクリエーションや作業療法よりも導入しやすい場合も多い．また，血管性認知症，レビー小体型認知症，パーキンソン病に伴う認知症，進行性核上性麻痺，皮質基底核変性症等ではパーキンソン症候群を認め，姿勢反射障害や歩行障害等の運動障害を認めるため，以下に示すような理学療法を実施する．一方，アルツハイマー型認知症や前頭側頭型認知症では，比較的高度になるまで神経症状による運動障害を認めない場合が多い．

①立位バランス・歩行能力の維持・改善

パーキンソン症候群を呈すると，立位姿勢はワイドベースで後方重心となり，姿勢反射障害等によりバランス能力が低下し，転倒リスクが高まる．そのため，前方の壁や台に手をつき，つま先立ちとなり，全身を伸ばす（図5-7）など，支持基底面内で重心の前方移動を促したり，側方へのリーチ動作練習等のバランス練習を行ったりする．また同時に，転倒リスクを軽減するため，ピックアップ歩行器など安定性の高い歩行補助具の導入や玄関・トイレへの手すりの設置を検討する．しかし，歩行補助具はうまく使用できない場合が多く，比較的早い段階から車いすを使用することが多い．バランス練習や環境調整による立位バランスの維持・改善は，車いすや便座への移乗動作やトイレで下衣を上げ下げする際の立位保持の維持・改善につながり，トイレでの排泄の維持につながる．このような立位・歩行能力の維持（起立性大腸反射の誘発）やトイレでの排泄の継続（前傾座位姿勢による適度な直腸・肛門角度と腹圧）は，とくにレビー小体型認知症，パーキンソン病に伴う認知症の自律神経症状による便秘の軽減にも有効である．

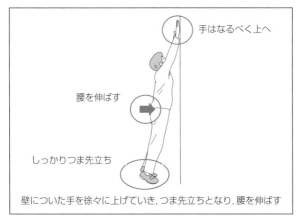

図5-7　体幹の伸展と重心の前方移動を促す運動

②体幹の回旋運動の維持・改善と介助指導

　パーキンソン症候群による固縮等により全身が硬くなり，とくに体幹の回旋運動が行いにくくなる．そのため，歩行よりもさきに，寝返り，起き上がり，移乗など体幹の回旋を伴う動作の介助量が増える場合もある．体幹回旋のストレッチ（図5-8）や寝返り・起き上がり・移乗時の方向転換等を誘導する手すりや目印があること（図5-9）で，上述した動作を維持・改善できる場合もある．パーキンソン症候群がある場合，動き始めを少し待つことや，「サン，ハイ」といった動作開始の合図，本人の動きに合わせて運動方向を示すような軽介助により動作を遂行できる場合が多い．一方，介護者が無理やり介助しようとすると，かえって抵抗感が高まり，対象者本人，介護者共に負担となるため，介護者への動作介助の指導も重要である．

（3）高度から最高度認知症

　アルツハイマー型認知症や前頭側頭型認知症でも筋緊張の亢進等の神経症状を認め，左右への姿勢の傾きや回旋がみられる場合が多い．それに廃用症候群も加わり，徐々に全身筋力低下やROM制限をきたし，歩行障害を認め，ADLの介助量が増える．そのため，高度では介助者が介助しやすいよう運動機能を維持する．具体的には，①移乗介助が行いやすいように股関節屈曲や体幹回旋のROMを保ち，移乗時の体幹の前傾や回旋を確保する，②立ち上

232

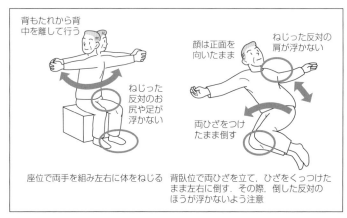

図5-8 体幹回旋の関節可動域運動

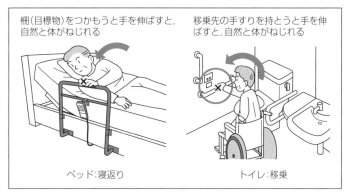

図5-9 体幹回旋を促す手すり

がり時に足底で荷重できるよう尖足を防ぐ，③おむつ交換がしやすいよう股関節の外転・外旋のROMを保つ，④誤嚥を防ぐため頸部の過伸展を予防し，体幹の筋緊張を整える（普段車いすの背もたれやギャッジベッドなど背面でのみ荷重していると背部の緊張が高まる症例が多い．理学療法場面では端座位で前方に置いた机に伏せるなど体の前面で荷重する場面をつくる．これは，①の移乗時の体幹前傾の確保にもつながる）等がある．また，介助者に対しても，身体的な介護負担軽減のための介助指導等を行う．

　認知症が最高度になると，意識レベルの低下や嚥下障害をきたし，呼吸器
感染症をきたしやすくなる．褥瘡等を予防し，対象者が快適で，全身状態が
維持されるようなポジショニング等を行う．

4．理学療法時の留意点（拒否を防ぎ，効果的な理学療法を提供するうえで
　　のポイント）

　認知症の人は病識低下のため，理学療法の必要性を認識できず，治療に非
協力的であったり，認知機能障害により運動の細かい指示を理解できず，治
療の学習効果も期待しにくい．そのような困難が伴うことを前提に，治療目
的以外で認知症の人が理学療法を行いたいと思い，かつ効果的な理学療法を
提供するためのポイントを述べる．

1）認知症の人と介護者双方のニーズを理解し，信頼関係を構築する

　歩けない，トイレで排泄できない等の客観的な生活障害に困っているの
は，本人よりも実は周囲の介護者である場合がある．認知症の人は自身の認
識が薄れる不安，さまざまな失敗体験，役割を失う・周囲の人との関係性が
逆転するといった喪失体験など，「認知症を抱えて生きる不自由」を感じてい
る（主観的障害体験）．認知症の人が望む支援と PT が必要であると思う支援
が異なり，PT が必要であると思う支援だけを提供しようとすると，協力が
得られない場合も多い．そのため，PT は客観的障害と主観的障害双方を理
解し，信頼関係を築き，アプローチする必要がある．

2）認知症の人が行いたいと思う理学療法プログラムの立案

　（1）重症度や疾病特性に合った理学療法プログラム

　対象者の重症度や疾病特性に合わせて（詳細は，認知症ケア標準テキスト
「認知症ケアの基礎」を参照），適切な難易度や目標を設定した運動課題や指
示入力が必要である．

　（2）認知症があっても理解できるプログラム

　目的動作，現存能力（手続き記憶の活用）を取り入れ，本人が理解できる
慣れ親しんだ動作，好き・得意な活動等をプログラムに取り入れる．その際，
生活歴が参考になる．認知症の人は自分から「これができる・分かる」とは
示さないため，PT が本人の生活歴を参考にし，実際に行ってみて現存能力

を引き出す必要がある.

3）生活を活性化することが，効果的な理学療法につながる

認知症の人は，記憶障害等により治療効果の汎化が期待できないため，心身機能だけでなく，活動・参加にアプローチし，生活全体を活性化することが QOL の向上や認知症の進行予防となり，理学療法効果を高めることにつながる.

4）介護者や他の支援者との連携

PT が運動機能だけに着目し，歩行能力だけを改善させると，かえって徘徊が強まり，転倒・骨折したり，介護者の介護負担が高まったりするなど本人・介護者の QOL を低下させる可能性がある. そのため，介護者の介護力や負担感を評価し，他の支援者と連携し，人的・物的環境を調整しながら，認知症の人の活動性を高める必要がある.

5．症例呈示[25)]

A さん，80 代，女性. 認知症があり，介護老人保健施設入所中に転倒し，大腿骨転子部骨折と診断された. 保存療法となり，医師からは安静期間中は非荷重という指示があった. 受傷前は CDR1，Mini-Mental State Examination（MMSE）16 点と，短期記憶障害と日時の見当識障害はあったが，その場のコミュニケーションは可能であり，運動機能に目立った障害はなく，独歩可能であった. 受傷後の安静期間中，日中ベッド上おむつ対応ですごしていたところ，昼夜逆転，夜間に不穏になり，ベッドから転落することがあった（CDR 2，MMSE 6 点）. そのため，日中の車いすへの移乗が検討され，離床時間の延長を図ることとなった. 医師からも，痛みの訴えに合わせて荷重が許可された. 理学療法に対しても痛みを訴え，拒否的であった. A さんから生活歴を聞き取るなかで，きれい好きな性格で，掃除が得意という情報が得られた. 試しに，「雑巾を洗って絞ってほしい」とお願いすると，手際よくすすぎ，力強くキュッと雑巾を絞り，自ら机を拭き始めた. それ以降は，理学療法に誘うのではなく，「A さん，机を拭く仕事をお願いできませんか」と依頼すると，「仕方がないね」としぶしぶ起き上がってくれるため，立位での食堂の机拭きを治療プログラムとした. 患側に荷重をかけるため，A さん

に平行棒内で，横歩きを行うよう指示したが，認知機能障害により理解できなかった．そのため，机拭きで拭く範囲を徐々に広げ，横歩きし，患側への荷重を促し，バランスを強化した．食堂での理学療法場面をみたケアスタッフが，「すごいね．きれいになった．Aさんありがとう」と声をかけると，Aさんも満足そうな表情をみせた．その後，ケアスタッフから，トイレの誘導の提案があり，日中のみ，おむつからリハビリパンツの使用に変更となった．また，生活場面でも，食事終了後にケアスタッフといっしょに机を拭くようになり，机拭きがAさんの日課となった．認知症の重症度や認知機能に大きな改善はみられなかったが（CDR 2，MMSE 12点），起居動作能力は改善し，声かけに対する反応もしっかりした．また，昼夜逆転は解消し，不穏等はなくなり，穏やかな生活となった．

Ⅳ．認知症の言語聴覚療法

1．言語聴覚療法の定義と対象

　言語聴覚療法を行う言語聴覚士（ST）とは，厚生労働大臣の免許を受けて，言語聴覚士の名称を用いて，音声機能，言語機能または聴覚に障害のある人についてその機能の維持向上を図るため，言語訓練その他の訓練，これに必要な検査および助言，指導その他の援助を行うことを業とする人をいう（言語聴覚士法第2条）．「言語」という名称がついているため，「話すこと」のみを扱う専門職と誤解されがちであるが，コミュニケーションを支える認知機能全般，話すことと使う機能が近いことから摂食嚥下も含めた幅広い領域について携わるリハビリテーション専門職のひとつである．

　国家資格保有者は約4万人と作業療法士，理学療法士と比べるとまだ少ないが，1960年代後半から脳卒中の後遺症の人のリハビリや難聴，言葉の遅れのある子どもの指導を行ってきている．

1）言語聴覚士（ST）の立場からみた認知症の人が抱える問題

　まず，STが認知症の人のどのような側面に着目しアプローチするのかについて整理する．

(1) 認知機能面

認知症の人の場合，ゆっくりと長い時間をかけてさまざまな認知機能面の症状が出現し，それに合わせて日常生活上の不自由さが増していく．アルツハイマー型認知症を例に挙げれば，初期には軽いもの忘れ（記憶障害）から始まって，それに実行機能の障害や失行，失認などが加わって徐々に1人ではできないことが増えていく．STは認知機能の評価を通して，「いま，なにができて，なにができないのか，その背景にはどのような認知機能の問題があるのか」，生活面の問題と認知機能障害を双方向にみていく．そして保たれている機能を活用し維持していくための方略を検討する．

(2) コミュニケーション面

コミュニケーションには言葉以外にも表情やジェスチャーなどさまざまな手段があるが，日常生活を送るうえでもっとも効率のよい手段は，「話し言葉」（音声言語）であろう．図5-10は，「話し手」と「聞き手」が音声言語を使ってコミュニケーションを図る過程（プロセス）を示した「言葉の鎖」[26] というモデルである．まずこのモデルを用いてコミュニケーションとはなにかについて，みていきたい．

(a)話す（話し手）：まず，話し手は相手に伝えたい事柄を考え，大脳皮質の言語野でそれを「言葉」という符号（言語記号）に変換する．そして「言葉」は運動神経を介して発声・発語器官へ送られ，口から音声として出力される．音声になった「言葉」は音波になって空気中を伝わり「聞き手」の耳に届く．

(b)聞く（聞き手）：耳から入った音声は，中耳，内耳，聴神経を通って大脳皮質の言語野でその意味が解読され，話し手の伝えたかった内容を理解する．なお図5-10の「話し手」の上の大きな耳は自分の話している内容や声の大きさなどについてモニタリングを行っていることを示す．

これらのプロセスのなかで，認知症の人とのコミュニケーションの問題にかかわる障害について挙げる．

①加齢性（老人性）難聴：聞き手側の問題である．加齢により内耳の感覚細胞，聴神経，中枢神経などに機能低下が起こる．それらが原因となって生じる感音性難聴（入力された音を分析するレベルでの障害）であり，

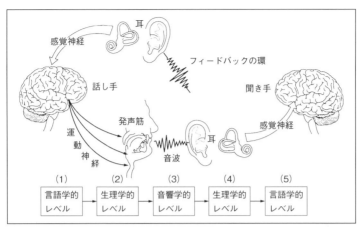

出典）ピーター・B. デニシュ，エリオット・N.ピンソン（切替一郎，藤村 靖監）：話しことばの科学；その物理学と生理学．東京大学出版会，東京（1966）．

図 5-10　言葉の鎖（話し言葉によるコミュニケーションの図式）

両側性に起こる．とくに高音域の音が聞き取りにくくなって聞き誤りが増える．また人混みなど騒音下での聞き取りが苦手になる．補聴器で音を増幅することで聞き取りやすくすることは可能であるが，これらの問題をすべて解決できるわけではない．

②失語症：脳卒中などにより大脳の言語野が損傷を受けた場合に起こる．言語記号を操作すること，つまり，話す，聞く，読む，書く，計算といった道具としての言葉を上手に使えなくなる障害であり，記憶や知能の問題とは異なる．

　失語症は症状からいくつかのタイプに分けられるが，話し言葉の流暢性（滑らかに話せるか否か）によって，「流暢タイプ：滑らかに話せるが，理解が悪い」「非流暢タイプ：滑らかに話せないが，理解面は比較的良好」に大別される．

　前者は「ウェルニッケ失語」に代表されるタイプである．流暢に話すことができるが，適切な言葉が想起できない（喚語困難），「ハブラシ」を「フォーク」と言ってしまうような別の語になってしまう「語性錯語」，「ハブラソ」のように音を誤る「音韻性錯語」，あるいはまったく日

本語にない「新造語」になることもある．重度の場合は，流暢に話すが
錯語や新造語が多発して意味をなさない「ジャルゴン」とよばれる症状
になる．また理解面の障害も重度で，人から言われたことが理解できな
い．

　他方，後者は「ブローカ失語」に代表されるタイプである．発話では
助詞が抜けてしまう失文法や，音が歪んだり，リズムが崩れて抑揚がな
くなったりする発語失行とよばれる障害が目立つため，発話量は少なく
とつとつとした話し方になる．しかし理解面は比較的良好であり，簡単
な日常会話の理解は可能であることが多い．なお広い領域の損傷によ
り，理解も発話も重度に障害されたタイプを「全失語」と呼ぶ．

③運動障害性構音障害（発音の障害），音声障害：脳血管疾患やパーキンソ
ン病のような神経変性疾患により，顎や舌などの発声発語器官に麻痺や
失調が起こってうまく話せなくなる障害である．失語症とは異なり聞い
て理解することや読み書きには問題はない．構音の問題（正しい発音が
できない），発話速度の問題（遅くなりすぎ・速くなりすぎ），発話の抑
揚の問題（アクセントやメロディがなくなり平板化），声の異常（鼻から
息が漏れたような声（開鼻声）やかすれ声（嗄声））などが生じる．この
ような症状のために発話が不明瞭となり言いたいことが相手にうまく伝
わらなくなる．

　なおポリープや，癌による喉頭摘出，舌の切除などで声が出せなく
なったり，うまく話せなくなったりする音声障害もある．

④認知症特有のコミュニケーション障害（複数の要因がかかわる障害）：認
知症の人のコミュニケーション障害の特徴は，血管性認知症の場合に
は，上記の失語症や運動障害性構音障害が顕著に出現する場合もある
が，アルツハイマー型認知症の場合には，言語以外の各種認知機能障害
の影響が大きい．この認知症の人のコミュニケーション障害を「認知コ
ミュニケーション障害」と呼ぶ．つまり，言語機能だけでない，さまざ
まな認知機能の低下がコミュニケーションに影響を及ぼすために起こる
障害ということである．

　たとえば，記憶障害のために話が完結せず繰り返しが多い，判断力の

低下のため状況に合った受け答えができない，取り繕いや作話がある，抽象的な事柄の理解がむずかしくなるなどの症状がこれに当たる．またワーキングメモリーの低下の影響も大きい．聞いたことを一時的に頭のなかにとどめておける単位が短くなるため，長い文や複雑な文の理解は困難となる．このような障害があるためにほかの人との会話に加われず，また情緒面の問題などの BPSD が複雑に絡み合って二次的な問題を引き起こす恐れもある．

⑤原発性進行性失語：特殊な例として，認知症と同じアルツハイマー型認知症や前頭側頭葉変性症といった神経変性疾患が原因でありながら，初期の症状として失語症のみが目立つ原発性進行性失語（Primary Progressive Aphasia；PPA）とよばれる障害がある．これには失文法や発語失行から始まる非流暢／失文法型，言葉の意味やさらに進んでものの概念も分からなくなってしまう意味型（意味性認知症），音韻性錯語が多く復唱がむずかしいロゴペニック型がある．疾患の進行とともにやがて認知症に移行していくことが多いが，病気と思われず放置されてしまったり，一般の認知症の人に交じって適切な対応がされていなかったりする．病初期からの ST による専門的な介入が不可欠である．

(3) 摂食嚥下面

高齢になると歯牙欠損，口腔・咽頭の感覚低下や筋力低下などによって，摂食嚥下面に問題が生じるが，それに認知症特有の問題が加わる．たとえば食事時間であることが理解できない，食べたことを忘れてしまう，一度に口に入れる量を調節できない，食器がうまく使えない，さらに高度になると運動機能の問題や意欲の低下などの影響も出てくる．

認知症のタイプによって摂食嚥下面の問題の様相が異なる．血管性認知症では，麻痺による飲み込みにかかわる機能の低下，半側空間無視によるおかずの見落としなどがよくみられる．また上肢の麻痺により食器がうまく使えないこともある．アルツハイマー型認知症では，食べたことを忘れてしまう記憶の問題，食事に集中できない注意の問題，食べ物や食器を認識できない視覚性失認，食器がうまく使えない失行などが生じる．また一口量の調整や摂食のタイミングが計れず口のなかにため込んでしまうという場合もある．

前頭側頭型認知症では，脱抑制による早食いや過食，極端に濃い味つけを好むようになるような嗜好の変換，食事時間や場所にこだわるなどの症状がみられる．

2．言語聴覚士（ST）の役割

　以上のような問題を抱える認知症の人に対するSTのアプローチを，①認知機能面に対するもの，②コミュニケーション面に対するもの，③摂食嚥下機能面に対するものの3点に分けた．①は認知機能の評価を通して診断やケア・アクティビティの計画立案に役立てること，②はコミュニケーションがうまく図れない場合にその原因を明らかにして，適切なコミュニケーションの手段を確保すること，そして③はうまく食べられない・飲み込めないといった症状をもつ人の場合に，その原因を明らかにし，適切な食事介助の方法や食形態の提案を行うものである．

1）認知機能面へのアプローチ

　主として"もの忘れ外来"などの医療機関でかかわる．認知症の病期との対応では，軽度認知障害（Mild Cognitive Impairment；MCI）～中等度ぐらいまでが主な対象である．加齢によるもの忘れとMCIで起こる認知症の前駆症状としての記憶障害を見分けるためには，MMSEやHDS-R等のスクリーニング検査だけでは不十分である．各種認知機能検査（神経心理学的検査）を用いた詳細な評価が必要である．

　（1）認知機能の評価

　記憶，言語，行為，実行機能などについて神経心理学的検査を用いて障害の有無と程度をみていき，診断や早期介入に役立てる．また，記憶や言語の障害によって日常生活に困難が生じている場合には，機能の維持・改善を目指して代替手段の提案等を行う．

　収集した情報やスクリーニング検査時の反応から気になる症状がある場合には，さらに詳細な評価を行う．たとえば言語の理解や表出に問題がある場合には，先述のPPAを疑って失語症検査を用いた言語機能の評価を，また幻視を含む視覚認知の問題が目立つレビー小体型認知症（Dementia with Lewy Bodies；DLB）が疑われる場合には，錯視を誘発するパレイドリアテ

スト[27]などを用いる場合もある．そのほか皮質基底核変性症（Corticobasal Degeneration；CBD）の初期症状として知られる失行症状の評価などを通して，的確な診断やリハビリテーションの方針決定に役立てる．

【介入例】記憶障害が主たる問題である場合：メモやカレンダーの使用，IC レコーダー，携帯電話・スマートフォンなどの代替手段の活用方法の指導を行う．また検査の結果，再生（自ら思い出して言うこと）は困難であるが，再認（選択肢から選ぶ）なら正答できる場合には，思い出させることを強要せずに再認を上手に利用したコミュニケーションの取り方について家族に指導する．

2）コミュニケーション面へのアプローチ

主として通所・入所施設などでかかわる．認知症の病期との対応では，初期から中期ぐらいまでが主な対象である．

（1）コミュニケーションの評価

コミュニケーションがうまく取れない原因として，視力・視野の問題，難聴，意識障害，注意障害，失語症，記憶障害，心理的問題，などが考えられるが，実際にやり取りをしながら，問題となる点や残された能力を見つけ，適切な応答手段を探していく．具体的には，会話を進めるなかで，質問形式を徐々に簡単にしていき，どのような質問形式であれば，本人の意思を把握しやすいか検討する．一般に「いつ」「どこ」「だれ」という質問（Wh 形式）がもっともむずかしく，次いで「○○ですかそれとも△△ですか？」（1/2 選択形式），「はい」「いいえ」で答えられる質問（Yes-No 形式）の順で簡単になる．さらに音声言語のみではうまく伝わらない場合には，キーワードや絵，写真，実物などを適宜用いながら会話を進め，どのような補助手段が有効か検討する．

【介入例】記憶障害や聴覚的理解の障害があり，言われたことの理解がよくない場合／質問の形式・手段の調整：適宜 1/2 選択形式や Yes-No 形式を用い，簡潔な文体で，キーワードを書いて示しながら話す（キーワードは身近な言葉については仮名よりも漢字がよい）．

またコミュニケーションの技法として，"半返し縫いの会話"の利用も有効である．文中の単語は 3 つぐらいまでにし，次の文はそのなかの重要な

242

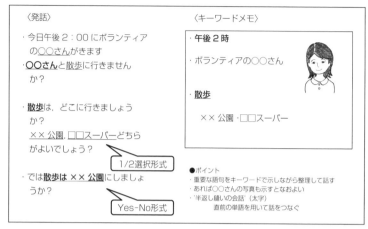

図5-11　認知症の人とのコミュニケーション技術の例

語を受けてつないでいくと理解が促進され，会話の内容の維持につなが
る．図5-11にデイサービスに来ている中等度のアルツハイマー型認知症の
人との具体的なやり取り例を示した．翌朝も同じキーワードメモをみせな
がら話をすると前日に聞いたという事実は思い出せなくても，まったく新
しい材料で話すよりも理解が促進されやすい．

3）摂食嚥下機能面へのアプローチ

食事を最後まで安全に楽しめるようにするためには，食形態，姿勢，食事
場面の雰囲気づくりなどの複数の要因を整える必要があり，多職種の連携が
欠かせない．そのなかでSTはとくに，なぜ飲み込めないのか，食べても危
険はないのか等の摂食嚥下機能の評価の役割を担う．

（1）摂食嚥下面の評価

摂食嚥下の過程は，一般に，①先行期（認知期），②準備期（咀嚼期），③
口腔期，④咽頭期，⑤食道期の5期に分けられるが，①，②の食物を確認し
て，適切量を口に入れ咀嚼する段階については，食事場面の観察や認知機能
検査の結果から評価する．また，④，⑤の口腔から咽頭へ食塊を送り，食道，
胃へ到達する嚥下機能に関しては，反復唾液嚥下テスト（Repetitive Saliva
Swallowing Test；RSST）[28]，改訂版水飲み検査[29]，頸部聴診などを用いて

むせや声の変化の有無等を指標に評価を行う．むせのない誤嚥（silent aspi-
ration）が疑われる場合には，医師による嚥下造影検査（videofluoroscopic
examination of swallowing；VF）や内視鏡検査（videoendoscopic evalua-
tion；VE）ができれば，より精確な判断が可能となる．安全な経口摂取が可
能と判断できれば食形態や姿勢，介助の方法等について検討する．

　(2)　摂食嚥下面への介入

　上記のように摂食嚥下機能障害の諸要因を明らかにして，安全に食べられ
ること，おいしく食べられること，食を楽しめることを支援する．一般に認
知症の人の場合，主体的に摂食嚥下訓練に取り組むのはむずかしいことが多
い．そのため，まずは良好なコミュニケーション関係を築いたうえで，「お口
の体操」のような間接的な訓練や口腔ケアを導入する．また認知機能面に働
きかけることで状況判断力を高めることや，食事をする場や使う食器，食形
態の工夫などの環境調整も重要である．以下，代表的なアプローチを示す．

【介入例】

・麻痺による機能の低下がある場合：アイスマッサージなどで摂食嚥下にか
　かわる器官に刺激を与え，同時に覚醒度の向上も図り，可能であれば直接
　訓練を行う．

・半側空間無視がある場合：お皿や食器の数や位置を変える，無視側にも注
　目するように声をかける．

・注意障害がある場合：周囲の刺激を減らして食事に集中できる環境をつく
　る，色，形，においなどを工夫し，食材に注意が向くようにする．

・麻痺や失行によって食器がうまく使えない場合：使いやすい食器に変え
　る，把持しやすいように食物の形態を変えて提供する．

・食べる量が調整できない場合：小分けにして提供する，小さな食器を使う．

4）言語聴覚療法からみえてくること

　言語聴覚療法の考え方や技法からみえてくる認知症の人へのアプローチの
ヒントを考えてみたい．

　(1)　障害をみることと現存機能の活用

　ST のアプローチの多くは，なにかがうまくできなくなったときにその原
因となる障害を探し出すところから始まる．障害に目を向けるということは

244

障害されていない面に着目するということと裏表の関係にある．とくに認知症は多くが進行性で治療が困難である．適切な評価をした後には，保たれている面をどう活用するかということがより大切になる．

具体的な指導とその効果のモニタリングが重要である．また長期的な症状の悪化を前提にいま行うことのメリットを考えて提案する．たとえば記憶障害のある初期のアルツハイマー型認知症の人とそのご家族に「メモを取りましょう」とアドバイスするだけではなく，どの部分を手伝ったらメモが取れるのか，それを活用できるのか，取り組んでもらった結果を聞いてさらに指導する．また継続的に使える技能として身につけてもらうためにはどうしたらよいか，を考えてアプローチしていくことが大切である．

(2) 楽しめる活動を通して機能の維持を図る

ご家族から計算ドリルなどを「やらせたほうがよいでしょうか」という質問を受けることがある．なにか活動することで脳によい刺激が与えられることは期待できるが，認知機能低下を防ぐ明確なエビデンスが示されている活動は少ない．やりたくないこと，できないことを強要されるのは，本人にとっては不当なことであり，BPSD の原因ともなり得る．

本人が前から好きであったことや長くやってきたことであれば身体が覚えていることも多い．たとえ前と同じようにはできなくても，手助けしながらいっしょに楽しむことができれば，それが結果として機能の維持や精神面の安定につながることもある．

(3) 食べることとコミュニケーション

「食べること」は人としてもっとも基本的な要求であるが，空腹が満たされて栄養が補給されればよいというものではない．楽しみや生きがいにも通じ，QOL を高める効果をもつ．安易に全介助にするのではなく，必要な介助をしつつ自分の力で食べる行為を支援するアプローチを心がけたい．言葉を使ったコミュニケーションはできなくなった終末期の人にとって，介助者が差し出した食べ物を受け取って食べるという行為を通して食事介助そのものがコミュニケーションの機会となるともいえる．

文　献

1) 砂原茂一：リハビリテーション. 岩波書店. 東京 (1980).

2) 竹田徳則：認知症のリハビリテーション. 日本認知症ケア学会誌, 13(4):677-683 (2015).

3) 厚生労働省 (2017)「認知症施策推進総合戦略 (新オレンジプラン);認知症高齢者等にやさしい地域づくりに向けて」(https://www.mhlw.go.jp/file/06-Seisaku-jouhou-12300000-Roukenkyoku/kaitei_orangeplan.pdf, 2021.11.2).

4) 水野　裕：実践パーソン・センタード・ケア;認知症をもつ人たちの支援のために. ワールドプランニング. 東京 (2008).

5) 障害者福祉研究会編：ICF 国際生活機能分類;国際障害分類改訂版. 中央法規出版, 東京 (2002).

6) 荻原喜茂：認知症に対する作業療法. 作業療法, 27(3):216-220 (2008).

7) 厚生労働省総務課認知症施策推進室 (2020)「全国介護保険担当課長会議資料」(https://www.mhlw.go.jp/content/12300000/000654475.pdf, 2021.11.2).

8) 一般社団法人日本作業療法士協会 (2018)「作業療法の定義」(https://www.jaot.or.jp/about/definition/, 2021.9.26).

9) 一般社団法人日本作業療法士協会 (2021)「作業療法ってなんですか?」(https://www.jaot.or.jp/files/page/kankobutsu/pdf/21_pamphlet.pdf, 2021.10.31).

10) 一般社団法人日本作業療法士協会 (2021)「生活行為向上マネジメント」(https://www.jaot.or.jp/mtdlp/mtdlp/, 2021.11.3).

11) 能登真一, 村井千賀, 竹内さをり, ほか：地域在住の要介護高齢者に対する「生活行為向上マネジメント」を用いた作業療法の効果;多施設共同ランダム化比較試験. 作業療法, 33(3):259-269 (2014).

12) 一般社団法人日本作業療法士協会「初期認知症対応研修会テキスト 初期認知症・軽度認知症の人とその家族に対する効果的な支援」(2015) (https://www.jaot.or.jp/files/page/wp-content/uploads/2015/04/44928bb2e3844eca175a57fe5cdad979.pdf, 2015.9.6).

13) 磯直　樹, 内村ふみ子, 鶴田明穂, ほか：集団活動における作業工程の進め方の違いが認知症者の精神・心理機能へ及ぼす影響;回復期リハビリテーション病棟における介入研究. 作業療法, 30(1):20-28 (2011).

14) 竹田徳則：地域介入研究による介護予防効果検証;武豊プロジェクト. 総合リハビリテーション, 42(7):623-629 (2014).

15) 竹田徳則：認知症予防の現状と地域での実践;愛知県武豊町の場合. 老年精神医学雑誌, 25(12):1346-1353 (2014).

16) Hiroyuki Hikichi, Katsunori Kondo, Tokunori Takeda, et al.：Social interaction and cognitive decline;Results of 7-year community intervention. *Translational Research & Clinical Intervention*, 3：23-32 (2017).

17) 一般社団法人日本作業療法士協会 (2017)「認知症のリハビリテーションモデルに基づく, 生活行為を続けるためのヒント集」(https://www.jaot.or.jp/files/page/

wp-content/uploads/2017/06/h28roken-ninchi-tebiki.pdf, 2021.10.31）.

18) 小川敬之，竹田徳則編：認知症の作業療法；ソーシャルインクルージョンをめざして．第2版，251-260，医歯薬出版，東京（2015）.

19) Roach KE, Tappen RM, Kirk-Sanchez N, et al.：A randomized controlled trial of an activity specific exercise program for individuals with Alzheimer disease in long-term care settings. *Journal of Geriatric Physical Therapy*, 34(2)：50-56 (2011).

20) 吉尾雅春：運動療法学．（内山　靖編）理学療法概説（標準理学療法学専門分野），162-165，医学書院，東京（2014）.

21) 網本　和：物理療法学．（内山　靖編）理学療法概説（標準理学療法学専門分野），168-172，医学書院，東京（2014）.

22) WHO ガイドライン『認知機能低下および認知症のリスク低減』邦訳検討委員会（2020）「認知機能低下および認知症のリスク低減：WHO ガイドライン」（https://www.jri.co.jp/MediaLibrary/file/column/opinion/detail/20200410_theme_t22.pdf, 2021.11.15）.

23) 加藤守匡，朝田　隆：運動と認知症予防．老年精神医学雑誌，25(12)：1320-1327 (2014).

24) 井上　茂：身体活動の普及促進のための他部門アプローチ．医学のあゆみ，270(13)：1223-1229 (2019).

25) 山上徹也，山口晴保：認知症を有する患者への理学療法士の関わり．理学療法，31(5)：457-466 (2014).

26) ピーター・B. デニシュ，エリオット・N. ピンソン（切替一郎，藤村　靖監）：話しことばの科学；その物理学と生理学．東京大学出版会，東京（1966）.

27) Uchiyama M, Nshio Y：Pareidolias；complex visual illusions in dementia with Lewy bodies. *Brain*, 135：2458-2469 (2012).

28) 才藤栄一，藤谷順子，植田耕一郎，ほか：個人の摂食能力に応じた「味わい」のある食事内容・指導等に関する研究．摂食能力の減退に対する診断方法の開発．平成7年度厚生労働省・健康制作調査研究事業報告書，43-52 (1996).

29) 才藤栄一：「摂食・嚥下障害の治療・対応に関する総合的研究」総括研究報告書．平成13年度厚生科学研究費補助金（長寿科学総合研究事業），1-17 (2002).

第6章

非薬物療法

Ⅰ．非薬物療法とは

　非薬物療法は，認知症の人の状態改善を目的とした，薬物療法以外のすべての治療的介入を指す．従来，非薬物療法といえば，回想法，音楽療法，バリデーションといった「療法」を指すことが多かった．しかし，ケアの現場では，たとえば「デイサービスに行き始めて，明るくなった．いままでしていなかった家事を積極的にするようになった」といったことをしばしば経験するが，これも認知症の人の心理面での安定，意欲の向上といった点で立派な治療であるといえる．すなわち，われわれが行う日々のケアそのものも療法ということができる．

　このように，近年では非薬物療法の概念は大きく広がり，たとえば認知症の人の心理状態の安定を目的とした支持的精神療法や，介護家族心理教育などのような，認知症の人以外に対する介入により本人の状態の改善を図るものまでを包括して指すようになっている．これらの治療的介入については，さまざまな研究により一定の有効性が確認され，その方法論が確立してきているものもある．このような経過から，近年では，非薬物療法をより包括的に，「心理社会的介入（psychosocial intervention）」と表現することも多い．本稿では，このような考え方に基づき，ある程度有効性が確かめられており，方法論が確立しているメソッドを中心に概説する．なお，「認知症治療としてのケア」の進め方については他章で述べられるので割愛する．

Ⅱ．「非薬物療法」という用語の安易な使用について

　認知症の薬物療法が，臨床治験や二重盲検法などの信頼度の高い実証研究に基づいて効果が確かめられ，科学的根拠も確立しているものと比較すると，非薬物療法では信用に足る精度の実証研究が行われていないものも多い．一方で，認知症に対する社会の関心の高まりを背景に，さまざまな分野で「認知症が治る」といったふれ込みの商法が横行しており，それらのほとんどは科学的根拠も実証研究も乏しい．したがって，それらすべてを同一に「○○療法」と称して同じ土俵で論じることは不適切であろう．そもそも「療

法」という言葉は医学の専門用語であり、「放射線療法」「化学療法」などのように用いられるが、「療法」という言葉を使用するためには、十分量の実証研究が行われたのち、以下のことが確立されている必要がある。

①適応となるのはどの疾患の、どのような状態であるか。

②どのような効果が期待できるか。効果の発現率はどのくらいか。

③予想される副作用はなにか。その発生率はどの程度か。また出現した副作用にはどのように対処すべきか。

④どのくらいの期間行うか。またどの時点で治療終了とするか。中止した後の効果の持続はどの程度か。また中止による反応のリスクはあるのか。

認知症の薬物療法においては、それぞれの薬剤についてこのようなことが明確に示されている。このような医学的見地からすると、認知症に対する非薬物療法はいまだ実証研究が不十分なものも多いと言わざるを得ない。この要因のひとつとして、非薬物療法の多くが大規模研究や、二重盲検法などのよりエビデンスレベルの高い実証研究を行うことがむずかしいことが挙げられるであろう。一方で、対象症例は少ないものの二重盲検法を用いた優れた研究や、限られた数の症例を丹念に分析するいわゆる質的研究では一定の効果が示されているものもある。また、実際のケアの現場では、非薬物療法を導入することにより本人の心理が安定したり、認知症の行動・心理症状（Behavioral and Psychological Symptoms of Dementia；BPSD）が減少したりすることはしばしば経験することであり、個別の症例からの経験にとどまるものの、非薬物療法によって一定の効果が得られたと考えられるものも多い。一方、認知症の人への対応は個別性が強い部分も大きいため、同じ療法をほかの人に応用しても効果がみられないことも多く、一般化しにくい。

以下は、筆者が担当していたあるアルツハイマー型認知症の人に実際に起こった内容である。その人は、楽しくデイサービスに通っていたが、そこである日、とある非薬物療法が開始された。当日居合わせた他の利用者はそれなりにこなすことができたが、その人はうまくできず、自信を喪失してしまった。それをきっかけにデイサービスに行きたがらなくなり、さらに食欲低下、体重減少、激しいうつ状態にまで至ってしまった。

このような事例は決して少なくない。上記の例では、当方からその因果関

係を指摘するまで，デイサービスのスタッフはそのことに気がついていな
かった．したがって，ケアにあたる人は非薬物療法が時として利用者に悪影
響を与える危険性があることを十二分に理解したのち，利用者 1 人ひとりに
適応があるかどうか，また期待される効果以外に否定的な反応が出現してい
ないか，出現した際にはどう対応したらよいかなどについて，十分に検討し
ておく必要がある．非薬物療法のほとんどは，本人の心に直接的・間接的に
介入するものであるため，実際に非薬物療法を実施するにあたり，先述した
ような医学において使用される「治療」の概念をよく理解しておくことが必
要であり，それぞれの「療法」がどの程度，科学的根拠や実証研究の結果に
基づいているかについてよく把握しておく必要がある．最近では，「療法」と
よべるほどの実証研究や明確な治療効果に乏しいものは「アクティビティ」
とよんで明確に区別する傾向がある．非薬物療法を行うにあたっては，その
介入計画が「療法」のレベルであるのか，「アクティビティ」のレベルにとど
まるのか，あらかじめ明確化しておいたほうがよいと考える．本稿では，現
在までの時点で一定の客観的評価が確立している非薬物療法を代表として提
示する．今後，さらにそれぞれの非薬物療法について，よりエビデンスレベ
ルの高い実証研究やケア現場での実践報告の充実が望まれる．

Ⅲ．非薬物療法の種類

　2007 年に発表された米国精神医学会による認知症治療ガイドライン第 2 版
では，非薬物療法を，なにに焦点を当てた介入法かにより，以下の 4 種類に
分類している[1]．
　（　）内の数値は推奨度とし，推奨度Ⅰは「明確な臨床的確信をもって推奨
されるもの」，推奨度Ⅱは「まずまずの臨床的確信をもって推奨されるもの」，
推奨度Ⅲは「個別の状況においては推奨されうるもの」である．
　①行動に焦点を当てたもの
　　BPSD などにおける本人の行動の背景を分析し，環境を調整することに
　　より本人の行動をより適応的なものに変換するもの．行動療法的介入な
　　ど（Ⅱ）

②刺激に焦点を当てたもの

本人に快適な刺激を与え，行動や感情の安定を図るもの．レクリエーション療法，芸術療法，音楽療法，動物介在療法など（いずれもⅡ）

③感情に焦点を当てたもの

支持的精神療法（Ⅱ），回想法（Ⅲ），バリデーション（Ⅲ）など

④認知に焦点を当てたもの

リアリティオリエンテーション（Reality Orientation；RO），認知リハビリテーション（いずれもⅢ）

その後，米国精神医学会は2014年にGuideline watchと称する報告書を開示した[2]．2007年以降の研究成果の蓄積を踏まえてガイドラインの見直しが行われた結果，以下のような指摘がなされている．

・その後の信頼度の高い研究により，心理社会的介入は，認知機能や本人の適応行動，QOL（Quality of Life；生活の質）を改善または維持することが明らかとなっているが，どの介入法がより有効であるか，あるいは特定の疾患や病期，居住の状況，心身の状態などにおいてどの介入法がより有効かについては現時点では明らかではない．

・認知に焦点を当てた介入においては，患者にフラストレーションが出現する可能性を除くと，これらの介入法で明らかな悪い反応は起こらないようである．

・個別の介入法については，いまだ研究の精度は十分ではないため，2007年のガイドラインで提示した推奨度を変更する根拠となるほどではない．

また，非薬物療法は，直接介入する対象によって以下の3つに分けることもできる．

①認知症の人を対象としたもの：回想法，リアリティオリエンテーション，音楽療法など

②家族・介護者を対象としたもの：家族心理教育

③介護専門職を対象とした，いわゆるケアメソッド：バリデーション，ユマニチュードなど

さらに，認知症の人や家族・介護者を対象とした非薬物療法のなかには，対象者と治療者が1対1で行う個人療法的アプローチと，対象者が複数であ

る集団療法的アプローチとがある.

Ⅳ．非薬物療法の実際

1．リアリティオリエンテーション（RO）

　1960 年代，米国においてジェームズ・フォルソン（Folsom J）らによって開発された．当初，入院が長期化した高齢者に対して，興味を引くような新しい情報を提供することにより，治療スタッフが患者それぞれに個別の接触を行っていくことを重視した方法論であった．そして，1970 年代以降，認知症の人に対する構造化された認知トレーニングとして確立した[3]．

　RO には大きく分けて 24 時間 RO（非定型 RO）とクラスルーム RO（定型RO）とがある[4,5]．24 時間 RO は，認知症の人が時間や場所などの見当識を推測しやすいような環境を提供するケア理論である．初期には日常生活のさまざまな場面で，スタッフが自身の氏名，時間や日付，天候などの情報を繰り返し教示するといったものであったが，その後内容が広がり，たとえば，日常生活のなかで認知症の人が月や季節，時間などに注意や関心を向けるようにスタッフが誘導したり，季節の花，朝の食事のにおいや，登校中の子どもたちの声を聴くといった，五感を利用したりして認知症の人が見当識を推測する手がかりを提供するといった日常生活全般に対する環境の提供方法にまで発展してきている．

　一方クラスルーム RO は，固定された数人前後のグループを対象とした一種の集団療法であり，プログラムに従って現在の基本情報（名前，時間，季節，月日，場所，人物など）を提供し，見当識の改善を図るものである．通常は週 1～2 回，1 回 30 分～1 時間程度のセッションを行うことが多い．さらに，回想法などの他の集団療法的介入と組み合わせて行われることもある．

　RO の効果については，現在までにさまざまな報告がなされているが，その評価は一定していない．また，個人によりその効果にはばらつきがあるとされる．クラスルーム RO においても記憶の持続がむずかしい中等度以上の認知症の人に対する効果は限定的であり，多くの報告ではセッション終了後の効果の持続は期待できないとされている．さらに，クラスルーム RO につ

いては，スタッフの教育的介入が強すぎた場合，すなわち「小学校の先生」的雰囲気が強すぎた場合，本人の精神状態を不安定なものにしてしまうこともあるため，注意が必要である．現在の認知症ケア理論の多くでは，患者・治療者の関係が「ケアされる側，ケアする側」といった上下関係になってしまうことを不適切であると考える傾向が強い．現在のケア理論にふさわしい形式の RO が求められる．

　さらに，24時間 RO については，たとえばアルツハイマー型認知症の人の場合，中等度以上では，複数の事柄を関連づけて考えることがむずかしくなるため，たとえば，桜の花が咲いているということと，いまが春であるということを関連づけられなくなってしまうことがある．すなわち，認知症の進行につれて，環境から見当識を推測することがむずかしくなってしまう．したがって本質的な意味では24時間 RO の対象となるのは軽度の認知症の人に限られるといえる．

　以上で述べてきたように，RO は現在のケア理論から考えると，不十分な部分も多いと考えられる．しかしながら，季節の花を飾り，調度をしつらえ，食材から季節感を得るといったことは，日本人が古来よりとくに大切にしていたことでもある．したがって，このような環境調整の工夫を行うことは，患者の居住環境をより快適なものとするためにも考慮すべきものであろうし，たとえばひな人形を飾りながらひな祭りの思い出を話すといったように，コミュニケーションをより円滑に図る手段としては一定の効果が期待できるであろう．また，クラスルーム RO においては，定期的に特定の集団が集まり対人交流の機会が提供されることによる心理的効果も期待できるであろう．以上のように，RO は単なる非薬物療法のメソッドのみではなく，ケアを行ううえでの配慮すべきものも多く含まれていると考える．

2. 回 想 法

　高齢者の回想という行為は，以前は「現実逃避」などと否定的にとらえられていた．1963年ロバート・バトラー（Butler RN）は，高齢者の回想をより肯定的にとらえ，「高齢者に見られる共通の心理特性で，重要な意味を持っているものである」と唱えた[6]．このことを踏まえ，高齢者の回想をより積

極的，治療的に援助することが試みられ始めた．当初は一般高齢者に対する個人療法として行われていたが，その後1970年代より認知症高齢者を対象とした回想法が取り組まれるようになった．わが国においても1990年代前半ごろより取り組まれるようになった．現在では，認知症に対する非薬物療法のなかでもっとも理論的背景が明確であり，実証研究も豊富で，ケア現場でも積極的に取り組まれる手法となっている．

　回想法は大きく一般的回想と，ライフレビュー（人生回顧）とに分けられる．バトラーはライフレビューを「過去の経験，とりわけ解決できないでいた葛藤などに気付くような，ごく自然に，誰にでも起きる精神的な過程」と定義した[6]．すなわち，回想が「昔のことを思い出す」といった単純なものであるのに対し，ライフレビューは，本人の人生に対する再解釈・再統合といった，より精神療法的意味合いが強いものである．このようなことから，欧米では，回想療法（Reminiscence therapy）とライフレビュー療法（Life review therapy）は明確に区別されることが多いが，わが国では両者を区別せずに「回想法」とすることが多いので注意が必要である．最近では，このような観点からわが国でもライフレビュー療法と明記するものもみられる．

　回想法の効果について，野村豊子は本人の心の変化として，以下のようなものを挙げている[7]（筆者が一部変更）．

　①ライフレビューを促し，過去からの問題の解決と再組織化および再統合を図る

　自身の人生を振り返り，未解決の問題や，つらかった思い出をもう一度振り返ることにより，当時気づかなかった客観的な考え方に至り，自身の人生を肯定的なものととらえることができるようになる可能性がある．

　②アイデンティティの形成に役立つ

　自分が一体何者であるのかという問いかけは，人生の発達段階において重要な意味をもつ．本人の生活史をもう一度回顧することにより，他人とは違う自分自身を自覚することができる．

　③自己の連続性への確信を生み出す

　認知症の進行に伴い，過去の記憶は残っているものの断片的となり，現在の自身との関係も希薄になる．過去の自身の出来事を回想することによりそ

れらを連続した自分ととらえることができる可能性がある.

④自分自身を快適にする

必ずしもすべての回想が幸せなものであるとは限らないが,回想する過程は肯定的感情を引き出すことが多い.

⑤自尊感情を高める

自身の生活史を振り返ることは,ほかのだれとも違う自分自身について振り返ることである.さらに治療者などが傾聴することにより,他人とは違ったユニークな自己を認識することになり,自己評価を高めることにつながりやすいといえる.

⑥訪れる死のサインに伴う不安を和らげる

自分の人生についての総括が終わることにより,来るべき人生の終わりに対する心構えを強くするということができるであろう.

認知症の人に対する回想法は,方法論として大きく個人療法と集団療法とに分けられる.前者は臨床心理士や精神科医などが行う精神療法・心理療法により近いものである.治療者と患者が1対1で面接するものであることから,よりライフレビュー的色彩が強くなるであろう.通常の精神療法と同じく,週1回,1回45分から1時間程度を続けていくものである,一方,このようなものより軽く,回想のレベルのみにとどめる形であれば,傾聴ボランティアや,介護スタッフとの交流のなかで昔の思い出を語るといったことも回想法的アプローチを用いたケアと考えることができるが,この場合,非薬物療法としての効果は低くなる.

一方,集団を対象とした回想法は,研究者によりその方法論はさまざまであるが,多くは8人前後の参加者と2人程度の専門職の固定メンバーにより構成され,週1回,1回1時間程度,8回程度を1ユニットとして開催されることが多い.固定メンバーであることから,回想を行いながら集団を構成するメンバー同士のコミュニケーションが促される.通常,回ごとにテーマが設定されるが,その際には,昔の写真や道具,音楽,食べ物など,五感を刺激し,回想を引き出しやすくするためのツールを用いる.軽症の認知症の人であればツールを用いないほうがよいこともある.

　わが国においてもさまざまなケアの現場で回想法は導入され，その実践報告は多い．しかしながら，より深い自己洞察，すなわちライフレビューを伴うような回想は，その当時のつらい思いを追体験したり，たとえば「あの時あのようにしたのは間違いであった」や「自分の人生は意味がなかった」といった否定的なコメントが出現したり，本人がうつ状態となることがある．一般に，精神療法・心理療法であれば，このようなことがあっても引き続き支援を続けていきながら，最終的にそれを乗り越え，心理状態の安定に至るまで治療を続けていくことが多いが，集団回想法では，かかわるスタッフはその技術にある程度，習熟しておく必要がある．

　回想法やライフレビューにはさまざまな手法があるが，最近，ライフレビューの応用形として，メモリーブック作成の試みが行われている[8-10]．この手法は研究者によって異なるが，たとえば，認知症の人と配偶者または近親家族が2人で参加し，あらかじめ持参してもらった本人の写真をもとにライフレビューを行う．数回のセッションの後，写真や本人の回想を記載したアルバムを作成し，本人に手渡しセッションを終了するものである．出来上がったアルバムは，デイサービスや施設に持参し，スタッフに本人の理解を深めてもらう一助になるといった，その後の利用が可能である点でも有用となる可能性がある．既述してきたように，回想法はたくさんの経験を積み重ねてきた高齢者にふさわしい非薬物療法である．今後も，さまざまなケア現場で取り組まれるであろうし，さらにケア学の深化に伴い，回想やライフレビューを取り入れた非薬物療法もつくられていくであろう．

3．音楽療法

　音楽はわが国のケア現場においても，レクリエーションなどでよく利用されており，その効果を実感している人も多いであろう．わが国における最大の音楽療法の団体である日本音楽療法学会によると，音楽療法とは，「音楽の持つ生理的，心理的，社会的働きを用いて，心身の障害の回復，機能の維持改善，生活の質の向上，行動の変容などに向けて，音楽を意図的，計画的に使用すること」と定義されている[11]．音楽療法は第2次世界大戦後の米国で，復員兵の心的外傷後ストレス障害(Post Traumatic Stress Disorder；PTSD)

に対し用いられたものが最初であるとされる．その後適応範囲は広がり，認知症に対しても BPSD の改善や QOL の向上を目的に利用されることとなった．わが国においても，古くから実践されている認知症に対する非薬物療法のひとつである．その手法も歌う，聞く，楽器を用いるなどさまざまである．さらに回想法的手法を取り入れたものもある．この場合，回想法の項で記載したように，毎回テーマを決めて，それにふさわしい音楽を選び，最初に合唱などをした後，そのテーマについて話し合うといった手法がとられる．

　音楽療法を行う専門職として音楽療法士があるが，現時点（2022 年 8 月時点）では音楽療法士は国家資格でないことから，日本音楽療法学会以外にも，営利目的のものも含めたくさんの団体が音楽療法士の養成講座を実施している．それぞれの研修内容もさまざまであり，その違いも明確でない．このことは他の非薬物療法と大きく違っている点であり，注意が必要である．今後，一定の基準が図られる必要があると考える．

　音楽は，多くの人にとって比較的簡単に感情を引き出しやすく，取り組みやすいものであり，手法によっては高度の認知症の人にも適応できることから，ケア現場でも導入しやすいものである．しかしながら，単なるレクリエーションあるいはアクティビティとしてではなく，「療法」のレベルで実施するためには，専門的知識や技術が必要であることに加え，治療的効果が高ければ高いほど，否定的な反応のリスクも相対的に高くなるため，留意が必要である．さらに，音楽は個人によって，もっとも好みの分かれるものである．「演歌は嫌い，クラシックしか聞かない」や「童謡を歌うのは幼稚園みたいでいやだ」といった意見をもつ人も少なくない．音楽療法導入にあたっては，あらかじめそれぞれの嗜好をよく把握しておかないと，信頼関係を失いかねないため注意する必要がある．また，現代の認知症ケア理論の観点から，スタッフが先生で認知症の人が生徒といった「小学校の授業」的にならないような工夫が必要である．

4．バリデーション

　バリデーションは 1963 年，米国のナオミ・フェイル（Feil N）により提唱された認知症の人に対する対応法の理論である．バリデーション自体は精神

療法・心理療法における方法論のひとつとしてそれ以前より存在していたが，これをフェイルが認知症の人における仮説に基づきその支援法をまとめた[12]．フェイルは認知症の人を 4 つのステージに分類し，それぞれのステージでの対応法を提示している．第 1 段階は見当識の障害であり（わが国におけるフェイルの翻訳書である文献 12 では「認知障害」と訳されているが，原書における malorientation の訳としては「見当識の混乱」あるいは「見当識の障害」とすべきである），作話や防衛的な行動が特徴的である．第 2 段階は時間の混乱であり，特徴的な行動として近時記憶の障害が進行し，季節，月，曜日などが分からなくなる．第 3 段階は常同行為の顕著な時期である．第 4 段階は植物のように無為な時期とされる．これらの段階ごとに援助の方法が示され，本人の発言の背後にある思いや感情を推察・共感し，より良好なコミュニケーションを促進することを目指したものである．

　バリデーションについては現在までに科学的精度の高い実証研究が十分に行われていないため，その有効性は明確とはいえない．また，そもそもフェイルによる 4 つの段階についての仮説は，フェイル本人の個人的経験に基づくものであるため，その仮説が適切なものであるかについての検証は十分ではない．第 1 段階の「見当識の混乱」から第 2 段階の「時間の混乱」に至るといった分類や用語の使用法は，現在の認知症の症候学からみると不適切であるというべきである．しかし，フェイルがこのメソッドを提唱した時期には，認知症の人に対するケア理論はほとんどみられず，そのなかで個人的経験に基づくとはいえ，一定の理論を編み出したフェイルの功績は大きいものであると考える．また，フェイルが提示した認知症の人に対する対応法はその後発展し，パーソン・センタード・ケアなどの，現在のケアメソッドに一部受け継がれている．現在においては，むしろケアメソッドのひとつとして考えるのであれば，十分に習得する価値のある方法論であると考える．

5．支持的精神療法（支持的心理療法）

　支持的精神療法（Supportive Psychotherapy）は，精神科医や臨床心理士が行う精神療法のもっとも基本的なものである．従来は機能性精神疾患，すなわちうつ病，統合失調症，神経症などの疾患を対象としていたが，近年で

は認知症などの器質性精神疾患に対しても，他の精神疾患と同様に一定の効果が期待できることが知られるようになった[13]．通常は自身の状態を言語化することがある程度可能である軽度の認知症の人に行われるが，中等度以上のレベルであっても有効なこともある．認知症とそれに伴う認知機能低下や生活障害などから生じる不安や葛藤に耳を傾け，それを受容し支持することにより本人の心理状態の安定を図り，障碍をもちつつも前向きに生きることを目指し支援していく．支持的精神療法は一定の臨床経験を積んだ精神科医や臨床心理士により行われるものであるが，その方法論は，たとえば傾聴ボランティアなどにおいても一部取り入れられており，これらの精神的支援は認知症の人の不安焦燥の軽減など，心理状態の安定に有効である．

6．その他の非薬物療法

　以下は，エビデンスの蓄積がいまだ不十分であったり，わが国のケア現場ではそれほど普及していなかったりするが，近年諸外国で注目され，経験が蓄積されつつあり，わが国でも取り組まれつつある非薬物療法である．

1）スヌーズレン

　スヌーズレン（Snoezelen）は刺激に焦点を当てた介入法のひとつで，1970年代より蘭国のアド・フェルフール（Verheul A）らによって，当初は重度知的障碍者を対象に始められたものである．光，音，におい，振動，温度，触覚など五感を刺激する特殊な部屋を準備し，そこで一定時間すごしてもらうことにより，心理状態の安定や活性化などの刺激を図ることが目的である．障害児に対しては一定の効果が認められており，諸外国では治療の手段のひとつとして広く認知されている[14]（ただし認知症についての記載はほとんどない）．1999年には日本スヌーズレン協会が設立され，わが国でもその方法論が広まりつつあるところである．一方，これらの経験に基づき，認知症への応用が2000年代ごろより主として蘭国，英国などで検討され始め，現在は介護施設などで実践されている[15,16]．現在では欧州を中心に認知症の人に対する精神状態の安定や刺激のため，BPSDに対する治療的介入の方法として実践されつつある．現時点では，障碍児に対するスヌーズレンが明確に治療手段として位置づけられているのに対し，認知症の人に対しての実証研

究は乏しく，効果的な方法論も確立していない．それぞれの実践者がさまざまな方法を提唱している段階である．欧米に比し，わが国では認知症の人に対してはほとんど取り組まれていない．

　通常，障碍児に対しては強烈な光刺激などの強い刺激が行われているが，「刺激」という観点では，子どもたちと比較しエネルギーレベルの低い高齢者に対しては，戸外の散歩や庭の花を摘むといった，より自然かつ穏やかな形での感覚刺激の有効性は十分に考えうるものである．このレベルであれば，ケア現場で取り組みやすいのであろう．一方，認知症の人のおかれている環境における光量の強さが本人の覚醒レベルに影響を及ぼすことはケア現場でよく知られており，日中の覚醒レベルを上げるために光の強いところですごしてもらうといったケアが行われる．これはスヌーズレンの理論につながるものである．さらに近年，欧米では高齢者という特徴を踏まえて，回想法的手法を用いて，懐かしい風景などを用いることもある．現時点では，いまだ実証研究も方法論も不十分であり，今後の知見の蓄積を待ちたい．

２）動物介在療法

　動物介在療法（Animal Assisted Therapy；AAT）は動物とふれ合うことで心身の安定を図る治療的介入法である．古来より動物との関係が人の心によい影響を及ぼすという考えはみられていたが，米国においては1960年代より，障害をもつ子どもが動物とふれ合うことにより精神状態が安定することが注目されるようになり，治療手段としての動物介在療法が理論化された．その後，認知症に対しても実践されるようになった．あらかじめトレーニングを受けた動物が，アニマルセラピストとともに自宅あるいは老人施設，病院などを訪問する[17]．これに対し，治療的意味合いが薄い，単なるレクリエーション的なものは動物介在活動（Animal Assisted Activity；AAA）として区別される．

　動物介在療法は原則としてアニマルセラピストのつき添いの下で行う．長時間になると本人のみならず動物にも負担が生じるため1時間以内が原則である．エビデンスレベルは低いものの，BPSDのうち，攻撃性や意欲低下，抑うつなどに効果がみられるとされる．最近はこの発展形としてペット型ロボットを用いた治療的介入なども試みられている．いうまでもないことであ

るが，動物好きな人や，ペットを飼ったことがあるといった生活史をもつ人に効果が高いとされる．

3）アートセラピー（臨床美術，芸術療法）

　芸術活動を通じて意欲を改善させたり，脳を活性化したりするというものである．絵画，陶芸，塗り絵など，さまざまな方法が用いられているが，多くは視覚芸術である．認知レベルにより適応となるものは変わる．アルツハイマー型認知症においては中等度より構成障害が出現するため，以前に画才のあった人でも思うように線を引けないなど本人のフラストレーションにつながることもある．この点，コラージュ療法であれば，中等度以上の認知症の人に可能なこともある．コラージュは，雑誌や本のイラストや写真を適宜紙に貼りつける芸術的手法である．さらに，2006年，ニューヨーク近代美術館では，認知症の人とその家族のためのアート鑑賞プログラム「meet me at MoMA」が開催された．

　近年，アールブリュット（あるいはアウトサイダーアート）とよばれる，既存の美術教育を受けておらず，既存の芸術家らの影響を受けていない人が自発的に作成した芸術作品が注目されているが，これらの画家のなかには認知症の人も少なからず存在する．認知症の人がもつ周囲が気づかない潜在的能力を発揮することも可能なのであろう．今後の経験の蓄積を待ちたい．

4）ダイバージョナルセラピー

　ダイバージョナルセラピー（Diversional Therapy）は，1990年代より豪州で提唱され実践された非薬物療法のひとつである．わが国においても2002年に日本ダイバージョナルセラピー協会が発足し，実践が始まった．Diversionとは気分転換，気晴らしの意味であるが，道路工事などの「迂回路」の意味もあるため，「新しく道をつくる」といった意味でとらえられている．ダイバージョナルセラピーとは，「各個人が，いかなる状態にあっても自分らしくよりよく生きたいという願望を実現する機会を持てるよう，その独自性と個性を尊重し，援助するために，各個人の“楽しみ”と“ライフスタイル”に焦点を当てる全人的アプローチの思想と実践である」[18]と定義されている．

　ダイバージョナルセラピーにおいては，以下のプロセスによる意図的な介入が重要視されている．

・事前の調査（Assessment）

・計画・設計（Planning）

・実施（Implementation）

・事後評価（Evaliation）

といったプロセスを通じて，個々人がその人らしく生き，人生を楽しんでもらうということを重視している．わが国のケア現場ではほとんど取り組まれていないが，今後経験の蓄積を待ちたい．

5）タクティールケア

　タクティールケアは，ラテン語のタクティリス（Taktilis）に由来する言葉で，「触れる」という意味があるという．手を使って10分間程度，相手の背中や手足をやわらかく包み込むように触れる治療法である[19]．タクティールケアはスウェーデンにおいて，1960年代に看護師による低出生体重児などに対するケアメソッドとして始められた．その後，成人に対しても取り組まれるようになり，現在では，緩和ケアや認知症の不安・焦燥感などのBPSDに対しても用いられるようになった．わが国においても2002年に日本スウェーデン福祉研究所が設立され，研修などを行っている．母親が授乳などの際に乳児と接触する際には，脳内視床下部よりオキシトシンというホルモンが分泌されることは以前よりよく知られていた．ところが，最近では成人期以降でも，親しい人同士が身体的接触を行う際にオキシトシンが分泌されることが知られるようになった．オキシトシンは不安やストレスを軽減する効果がある．認知症の人においても，タクティールケアのような身体的接触を行うと心理状態の安定が図れると考えられている．このような理論的背景から，タクティールケアは非薬物療法のなかでももっとも脳科学的根拠が明確なメソッドである．ただし，現時点ではわが国では認知症に対するエビデンスレベルの高い研究はまだ多くなく，今後の経験の蓄積が待たれる．さらに，そのメカニズムから考えると，良好な治療効果，すなわち十分なオキシトシンの分泌のためには，施術を受ける人と治療者の間に十分に親密な関係であることが大前提となるが，なかには他人から身体的接触を受けることを極端に嫌う人もいることから，対象者の選択には十分な配慮が必要である．

6）ユマニチュード

　ユマニチュードは，1976 年に仏国のイヴ・ジネスト（Gineste Y）とロゼット・マレスコッティ（Marescotti R）により提唱された認知症ケアメソッドである[20]．もともとは体育学を専門とする両者が，病院身体科病棟で働く看護師などの，認知症ケアを専門としていない専門職に対し，認知症高齢者への接し方を体系化したメソッドである．2010 年以降，わが国においても身体科病棟を中心に取り組まれている．2019 年に日本ユマニチュード学会が設立されている．ユマニチュードはそもそも認知症を専門としていない専門職を対象としたメソッドであるため，本書の読者のような認知症ケアのエキスパートには，日ごろ実践していることであることから，物足りないと感じることも多いであろう．しかし，分かりやすい形でそのケアを体系づけて取り組みやすい形にまとめられているため，認知症ケア初心者には取り組みやすいメソッドであろう．

　ただし，このメソッドは仏国で開発されたものである点に留意する必要がある．一般に民族によって快適な心理的距離は異なっている．その点で，仏国で快適な心理的距離が必ずしも日本人にとって快適とは限らないと考える．また，ボディランゲージ，すなわち身振りやしぐさの意味についても，仏国とわが国とでは大きく異なる．したがって，オリジナルな方法論がそのままわが国の高齢者に当てはまるかについては議論の必要があると考え，今後の研究を待ちたい．

V．非薬物療法の実施にあたって注意すること

　以上述べてきたように，非薬物療法は認知症に対する治療的介入である．介入が成功すれば本人の感情の安定や行動の変化を引き起こすことが可能である．しかしながら，適応を誤れば，感情や行動の不安定化を引き起こすリスクもあるということに留意しなければならない．それぞれの認知症の人に対し，非薬物療法を試みる際に必要なことは以下のようなものである．

　①コミュニケーションを伴う治療であること

　既述してきた種々の非薬物療法に共通していることとして，第 1 にコミュ

ニケーションを伴うものであることが挙げられる．治療者と患者が 1 対 1 の関係であることも，集団を用いて行われることもあるが，筆者の知る限り本人のみでなにかを行うことにより認知症症状の改善がみられたという報告はおそらく存在しないであろう．すなわち，非薬物療法においては，「他者とのコミュニケーションの機会を提供する」ということによる非特異的治療効果が必ず含まれているということが重要である．このことは，たとえば，認知症発症とともに，それまで行っていた趣味の教室や友人たちとのつき合いが絶たれてしまい，いわば引きこもりの生活を送っていた認知症の人が，家族に対する攻撃性などの種々の BPSD を呈していたが，デイサービス導入とともに感情が安定し，積極的に家事などをこなそうとし始めたといった治療的効果に共通していると考える．このことから考えると，非薬物療法を効果的に行うためには，ケアスタッフが認知症の人と良好な関係であることが必要であるといえる．タクティールケアのような身体接触を伴うケアを見ず知らずの他人から行われることには抵抗がある人も多いであろうし，見ず知らずの人に初対面から自身の過去のつらい体験を話す人は少ないであろう．したがって，非薬物療法の導入以前に，ケアスタッフが本人と親密な関係になっていることが前提である．さらに介入に当たっては常に良好なコミュニケーションが維持されるように努めなければならない．

　②達成感や自己評価の向上につながるものであること

　非薬物療法はすべて例外なくポジティブな感情を引き出すことを目的としている．そのためには本人が達成感をもつ必要がある．その意味では，たとえば絵画療法で，いくら周囲から味があるとか，色の取り合わせがよいなどとほめられても，本人が達成感を得られていなければその称賛を受け入れられないのではないであろうか．また，回想法などの会話を用いた集団療法的介入では，ほかの人がどんどん発言するのについていけないといったこともあろう．治療者としてはそれぞれの人の心の状態をよく観察し，さり気なく配慮を行いながら，セッションの終了時にはすべての参加者が満足して席を立ってもらう必要がある．この点に注意する必要がある．

　③個別の嗜好を十分に検討しておくこと

　人は十人十色であり，それぞれの物事に好き嫌いがある．まして認知症の

266

人はそれぞれの生活史などからより明確に嗜好が分かれるであろう．したがって，非薬物療法の実施にあたっては，このことに十二分な配慮が必要である．このことは最近提唱されてきている非薬物療法においてより顕著である．認知症ケアにおけるパーソン・センタード・ケアの理念からも，認知症の人それぞれにふさわしい非薬物療法をたくさんのメニューから選択できることが望ましい．そのためにはそれぞれのケア現場で，複数の非薬物療法が準備されており，本人の嗜好に合わせてもっともふさわしいものを選択するといった態度が重要である．スタッフの側からの一方的な押しつけにならないように留意しなければならない．

VI. おわりに

　本稿では，古典的なものから近年注目されているものまで，さまざまなものを取り上げた．今後のケア現場での実践を期待したい．われわれは，日々の認知症支援において，さまざまなケアの工夫によって，本人の状態が改善することを経験する．家族より，「認知症がよくなりました」と評価されることも多いであろう．すなわち，日々のケアそのものが認知症の人の状態の改善につながっているという意味では「認知症ケアは治療である」ということもできるであろう．認知症の薬物療法には一定の限界があり，病気の進行を完全に止めることができない以上，われわれにできることは少しでも認知症の人が毎日を幸せに生きられるように支援し続けることしかない．最近の非薬物療法は本人のQOLを高めることを目的としたものが増えている．今後，それぞれのケア現場での実践を進めていただきたい．

文　献

1) APA Work Group on Alzheimer's Disease and other Dementias：Practice Guideline for the Treatment of Patients With Alzheimer's Disease and Other Dementias 2nd ed. *The American Journal of Psychiatry*, 164（12 Suppl）：5-56（2007）.

2) Rabins PV, Rovner BW, Rummans T, et al.(2014)「Guideline Watch；Practice Guideline for the Treatment of Patients with Alzheimer's Disease and Other Dementias」(http://psychiatryonline.org/pb/assets/raw/sitewide/practice_guidelines/guidelines/alzheimerwatch.pdf).

3) Folsom JC：Intensive Hospital Therapy of Geriatric Patients. *Current and Psychiatric Therapies*, 7：209-215（1967）.

4) ウナ・ホールデン，ロバート・ウッズ（川島みどり訳）：痴呆老人のアセスメントとケア；リアリティ・オリエンテーションによるアプローチ. 医学書院，東京（1994）.

5) 山根　寛：リアリティ・オリエンテーションの現状と課題. 認知症の最新医療，2（4）：175-178（2012）.

6) Butler RN：The life review；an interpretation of reminiscence in the aged. *Psychiatry*, 26：65-76（1963）.

7) 野村豊子：回想法とライフレヴュー；その理論と技法. 中央法規出版，東京（1998）.

8) Haight BK, Haight BS；The Handbook of Structured Life Review. Health Professions Press, Baltimore（2007）.

9) 山本由子，亀井智子：認知症高齢者のライフレビューに基づくメモリーブック作成とその利用による行動変化の検討. 聖路加看護学会誌，16(3)：1-9（2013）.

10) 加瀬裕子：認知症の非薬物療法；夫婦間ライフレビューの開発. 科学研究費助成事業（科学研究費補助金）研究成果報告書（2013）.

11) 音楽療法学会監：医学的音楽療法；基礎と臨床. 北大路書房，京都（2014）.

12) ナオミ・フェイル（藤沢嘉勝監訳）：バリデーション；痴呆症の人との超コミュニケーション法. 筒井書房，東京（2001）.

13) Ola Junaid, Soumya Hegde：Supportive psychotherapy in dementia. *Advances in Psychiatric Treatment*, 13(1)：17-23（2006）.

14) クリスタ・マーテンス：スヌーズレンの基礎理論と実際；心を癒す多重感覚環境の世界. 第 2 版復刻版，学術研究出版，兵庫（2015）.

15) Van Weert JCM, Van Dulmen AM, Spreeuwenberg PMM, et al.：Behavioral and Mood Effects of Snoezelen Integrated into 24-Hour Dementia Care. *Journal of the American Geriatrics Society*, 53(1)：24-33（2005）.

16) 河本佳子：スウェーデンのスヌーズレン；世界で活用されている障害者や高齢者のための環境設定法. 新評論，東京（2003）.

17) 日本動物病院福祉協会編：動物は身近なお医者さん；アニマル・セラピー. 廣済堂出版，東京（1996）.

18) 日本ダイバージョナルセラピー協会編：全人ケアの実践；ダイバージョナルセラピーのすすめ. 朱鷺書房，奈良（2004）.

19) タクティールケア普及を考える会：タクティールケア入門. 第 3 版，日経 BP コンサルティング，東京（2014）.

20) イヴ・ジネスト，ロゼット・マレスコッティ（本田美和子監）：ユマニチュードという革命；なぜ，このケアで認知症高齢者と心が通うのか. 誠文堂新光社，東京（2016）.

第7章

施設・在宅における
環境支援

Ⅰ．施設における環境支援

1．はじめに

　認知症の研究は医学をはじめとし，看護学，介護学などの分野で先導的に行われてきたが，近年では認知症の人々の生活の質（Quality of Life；QOL）を重視した関連の学際的分野の研究も幅広く展開されている．住環境やケア環境のデザインもその重要性を認識されつつある分野のひとつである．

　小規模，家庭的なケア環境づくりなどの適切な環境支援により，認知症の行動・心理症状（Behavioral and Psychological Symptoms of Dementia；BPSD）を低減させ心身の安定をもたらしうることが先進的な学際研究や実践の知見として確立している．

　本章では，まず小規模ケア環境の有効性に関する先行研究の知見を整理し，BPSD を軽減させ，認知症の人の QOL 向上に寄与しうる施設環境および在宅環境の支援のあり方について考察する．

2．わが国の高齢者施設の変遷

　1963 年の老人福祉法により制度化された特別養護老人ホーム（以下，特養）は，経済的条件の如何にかかわらず，要介護高齢者の援護施設として位置づけられた．以来，人口の高齢化や要介護高齢者の増加に伴い，全国各地で特養が建設されたが，当時の特養は主に寝たきり高齢者への措置施設であり，施設規模は 50 床以上の大型施設，4～6 人部屋が標準の居室群，大規模食堂，リハビリ室，大浴室（一般浴，機械浴），長い廊下などが主要な面積を占める構成であった．室配置は病院やナーシングホーム（米国では医療施設）に類似し，必ずしも高齢者の主体的な日常生活を重視する構成ではなかった．

　1990 年代に，それまで寝たきり高齢者を主体とした特養の現場において，BPSD（当時は「問題行動」「迷惑行動」ともよばれた）のある認知症高齢者の増加に伴い，他の高齢者と混合処遇すべきか，分離処遇すべきかで大きな議論となった．このようななかで，1980 年中ごろから分離型の認知症専用特養が全国で整備され始めた．当時の認知症ケアは今日のように必ずしも理論化されておらず，まだまだ暗中模索，試行錯誤の段階であり，大規模，機能

分別，多人数対応が主流であり，ともすれば最少のスタッフによる最大限に効率のよいケアを目指した管理・運営面が優先された．結果として，閉鎖的，機械的，流れ作業の下で入居者の身体的，あるいは部分的ケアが行われ，入居者の精神的，あるいは全人的なケアは比較的軽視されがちであった．

　しかしながら，1990 年代後半から大規模施設の現場で働く人たちを中心に「もっと入居者主体のケアができないか」「その人らしさを生かしたケアができないか」という声が上がり，「小規模で家庭的」ケアを目指す「ユニットケア」の流れが始まった．

　また調査研究面でも，特養，介護老人保健施設（以下，老健），認知症対応型共同生活介護（以下，グループホーム）などの家庭的環境の創造や環境支援に関する発展的な実践的研究が散見され，その研究知見が高齢者施設の政策にも反映されてきた[1-3]．

　さらに 2000 年には，介護保険制度がスタートし，高齢者ケアサービスが，固定的な措置制度から利用者が選択性をもつ契約制度へと大きく転換した．認知症高齢者が小規模で家庭的な環境で生活をするグループホームが制度として出現するとともに，2002 年以降に新設される特養は新型特養「個室・ユニットケア」として制度化された．また 2003 年からはユニットケアを行う「小規模生活単位型特養」の構造設備基準が定められ，従来型施設で提供されるケアよりも高い介護報酬が設定されるなど，制度が入居者主体のケア環境整備に向けて大きく変わった．その結果，特養におけるユニット型施設数の割合は，2006 年に 2 割，2016 年には 4 割と確実に増加し，現在では 5 割程度まで普及しており，厚生労働省の 2025 年に 7 割の努力目標に徐々に近づきつつある．

3．認知症に対する環境支援の役割

　ここでは，BPSD への対応として，なぜ小規模環境やケア環境が重要であるかの理論的な背景と研究知見を，さらにそれらの研究成果がユニットケア制度として発展した経過を概観する．

1）ロートンによる高齢者の環境適応能力と環境負荷の適応関係モデル

　1970 年代以後，米国の老年学や環境行動学をはじめとして，高齢者に及ぼ

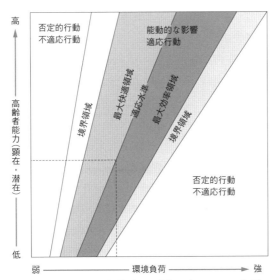

Lawton MP, Nahemow L：Ecology of the aging process. In The psychology of adult development and aging, ed. by Eisdorfer C, Lawton MP, 619-674, American Psychological Association (1973) を和訳して引用.

図7-1　環境適応能力と環境負荷の適応モデル

す居住環境の影響や役割に関する知見が蓄積されてきた. とりわけ, その理論的な先駆者の1人であるパウエル・ロートン (Lawton MP) は,「高齢者の環境適応能力 (高—低) と環境負荷 (強—弱) の適応関係モデル」(図7-1) を提示し, 高齢者の心身安定には両者の適正なバランスが必要であるとした. すなわち, 高齢者の潜在的・顕在的能力が高い場合は環境負荷に対して適応・対処行動の領域が広範であるため, 不適応行動は生じにくく能動的影響を示す場合が多い. 他方, 高齢者の潜在的・顕在的能力が低い場合は適応・対処行動の領域が狭いため, 環境負荷に対して BPSD などの否定的行動や不適応行動が出現する可能性が大きくなる. したがって, 居住環境やケア環境を改善整備することにより, 高齢者, とくに認知症の人の環境負荷を少しでも減らすことが重要となる.

　介護施設で環境負荷を少なくし, BPSD の低減や精神安定と心身機能の維

274

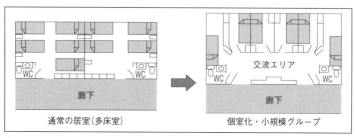

(Lawton MP, 1970)

図7-2　ケア施設環境の改善事例

持に，ユニットケアやグループホームのような小規模で家庭的な環境を形成
することが非常に有用であるとされている．その先駆的な介入研究として，
ロートンの施設環境改善の縦断的研究の事例（図7-2）を紹介する．

　この研究では，適切な介護や看護の下に物理的な環境を整備することが，
認知症高齢者に対して治療的な役割を担うとともに，生活の活性化にも寄与
しうる可能性を実証した．すなわち施設の住環境を改善することによって，
それ以前に比べて認知症高齢者の心身機能がどのように維持，向上したかを
検討した．

　廊下に沿って多床室が並んだ施設を改築して6つの個室をつくり廊下と個
室群との間に共有空間を設け，改善前と改善後の縦断的な比較研究を行っ
た．その結果，プライバシーの増大，直接的な会話や交流の増加，視覚的（間
接的）かかわりの増加，無為行為の減少，などが示された．いまから50年も
前の研究であるが，現在のグループホーム，個室・ユニットケアなどの実践
への理論的支援となっている．

2）小規模ケア環境；個室ユニットケア型施設のモデル

　わが国においても，特養やグループホームなどの環境支援に関するさまざ
まな研究が蓄積され，その研究知見が国の高齢者施設の政策モデルにも反映
されてきた[4]．

　とりわけ，外山らによる医療経済研究機構の研究報告[1,2]は，特養での「そ
の人らしくごく普通の生活」「その人中心の個別的ケア」のあり方を目指した
実践的な研究であり，たとえば，日常生活の拠点としての個室の重要性，社

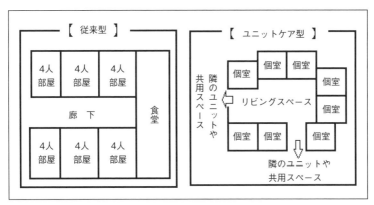

出典）医療経済研究機構：介護保険施設における個室化とユニットケアに関する研究報告
　　　書. 医療経済研究機構，東京（2001）.

図7-3　従来型特養とユニットケア型特養の空間構成

会的関係を築く家庭的リビングなど共用空間のあり方が入居者の生活に与え
る影響，プライベートからパブリックへの段階的空間構成の重要性など，多
くの貴重な知見を提示し，わが国のユニットケアの制度確立に数々の重要な
指針を提供してきた.

　「ユニットケア」は，施設であってもできる限り在宅に近い環境で，居住者
1人ひとりの個別的な生活やリズムを支援するためのケアの一手法である.
具体的には，10人程度の入居者と数人のユニット職員からなる小規模生活単
位であり，個人の尊厳を尊重しプライバシーと生活を確保するための個室
群，小規模グループで交流を促進しうるリビング，専用キッチン，浴室など
の空間から構成される. 従来型の多床室，長い廊下，大食堂などの空間構成
とは根本的に異なり，日常生活の継続性を重視しつつ，個人の意思や人格を
尊重し，自立的かつ自律的な生活を営めるように支援する（図7-3）.

　ユニットケアでは原則として生活単位と介護単位が一致することが求めら
れるが，ユニット配置や夜勤の人員配置などの関係から，2つの生活単位を
1つの介護単位とする場合もある. いずれにせよ，ユニットケアでは，建物
設備などのハード条件とケアや運営方針などのソフト条件が不可分であり，
その成否は両者の整合性にある.

表 7-1　ユニット型施設空間の4段階構成

プライベート スペース	プライベート スペース （個室）	入居者個人の私物を持ち込み，個人が管理する空間 個人のテリトリーやプライバシーの確保
	セミプライベート スペース （ユニット内空間）	個室の近くにあって，ユニットのメンバーが食事や 談話に利用する家庭的なリビング空間
パブリック スペース	セミパブリック スペース （ユニット外空間）	複数のユニット入居者を対象に，交流や趣味プログ ラムが行われる施設内の準公的空間
	パブリック スペース （施設の内・外）	入居者だけでなく地域住民にも開かれて入居者と 地域の交流が可能な公的空間

(1) ユニットケアの考え方

・個別的ケア：1人ひとりの意思や人格を尊重し寄り添うことで，その人らしい生活を支援し，個別的ケアを目指す.

・生活の継続性：入居前の居宅生活と施設入居後の生活が連続したものになるように生活の継続性を考慮したケアや環境支援を行う．急激な環境負荷をかけずにリロケーションダメージを避けることにも寄与する.

(2) ユニットケアの仕組み

・生活単位と介護単位の一致：居宅に近い環境で生活単位と介護単位を一致させることで，なじみの関係を構築しやすくする.

・ケアと生活空間の整合性：個室のプライベート空間から社会的交流のあるパブリック空間へ，生活内容の多様性に対応できるように日常生活空間が段階的に4種類で構成される（表7-1）.

4．BPSDの徘徊行動と環境支援

　認知症の中核症状は，もの忘れ，見当識障害（空間・時間），記憶障害，判断力障害，人格障害など多様であるが，とりわけ，生活環境やケア環境を支援する観点からは見当識障害（空間・時間）に起因するBPSDとしての徘徊行動への支援が重要と思われる.

　ここでは，BPSD の徘徊行動を，①多動型，②目的志向型，③定位不能型の3つに分類する．この3つの類型は必ずしも独立でなく，相互に影響し合う関係と思われる．3類型の行動特性と環境支援は以下のとおりである[5]．

　①多動型

　とにかく休まずに動き続ける徘徊傾向を有する型である．認知症だけでなく，知的障害や学習障害を有する一部の子どもにもこの多動傾向はみられるが，心身の安定化を図ったり，ほかの事柄に関心をうまく転換させたりすることにより，改善がみられる場合がある．

　②目的志向型

　本人はある目的をもっているようにみえるが，認知症の症状により周囲の人々や環境との関係調整がうまく操作できないことによって，結果として徘徊とみなされる型である．この場合は，介護者が本人の意向や目的を察知することにより，対応可能となることがある．たとえば，いわゆる「夕暮れ症候群」のように施設での帰宅願望による徘徊に対して，「ここ（施設）があなたの居場所です」と職員が断定し行動を抑制するとかえって悪化させることがある．職員が本人と向き合いその原因を探りながら施設を周遊し，本人が納得すれば徘徊が軽減されることもある．

　③定位不能型

　失見当識，失所在識ともいわれ，認知機能の低下により，空間的・時間的な方向感覚に障害ができ徘徊となる型である．自分の居場所の定位と目的地への経路探索が困難となるため，建築的や環境的な支援が重要になる．空間的に分かりやすい環境を提供すること，時間的には時間や昼夜の区別，季節感などのメリハリを与える環境支援が重要となる．

　かつて老健の設置基準に「徘徊用回廊」を設けることが義務づけられた時期があった．しかしながら，均質な回廊空間は健常者でも自分の場所を定位しにくく，認知症の人がより混乱し不安に陥いる可能性が大きい．そこで目印（ランドマーク）を設置したり自分の居場所の手がかりや空間に変化をつけて分かりやすくする工夫が必要である．また居心地のよい身近な居場所を確保することが，徘徊を低減させるポイントとなる．

　徘徊行動の減少には，その行動特性を理解して適切なケアを提供するとと

もに，小規模で安心できるケア環境，居心地のよい慣れ親しんだ環境，分かりやすい環境などの環境支援を提供することが重要である．

5．認知症高齢者施設の環境評価法

　高齢者の生活基盤である施設環境を正しく評価することは，環境の質や入居者の QOL を向上させる観点からも重要である．施設環境評価法に関する研究は，主に米国で 1960 年代からなされてきた．1980 年に一般の高齢者施設を対象とした，ルドルフ・モース（Moos RH）による多面的施設環境評価法（Multiphasic Environmental Assessment Procedure；MEAP）が完成度の高い評価尺度として開発されているが，認知症高齢者の特性に配慮した施設の環境評価法に関しては，主に以下の評価尺度があり，それぞれ特徴がみられる．

　①TESS-NH（Therapeutic Environment Screening Survey for Nursing Home）

　TESS は，米国でスローン（Sloane PD）らにより認知症ケアユニットの物理的特徴を観察評価する尺度として開発された．その後，TESS-NH として認知症高齢者施設の総合的な環境評価尺度が発展的に改善された．

　②PEAP（Professional Environmental Assessment Protocol）[6]

　PEAP は 1996 年に米国のジェラルド・ワイズマン（Weisman GD）教授（ウィスコンシン大学）はじめスローンやロートンらによって，TESS-NH を発展させた認知症高齢者ケア施設の環境評価尺度である．8 次元で構成され各次元は中項目，小項目のチェックリストからなる．8 次元を 5 段階評価し，総数 40 点でその評価点が高いほど，認知症高齢者に配慮した施設環境であると評価される．

　③PEAP 日本版 3（認知症高齢者への環境支援のための指針）[7]

　上記の PEAP の日本語訳が基本であるが，わが国の社会文化を反映した認知症ケアの現場に適応すべく，2002 年に「ケアと環境研究会」が 3 度の加筆修正を加えた環境評価尺度である．元来，PEAP は外部評価尺度として開発されたものであるが，PEAP 日本版 3 においては，施設で生活する認知症高齢者にとって，望ましい環境に関する考え方や具体的な環境支援のための指

針を提供するツールとして位置づけている．したがって，ケア現場のスタッフによる認知症高齢者のための環境づくりや施設改善の実践的なヒント集として主に活用されている．

④EAT-HC（Environmental Assesment Tool-Higher Care）

EAT-HC は 1990 年ごろに豪州で開発された EAT の改訂版として政府の支援でリチャード・フレミング（Fleming R）らにより提唱された．認知症専用施設で小規模，家庭的雰囲気を提供する環境支援の評価尺度であり，全 6 項目，77 事項の設問からなる．評価は Yes，No，N/A の三択であり，Yes が多いほど高得点で認知症高齢者に配慮した環境と評価される．主に豪州で適用されており，TESS-NH に比べてパーソン・センタード・ケアの概念をより強化したものとされる．

現在，その日本版が J-EAT としてわが国のケア現場で適用できるように開発中である[8]．

ここでは 4 種類の認知症高齢者施設の環境評価法の特徴を概説した．なかでも，PEAP 日本版 3 は，本来の外部評価指標だけではなく，ケア現場のスタッフによる「認知症高齢者への環境支援のための指針」（PEAP 日本版 3）として位置づけられ，認知症高齢者のための環境づくりや施設改善に多くのヒントを提供している．次項ではこの PEAP 日本版 3 について詳しく解説する．

6．認知症高齢者への環境支援のための指針（PEAP 日本版 3）

米国の環境行動学者，コーエン（Cohen U）とワイズマンは，認知症の「ケア環境」を単に建物などの物理的環境だけでなく，介護者，同居者との関係性などの社会的環境，施設理念やプログラムなどの運営的環境からなる相互一体的なシステムととらえている[9]．それに加え，認知症の人の生活環境（個人の生活史）にも注目し，認知症の人の自立性，主体性，社会参加を支援することが重要である（図 7-4）．

「認知症高齢者への環境支援のための指針」（PEAP 日本版 3）は，ワイズマンらによる PEAP をもとに日本の認知症ケア現場に適応できるように修正された環境支援指針であり，認知症ケア環境の第 3 者評価指標としてだけ

280

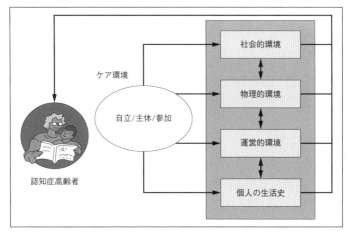

出典）児玉桂子，足立　啓，下垣　光，ほか：認知症高齢者が安心できるケア環境
　　　づくり；実践に役立つ環境評価と整備手法，彰国社，東京（2009）．

図7-4　認知症高齢者のケア環境

でなく，現場職員による施設の生活環境を整備する際の環境支援ツールとし
ても位置づけられている．

　環境支援指針は以下の8つの次元からなり，それぞれに中項目（計31項
目），中項目の中に具体的例示に相当する小項目（計111項目）があり，認知
症ケア施設の生活環境改善に向けたさまざまな具体的ヒントが示されている
（図7-5）．

　認知症ケア現場の最前線で，この環境支援指針を参考にして介護職員が主
体的に高齢者と自分たちの生活環境の改善に向けて，着手できることから始
めることが大切である．

　以下では具体的にその内容を解説する．

1）次元Ⅰ；見当識への支援

（1）環境における情報の活用

　居室に暖簾をかけたり，ユニット入口に玄関を設けたりし，ユニットごと
に家庭的な雰囲気で個性を出す．入居者が混乱しないように親しみやすい配
慮を行う．

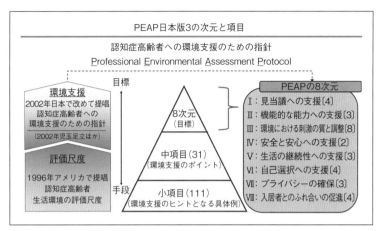

児玉桂子，古賀誉章，沼田恭子，ほか編：PEAPにもとづく認知症ケアのための施設環境づくり実践マニュアル．中央法規出版，東京（2010）をもとに改変．

図7-5　認知症高齢者への環境支援の指針（PEAP日本版3）

①時間・空間の認知に関する支援

　視点に近い壁に大きな掛け時計やカレンダーなどを提示する（図7-6）．窓や開口部から自然や日照の移り変わりを把握し，時間の推移に対する認識を支援する配慮も重要である．また個々人のペースに合わせた普通の生活を繰り返すことが，日常生活のリズムを形成する．たとえば，調理に参加できなくても，包丁を使う音や料理のにおいが食事の時間を想起するきっかけとなる．

　ユニット内が単に広く画一的な場合，自分の居場所が定位しにくく，不安と混乱を招きやすい．生活単位はできる限り家具や間仕切りで個性的に小規模化し，認知しやすくする．

②視界の確保

　入居者が身近に職員の動きをみることで心理的な安心感を得る．他方，職員も入居者を見守れるなど，視界を確保することが重要である．室内だけでなく，屋外への視界の確保も適度な刺激を得るために必要である．

図7-6　視点に近く，時計，カレンダーなどを設置（次元Ⅰ）

2）次元Ⅱ；機能的な能力への支援

（1）セルフケアで入居者の自立を高める支援

入浴，排泄など日常生活の基本的動作はできる限り現存機能を活用し，少しでも自立を促進する環境づくりをする．

①食事の自立への支援

食事は日常生活で主要なイベントであり，和やかな雰囲気のなかで入居者の状態に応じて，食事の方法を工夫する．

②調理，洗濯，買い物など活動への支援

認知症になっても洗濯物を正確にたたんだり，巧みに調理したりすることも可能な場合があり，生活を通じたリハビリの工夫が重要である（図7-7）．

3）次元Ⅲ；環境における刺激の質と調整

（1）環境における刺激の質

①意味のある良質な音の提供

場の雰囲気にふさわしい音は心地よく和ませる．風の音，鳥のささやきなど自然界の音，楽しい会話，キッチンのまな板に響く音など，良質な音は適度な刺激を誘発する．

図7-7　調理を通じた生活リハビリ（次元Ⅱ）

②視覚的刺激による環境への適応

ユニットのインテリアはできる限り統一感をもたせるとともに，要所に目印（ランドマーク）や外界の景色をみせることにより，居場所を分かりやすくする．日中はできる限り自然光を取り入れる．人工照明が必要な箇所は，不均質光による眩しさ（グレア）を生じやすい直接照明を避けて柔らかな間接照明としたほうがよい．

③香りによる感性への働きかけ

日常生活で経験されるさまざまなにおい，たとえば調理時のにおい，風呂上がりのさわやかな香り，庭から漂う草花の香りなど，できる限り自然のにおいを取り入れる．

④柔らかな素材の提供

触れた感じの柔らかさ，みた目の柔らかさが両方感じ取れる素材や造作が望ましい．たとえば，身近に畳座敷，暖簾，すだれ等，過去の生活習慣になじんだ素材を利用する．

（2）環境における刺激の調整

環境における刺激の質と同様に刺激の調整も重要である．

図7-8　造花に備長炭を入れトイレの消臭（次元Ⅲ）

①ユニット内で生活の妨げとなる騒音を調整

平静の日常生活を営むうえで，頻繁に流れる館内放送や職員の大声などを制限する．

②適切な視覚的刺激の提供

施設的な照明を排除し，柔らかみや温かみのある間接照明を提供する．

③不愉快なにおいの調整

トイレの臭気など，日常的に換気して不快なにおいを最小限にする．たとえば，造花籠に備長炭を入れて消臭を図るなどの工夫がある（図7-8）．

④床などの素材の変化による危険への配慮

廊下途中で床タイルからカーペットに素材を変更しないなど，安全性のため素材の連続性を重視する．

4）次元Ⅳ；安全と安心への支援

（1）入居者の見守りのしやすさ

大規模施設では寮母室やナースステーションからの安全管理上，遠くからでも見通しを重視しがちである．ユニットケアでは高齢者と身近に接するなかでその生活を支え見守る視点が重要である．その意味で大きな空間を小規模に分節化し安定した空間を提供するとともに，職員がいっしょにすごしつ

図 7 - 9　火元がないため安全な電磁調理器

つ見守りのできる配慮をする.

(2) 安全な日常生活の確保

入居者の現存機能や自立性を支援する一方で，避けることのできない精神的，身体的機能低下に対応する配慮も必要である．たとえば，転倒の危険性があるものを床から取り除く，ガスコンロなど直接火にかかわる器具を避け電磁調理器にする (図 7-9) など，潜在的な危険要因をできる限り取り除く.

5）次元Ⅴ；生活の継続性への支援

(1) 慣れ親しんだ行動様式とライフスタイル継続への支援

急速な環境移行や変化が認知症の人や心身虚弱な人に悪い影響を与えることが指摘される．慣れ親しんだ環境は個人で異なるが，できる限り施設的な雰囲気を避けて家庭的環境を整える (図 7-10)．認知症の人が若いころすごしたであろう回想的な環境などを提供し，従前のライフスタイルを再現することも一助となりうる.

(2) その人らしさの表現

居室に慣れ親しんだ家具，写真，事物の持ち込みを奨励し，「その人らしさ」を演出する．とくに居室入口に昔の写真やなじみの事物を提示することが，個人の領域性を高めるだけでなく自室を認知する手がかりにもなる.

(3) 家庭的な環境づくり

入居者の生活を支援するうえで，脱施設，家庭的な雰囲気や環境が大事である．入居者は着慣れた衣服を着用し，職員もユニフォームを避けて親しみ

図7-10　生活の継続性を考慮した居間空間（次元Ⅴ）

やすい服装にする．

6）次元Ⅵ；自己選択への支援

（1）入居者への柔軟な対応

入居者の日々の心身状況を正確に理解し，説教調でなく受容的な態度で接する．

（2）空間や居場所の選択

室内空間だけでなく中庭などの屋外空間に自由に出られるように選択性をもつ．職員が入居者を指定した誘導場所に固定させるのではなく，入居者が自発的に1人になれる場所，なじみ同士で憩える場所，グループですごせる場所，など多様な居場所を確保する．

（3）いすや多くの小道具の存在

いすや家具などの配置を工夫して，居心地のよい安定した空間を確保するとともに，なじみの小道具などを設置して，入居者の会話や交流を促進する．

（4）居室での選択の余地

個室内を私物やなじみの家具などで個性化し，自分の領域性を高めて認識しやすくする（図7-11）．多床室の場合は，画一的なベッド配置や家具配置を避けて個性化や領域化を図る．

図 7-11　居室に仏壇, なじみの家具等の持ち込み(次元Ⅵ)

7）次元Ⅶ；プライバシーの確保

(1) プライバシーに関する施設の方針

認知症になっても個人の尊厳とともにプライバシーへの配慮は重要である. 職員が居室への出入りのときにノックや声かけを行う. 排泄, 入浴など介助の際には入居者の羞恥心への配慮をする.

(2) 居室に関するプライバシーの確保

プライバシー確保には個室が不可欠である. 多床室の場合はカーテンだけでなく, 家具や植栽で常時, 視線を遮り, 視覚的プライバシーを確保する.

(3) プライバシー確保のための空間の選択

居室だけでなくリビング空間でも 1 人になれる安定した空間を用意する. まったく死角がない見通しのよい空間は, ときに居心地の悪い不安定な空間にもなりうる. 入居者のプライバシーを確保しつつ, 一方で職員がその居場所や気配を察知し見守りのできる, 暖簾のように視線をさり気なく遮ることにより, いわばみえ隠れするような空間も望ましい (図 7-12).

8）次元Ⅷ；入居者とのふれ合いの促進

(1) ふれ合いを引き出す空間の提供

ユニットのリビング空間はもとより, 廊下のアルコーブ (入り隅), 居室入

図7-12　視線を遮る暖簾（次元Ⅶ）

口横のコーナーなど，入居者同士や職員とのふれ合い，交流を促す多様な準私的空間を提供する．

（2）ふれ合いを促進する家具の配置

大きなリビング空間は，家具，植栽，畳間コーナーなどで空間を小さく分節化し，ふれ合いを促進しうる安定した場所を確保する（図7-13）．

（3）ふれ合いのきっかけとなる小道具の提供

リビングなどの共用空間には，ふれ合いのきっかけとなる昔の音楽，思い出の品々，草花など，さまざまな小道具を配する．

（4）社会生活の支援

ユニット内の交流だけでなく，ユニット相互，家族を含む地域との交流も社会生活を支援するうえで重要となる．買い物や散歩など，地域に出て交流する機会を設けるとともに地域の人々を招き入れる行事なども必要である．

7．環境支援の指針（PEAP日本版3）による施設環境づくり

ユニットケア型施設は個別的ケアを行うべく，小人数で交流できるリビング，プライバシーやテリトリーを形成できる個室などで構成されるが，なかには生活感のない空疎なリビングや私物のない個室の施設も散見される．ユニットケアの利点を生かすためには，日常生活空間やしつらえの形成が重要

図 7 -13　小グループで交流できる居場所（次元Ⅷ）

である．介護職員は，入居者が自分の住まいと感じられるように，その人ら
しい住みこなしを支援することが大事であり，そのための環境づくりを工夫
することが求められる．

　他方，従来型施設は多床室，長い廊下，大食堂など，個別的ケアに不利な
点が多いため，環境改善に対して介護職員は自分たちでは工夫の余地がない
とあきらめがちである．しかしながら，大規模な老朽化した施設でも環境支
援指針（PEAP 日本版 3）や先進事例を参考にして，可能なことから職員自
らが工夫して環境づくりを始めることが大事である．

　以下では，環境支援指針（PEAP 日本版 3）を適用した環境づくりの実践
手順の一例を示す．

1）PEAP 学習による環境づくりの理解

　環境づくりは職員 1 人だけでは容易でない．そのため施設内外での PEAP
勉強会や研修会に参加し，その考えを共有できる仲間づくりが大事である．
できれば施設管理者（施設長）と現場責任者（現場職員も）が共に参加して，
環境づくりの意識や改善箇所などの認識を共有することで，環境づくりは一
段と進捗しうる．

2）PEAP による施設環境評価

　PEAP は本来，環境評価指標として開発されたので，これを使って職員が

自施設の環境評価を行い，各次元，各項目の達成度の度合いを確認する．自己評価だけでなく，外部の専門家などによる第3者評価も行うことで，客観的な視点で施設環境評価を行うことが望ましい．また環境改善の前後で次元別の環境評価を行うことで，環境づくりの進捗状況を確認する．

3）キャプション評価法による施設環境への気づき

キャプション評価法とは，施設内外をカメラ撮影しながら歩き回り，「よい箇所；評価できる所」「悪い箇所；気になる所」「評価が分かれる所」の写真を撮り，その場所の見出し，評価する理由などをシートに記入する．具体的な写真に基づく評価のため，施設内の改善点や課題整理を職員間で共有し，環境づくりに向けての合意形成にも役立つ．PEAP 日本版3とともに，環境づくりに役立つ重要なツールとなる．

4）定点観察によるケア環境の事後評価

介護現場では職員が日々の環境の変化に気づきにくい．そこで一定期間ごとに決めた場所からユニットの状況をカメラで撮影し，環境づくりの変容過程を記録する．環境づくりのさまざまな試行過程やケア環境の変遷が分かるため，それぞれの時点での取り組み状況を把握し事後評価することが容易になる．

定点観察もケア環境を向上させるうえで，有効な方法である．

8．おわりに

環境支援指針（PEAP 日本版3）は，ユニットケア型施設だけでなく従来型施設においてもさまざまな環境改善のヒントを提供しうる．環境づくりにおいては，一過性の環境改善で終わることなく，Plan（計画）→Do（実行）→Check（評価）→Act（改善）の PDCA サイクルを継続的に繰り返し，より質の高いケア環境を創造することが期待される．

環境づくりには，施設長をはじめユニットリーダー，現場職員など，施設全体で取り組むことにより，その効果が最大限に発揮される．できることならば施設業務の一環として，環境づくりに取り組むことがケア環境の向上にも期待される．

なお環境づくりの具体的な手法や実践事例などの情報は，「ケアと環境研

究会」（代表：児玉桂子）による施設環境づくりウェブサイト（https://www.kankyozukuri.com/）や実践マニュアルでも参照できる[10,11].

Ⅱ．在宅における環境支援

　在宅での認知症の介護は，BPSD による対応のむずかしさや介護負担の大きさがどれほど家族の負担になっているか，他者からは計り知れないものがある．とくに，運動機能が保たれている時期の介護は，常時の見守りや，家族の想像を超える BPSD への対応が必要となるため，介護する家族の生活にも支障をきたし，肉体的にも精神的にも家族を追い詰めることになる．よって，この期間に適切な対応により，家族の介護負担を軽減することが，非常に重要な視点となる．本稿では，運動機能が保たれている期間の認知症の人に対する環境支援について解説する．

　PEAP日本版3[7]による施設の環境支援指針をもとに，在宅に対応した環境支援の項目についてまとめ，在宅の環境支援について説明する．

1．認知症症状に対する支援
1）認知症の中核症状に対する支援

　認知症は，記憶の障害が顕著であり，そのなかでもアルツハイマー型認知症は海馬が障害されるため，時間や場所が分からなくなる見当識障害，最近のことが覚えられない短期記憶障害，段取りがうまくできない実行機能障害などが症状としてみられるため，それらの失われた機能を支援するための環境整備が求められる．

(1) 見当識への環境支援

　「自宅」「自身の居室」「トイレ」を間違えないようにするための場所への環境支援として，自宅の入り口や居室の入り口に自身の「記憶に働きかけるもの」を明示して，他の居室との違いを明らかにしておくとよい．

　また，今日の日時が分からないため，すぎた日のカレンダーに×をつける，日めくりカレンダーを活用するなどして，今日の日付を明示する．1 日の時間帯や季節も分かりやすくするため，朝はカーテンを開け朝日を取り入れ

る，季節の花を飾る，行事を大事にするなど，季節を感じられるように心がけることが見当識の支援につながる．

(2) 日常生活動作の向上への支援

見当識の低下により，日常生活動作（Activities of Daily Living；ADL）も低下する．

トイレの場所を分かりやすくするために動線部に矢印，トイレのドアに貼り紙を貼る・ドアを常に開けておく，着替えを支援するためにたんすにラベルを貼る，物の場所を変えない，使う物はみえるところに置く，などが挙げられる．

家電製品の操作への支援も重要である．近年の家電製品は，多機能な物が多く，操作するスイッチボタンも多い．認知症の人は，操作回数が多いと操作の手順が覚えられないため，それによって家電製品が誤操作を起こすなどのトラブルがある．これについては，「使い方をシンプルにすること」が認知症の人の ADL の向上につながる．たとえば，リモコンや操作ボタンはシンプルなデザインにするなど，認知症バリアフリーの視点を入れることも重要な点である．

(3) 中核症状による安全・安心への支援

危険な薬物などを飲む，違う薬を飲むなどの異食については，危険な物は高い棚にしまい，目にふれないようにすることが重要である．

ガスコンロやストーブ，仏壇のろうそくなどによる火への曝露，鍋焦がしなど，火事に至りそうな火元の管理は，在宅生活を行ううえでは非常に気をつけなければならず，事故につながる．よって，ガスコンロは電気調理器，仏壇のろうそくは電気ろうそく，火元のストーブは安全なエアコン等の暖房に変更する．

迷い出対策として，玄関に出入りを知らせるベルなどの仕掛けの設置，鍵を二重鍵にする，徘徊センサーマット（図 7-14）などをベッドサイドや居室出入り口に敷く，GPS 機能つきの身に着ける物などがある（靴／図 7-15）．これらは，介護保険での福祉用具の支給対象や市町村からの支給対象品になっていることもあるため，ケアマネジャー（介護支援専門員）等に相談してみるとよい．なお「安全」を理由に，「自由」や「プライバシー」を侵害し

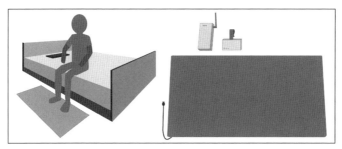

図7-14　徘徊センサーマット

出典）認知症対策に；GPS どこでもシューズ（http://docodemo.
　　　shoes/）.

図7-15　GPS センサー付き靴

ていないか再度見直すことも必要である．また，認知症の人の日中の居場所
の工夫として，介護者から見守りができる場所で滞在できるような居場所づ
くりを心がけ，居場所を気にかけておくことも迷い出対策として重要である．
　興奮して外出したがる場合は，本人の気がすむ適度な時間，散歩すること
も有効な対応である．

2）認知症の BPSD に対する支援

（1）生活の継続性への支援

　米国の老年社会学者ロートンらが提唱した「環境適応能力と環境負荷の生

態学的モデル」では，高齢者の生活や行動の質が，高齢者自身の環境適応能力と環境の質との両者の組み合わせによってもたらされることを示している．高齢者の予備力が下がり，環境適応能力も低下している状況下では，環境変化に対する適応範囲が狭まるため，急激な環境変化は避けるようにすることが重要である．

　高齢者は環境変化により，日常生活に大きな影響を及ぼすことも多く，うつ状態や精神混乱，認知症の症状が現れることもある．不穏や落ち着きがない行動に対しては，外出する機会を設けたり，プライバシーを守りながら家族からみられている安心感を与えたりする環境配慮が重要である．

　うつ症状に対しては，活動量との関係性も高いため，通所サービスへ出かけやすいよう自宅のアクセス環境を整え，他者とのふれ合いの継続や活動量を増やすような環境整備を行うことも症状改善につながる．

　(2) 自己選択の支援

　2003年に「高齢者の尊厳を支えるケア」が提言され，「自由な自己決定の積み重ねによりその人らしく送れる日常生活」を「尊厳ある生活」と具体化させた．認知症では進行に伴い，自己選択する機能も低下するが，他の高齢者同様に自己選択する機会を与え，前頭葉を活性化させることが脳への刺激になる．

　中等度・高度の認知症の人であっても，繰り返し「選択肢を提示すること」「選択を待つこと」を重要視するため，食事や飲み物，居室，居場所が選択できる環境支援を行う．

　また，2018年6月「認知症施策推進大綱」がとりまとめられ，認知症が加齢に伴う疾患として，地域環境だけでなく社会全体で認知症を支えるためのサポートづくりが進んでいる．そのひとつとして認知症バリアフリーの推進があり，認知症の人にとってバリアとなっている事項を具体的に把握し，認知症の人や家族等が住み慣れた地域でそれまでの生活を続けるための環境を創出することが目指されている．認知症バリアフリー宣言など，企業・団体の取り組みも始まっている．

２．加齢に伴う環境支援

１）機能的な能力かつ安全・安心への支援

　加齢とともに，生理機能（感覚器官，自律機能，高次脳機能など），運動機能，精神心理面は変化する．生理機能でいえば，目はみえにくくなり，耳も聞こえにくくなる．運動機能では，筋量は若いときと比べ半分程度に減少し，運動開始までの反応時間が遅く，柔軟性もなくなる．２つの動作を同時に行わせると，認知機能への負担が高まり運動能力が低くなる．

　これらの老化現象により，段差に気づきにくくなる，足が上がりにくい，動作が緩慢になるなどにより，転倒したり，これまでできていた動作ができなくなったりする．

　よって，老化に伴う心身機能の変化をサポートする環境支援が重要になる．代表として，バリアフリーやユニバーサルザインの導入が挙げられる．

　立ち座りをサポートする手すりの設置，同一平面における転倒を予防するための床の整理整頓なども意識していないとできない環境支援の重要な視点である．

３．生活の質向上への支援

１）プライバシーの確保

（1）同居家族への配慮とプライバシー確保

　娘が親を介護するなどの近親間の介護では，同室で就寝するなど，常時行動を共にすることが多くなる傾向がある．これは，介護者の睡眠時間が確保できず，いずれは在宅生活を継続することが困難な状況を招きかねない．

　よって，介護者と認知症の人は可能であれば寝室を別々にするなどの配慮が必要である．別々といっても，ふすまや障子で間仕切りされた隣室で就寝するだけでもよい．ふすまや障子の間仕切りは，お互いの気配を感じながら寝ることができるため，認知症の人にとっても安心できる．

　また，寝室の距離が遠すぎると夜間の排尿や介護者がいないことによる不穏により，認知症の人が起きてしまい転倒のリスクが高くなる場合もある．そのような場合には，徘徊感知センサーつきマットをベッドサイドに敷くなど，離床を知らせる環境支援も同時に行わなければならない．

(2) 同居する家族への配慮

　認知症の人と同居すると，歩行が可能である期間は認知症の人がトイレを使用すると失禁してしまい，トイレの床や便器を汚すことが少なくない．そういった場合は，においや掃除など同居家族の精神的負担も大きくなる．そのような場合は認知症の人が使用するトイレは認知症の人専用にする，床への失禁が多い場合は床材を掃除がしやすい塩化ビニルシートにするなどの改修も必要である．

　また，汚物のにおいが気になる場合は，失禁したおむつを入れる専用のごみ箱を設置するのも1つの配慮である．失禁で汚れた衣類を洗濯したり，汚物をすすいだりすることが多い場合は，家族と同じ洗面台や浴室で洗い流すのが，衛生上気になる同居家族も少なくはない．同居家族への配慮や清潔保持の観点から，失禁で汚れた衣類を洗う場所として，洗面台とは別にスロップシンク（汚物流し台／図7-16）を設けるとよい．

　認知症の人が起こすBPSDによる音の問題も睡眠障害になるため，ドアを閉める音などが気になり眠れないなどの問題があれば，それに対応することも重要である．

(3) 他者とのふれ合いの促進

　高齢者は心身機能の低下による不活発から，出かけづらくなり，以後「抑うつ状態」，認知症など生活不活発による「閉じこもり」が増える．

　認知症の人々は，自ら特定の人と仲間をつくることや，会話を伴う交流をもつことが多いわけではない．つまり，主体的に集まりや交流を築くことが困難である．しかし，しつらえなどの物理的配慮や人が介入するなどの社会的環境を操作することで交流が生まれ，話をしなくても側にいるだけで落ち着く状況を作り出すことが可能である．

　認知症の改善のために，これらの状況を創生するための交流の「きっかけ」をもたらす生活と空間づくりが求められる．

　まずは，家族とのふれ合う時間をあえてつくることが重要である．生活のなかで，お茶の時間を設けるなどの「ふれ合い」の時間は，認知症の人に精神的な安心の時間を与える．さらに，午後3時はおやつの時間など「時間」を意識することで，見当識の支援にもつながる．また，夏場などは水分補給

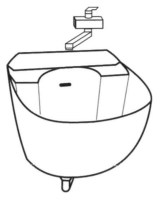

図 7-16　汚物洗い用スロップ
**　　　　シンク**

の機会として，全身状態の維持のために重要な時間となる．

　その他，地域にあるデイサービスや認知症カフェなどを利用することも重要である．2015 年に「認知症施策推進総合戦略（新オレンジプラン）」によって推進された認知症カフェは，2016 年度の調査では全国の 1,724 市町村のうち 1,029 市町村 4,267 カフェの開催であったものが，2021 年度の調査では 1,518 市町村 7,377 カフェが開催され，認知症の人とその家族が情報や悩みを共有する重要な地域の場となっている．市町村のホームページに開設カフェの紹介が掲載されているため，利用時の参考にしてもらいたい．

文　献
1) 医療経済研究機構：介護保険施設における個室化とユニットケアに関する研究報告書．医療経済研究機構，東京（2001）．
2) 医療経済研究機構：普及機における介護保険施設の個室化とユニットケアに関する研究報告書．医療経済研究機構，東京（2002）．
3) 足立　啓：従来型施設における認知症高齢者環境支援指針の適用による環境改善手法の開発と効果の多面的評価．平成 16〜17 年厚労省長寿科学総合研究報告（2006）．
4) 厚生労働省（2003）「補論 2 ユニットケアについて」（https://www.mhlw.go.jp/topics/kaigo/kentou/15kourei/3b.html）．
5) 足立　啓：認知症ケアにおける環境の役割．*Dia News*，65：3-6（2011）．
6) Weisman GD, Lawton MP, Sloane PD, et al.:The Professional Environmental

　　Assessment Protocol. University of Wisconsin-Milwaukee, Wisconsin（1996）.

　7）児玉桂子，足立　啓，下垣　光，ほか編：認知症高齢者が安心できるケア環境づくり；実践に役立つ環境評価と整備手法．彰国社，東京（2009）.

　8）ブラナン野口純代：認知症高齢者を対象とした施設環境評価に関する研究．桜美林大学大学院老年学研究科 博士論文（2020）.

　9）ユリエル・コーエン，ジェラルド・D・ワイズマン（岡田威海，浜崎裕子訳）：老人性痴呆症のための環境デザイン；症状緩和と介護をたすける生活空間づくりの指針と手法．彰国社，東京（1995）.

10）田辺毅彦監，大久保幸積，秋葉都子，足立　啓：高齢者施設のカイゼンの要点；利用者の思いを叶える 126 の実践．日総研出版，東京（2008）.

11）児玉桂子，古賀誉章，沼田恭子，ほか編：PEAP にもとづく認知症ケアのための施設環境づくり実践マニュアル．中央法規出版，東京（2010）.

第8章

認知症の人の終末期ケア

Ⅰ．人が生きること，死ぬこと

　われわれ認知症のケアに携わる人は，人の死について，いつも心を配っている必要がある．人が亡くなるときは，多くが認知症という診断を受けないにしても，体と心は共に老いるのであり，認知機能の低下を余儀なくされて死を迎えることになる．

　そして，65歳以上の人の死亡数が，総死亡数の9割[1]を迎えている今日，高齢者ケアは終末期ケアを含むものであるため，認知症高齢者の終末期ケアはたいへん重要な課題である．福岡県久山町が発表した2014年のデータでは，60歳以上の高齢の住民が亡くなるまでの期間において，いずれかの時点で認知症を発症する確率は55%であるという報告があり，2人に1人は認知症になって亡くなるということになる．このことは，高齢者の看取りはすなわち，認知症高齢者の看取りといえる．

　認知症の人の終末期ケアは，高齢になって亡くなるということとともに，自分の死に方を言葉で表現することが容易ではなくなったときの死である．高齢になるということは，その人に死を意識させ，最期のあり方を決めようと，アドバンス・ケア・プランニング（Advance Care Planning；ACP）[2]という，将来の医療やケアについて本人を人として尊重した意思決定の実現を支援していこうというプロセスについての考え方が進められてきているが，認知症の人は，このプロセスに沿ってその時々の意思決定を行うことが徐々にむずかしくなってくる．そのため，認知症になる前にこのことをできる限り早く決めようとすることが大切なのかもしれない．そして，ケア提供者にとっての終末期ケアの対応の基本は，その人の生活の継続であり，日常生活のなかで終末期ケアを進めていくということである．

　死生観によってその人の生き方が影響されるということは，ケアをする人にとっては，自らの死生観が，ケアを受ける人々の生き方をも左右するということを知っておかなければならない．

　「死」に対する意識は，高齢者は，身近な人々の死の体験や健康状態の悪化，体力の低下などから，より身近なこととして感じている．残された時間をどのように生きていくかを常に意識しているといえよう．高齢者のケアで

は，このような高齢者の気持ちを想像し，その人の人生のストーリーを考え
ながらケアしていくことが求められている．

Ⅱ．認知症の人の死

　認知症の人の死は，ほかの人と違いがあるのであろうか．認知症の重症度
がたとえ軽度や中等度であっても，新たな他の疾患や事故などによって亡く
なることはある．しかし，多くは認知症が高度の状態になって，摂食嚥下障
害，拘縮，尿路感染，骨粗鬆症などに伴う痛みや骨折など，身体的な問題を
多くもつようになり，それらに対するケアが必要となって，肺炎などの感染
症や心不全などによって亡くなることが多い．認知症が進行するということ
は，身体状態も悪化するということであり，認知症が進行したときは，家族
は認知症の人の死を覚悟する準備が必要になるときでもある．そして，身体
に問題が起こってきたときは，それらに対する治療方針や経管栄養・胃ろう
の造設などについて，どのようにするかが問われるときでもある．それらの
治療方針を決める際には，本人やその家族の意思が確かめられる．認知症が
進んでからでは，本人の意思を確かめることはむずかしくなるため，前もっ
て意思を確認しておくことが求められる．しかし，認知症の診断を受けた当
初は，まだ終末期への意識は低く，本人に前もって意思確認をすることがむ
ずかしいことが多い．そして，重症化したときには，家族の意思が優先され
ることになる．成年後見制度によって後見人が決められている場合には，家
族ではなく後見人によって確認されるが，現状ではまだ家族にゆだねられる
ことが多い．

　また，家族の意思についても，緊急の事態になってから慌てて確認するの
ではなく，あらかじめ確認しておく必要がある．施設利用者については，入
所時に本人と家族に終末期医療やケアに対して意思を確認している施設もあ
るが，入所直後の施設側との信頼関係がまだ不十分なときにはたずねにくい
ものである．そのため，互いの関係を作り上げながら家族の気持ちに配慮し
つつ，意思の確認をしていくことが望ましい．

　入院してから，あるいは介護施設に入所してからは，家族に対して十分な

情報提供を行う．本人の日ごろのようすをできる限り頻繁に，そしてていねいに情報提供することにより，家族との関係が疎遠になることを防ぐことができ，最期のときをいっしょにすごすことによって，家族も亡くなったあとの心残りを少なくできるのである．家族への情緒的なサポートを行いながら，共に終末期をすごし，ケアをいっしょにしてもらうことが望まれる．

　家族のなかには，在宅ケアではなく介護施設へ入所させるという方法をとったことに対して，罪の意識（罪償感）を持ち続ける人もいる．この気持ちを少しでも解消するには，最期のときをいっしょにかかわれたという気持ちが大切と考える．終末期のケアは，あとに残された家族の生き方に影響を与え，それをよくも悪くもするということを心得て，これらのケアに共にかかわっていきたいものである．

III．終末期のケア

　終末期のケアは，認知症の人と家族，および入院・入所しているほかの人たちをも視野に入れることが望まれる．最初に，終末期にはどのような状態が起こってくるのか，それらに対してどのようなケアが必要になるのかを考えてみたい．

　終末期とは，日本老年医学会では「病状が不可逆的かつ進行性で，その時代に可能な限りの治療によっても病状の好転や進行の阻止ができなくなり，近い将来の死が不可避になった状態」[3]とされ，生命の危機的状態を指す言葉である．この場合にみられる症状の主なものはバイタルサインの変化であるが，それとともに，日常生活全体に介助が必要になってくる．

1．痛　み
　高齢期は，身体機能の低下や社会からの離脱・引退により，自らの存在意味を問い直す時期である．また，身近な人の死を体験することが多く，自らの死も問う時期であり，身体的・精神的・社会的・スピリチュアルなさまざまな痛みを感じるときであるといえる．そして，それらの痛みは互いに関連し合い，ときには不安から痛みを訴えることもある．しかし，認知症の人の

場合は，自ら痛みとして訴えることより，声を発したり，苦しそうな表情をしたりするなどの症状として現れることがある．そのような場合には，心地よいと思えるような身体面へのケアを進めたり，ゆっくり話しかけるというようなケアをしたりすることによって，穏やかな表情をみせるなど，効果がみられることがある．これらのケアは，ケア提供者が行うばかりでなく，家族によって，面会時などに行うことも可能である．家族のなかには，つらそうにしている認知症の人をみて，どうすればよいか分からず所在なく落ち着かない人もいるが，家族もいっしょにケアにかかわるよう勧めたほうが，本人にも家族にも精神的な安寧になり，家族の満足感も得られることとなる．

　褥瘡の痛みや，自分で体位変換ができず同一体位でいることからくる痛みなどについては，関節の硬直を防ぐような運動や，ムートン，クッションなどを用意してこまめに体位を変え，安楽な体位を工夫することが効果的である．痛みは，身体の痛みとともに，心理的さらには人生そのものへのスピリチュアルな痛みを感じていることを思い，この痛みを癒すことができるようにしたい．

2．呼吸困難

　呼吸が苦しくなる原因には，気道の狭窄や肺炎，胸水の貯留など肺機能の低下によるものと，血液ガスの値が悪化してきたことによるものが挙げられる．呼吸困難な状態は，家族や周囲の人々をも苦しめる症状であり，家族のケアも重要となる．

　身体が起こせるときには，セミファーラー位（semi-Fowler's position）にするほうが楽になる．側臥位や半側臥位のほうが楽な場合もあり，側臥位にするときには，上肢の下に枕を置いて上肢が自由に動かせるようにし，ひざを曲げて足の下にも枕を入れて，腹壁が緊張しないようにする．

　痰が自分で出せないときには，適宜吸引が必要となり，その技術の習得は重要である．痰を出しやすくするためには，吸入をし，室内の湿度を高める，温度の調節をするなど，環境を整えることも重要なケアである．

　酸素吸入が処方されることもあるが，酸素吸入時に酸素マスクを使用する場合は，鼻からの呼吸ではなく口呼吸状態になることから，乾燥した空気が

送り込まれ，口腔内の乾燥を招きやすくなる．それを予防するためには，加湿を十分に行い，口唇をぬらしたり，口腔内を清拭したりするなどのケアが必要である．

3. 倦怠感

倦怠感は，本人が訴えるよりも，「なにもしようとしない」「無表情になる」「食事をしようとしない」「身体を起こそうとしない」などの状態から推測される．つらくて身体を起こすことができないようなときには，体を起こすことを無理強いしない．

マッサージや指圧，音楽や香油でリラクゼーションを図る方法がある．また，体調や天候をみながら車いすに移乗して，外の空気を吸ってもらうことも気分転換となり効果的である．

4. 日常生活が自分で行えなくなることへの援助

終末期には，日常生活全般にわたり全介助が必要になることから，それに対するケアが必要である．身体的に重篤な時期には，なにもできなくなる，手が出せないなどと思いがちであるが，それまでの生活が継続されるような日常的なケアを大切にする．

1）食　　事

食欲がなくなり，ときには口を開けようとさえもしなくなる．食事量は減り，食事を終えるのに時間がかかるようになり，口のなかに食べ物が入っていてもいつまでも飲み込もうとしない．箸を使える人の場合は，食物に箸を向けようとしない等の状態がみられるようになる．

好みの物や，嚥下や咀嚼が楽で，食べることが苦痛にならないような物を準備する．食事姿勢は，安楽と誤嚥を防ぐという両面から考えて整える．経管栄養法で食事をとることもあるが，そのときには，体位や流動食の温度，注入速度などに注意する．下痢や脱水状態などの観察，そして注入時とその後の体位など，誤嚥しないような技術が必要とされる．

2）排　　泄

尿量が減ってきて，身体全体に浮腫がみられるようになってくる．そのよ

うな場合には，水分の出入量をチェックし，バランスをみながら全身管理を行う．尿量の減少は，胸水や腹水の貯留につながることもあるため，気をつけて観察する．

　おむつを使用したときには，尿路感染や褥瘡の危険性の増大，さらには陰部や臀部の掻痒感などを引き起こすことを知っておき，清潔ケアに留意する．

3）清　　潔

　入浴やシャワー浴による身体負荷が大きいと予測される場合には，清拭によって皮膚の清潔を保つ．また，適宜足浴や洗髪を行う．

　とくに，ベッド上ですごす時間が長くなり，低栄養状態になると，容易に褥瘡ができる．体圧の分散によって循環を促すとともに，清潔で通気性のよい寝床環境をつくることが大切である．

　また，食事が少なくなると唾液の分泌も少なくなり，口腔内が汚れてしまう．やわらかい歯ブラシやスポンジブラシを使用し，洗浄する必要がある．義歯を外している場合であっても，残された歯牙や歯肉の清掃とマッサージ，舌苔の除去などは必要なケアである．

　経管栄養で，口腔から食事が入らないときや酸素吸入時などは，口腔ケアがおろそかになりがちである．1日に数回は必ずブラシを用いた口腔ケアを行うことが重要である．

5．心理的なケア

　死を迎えようとしているときには，だれもが不安に駆られると思われる．側にだれかがいることが第1のケアになる．そのため，スタッフができる限り側にいることも大切であるが，家族といっしょに看取るという姿勢で，家族に協力を求めることも認知症の人の不安軽減につながる．

　手を握り，さするなどしながら，側にいることのできるケアが重要である．

6．家族へのケア

　死を迎えようとしている人は，自分の配偶者であったり，親であったり，兄弟姉妹であったりする．家族とひとことでいっても，それまでの関係性から，さまざまな気持ちでいると予想される．死を間近にしたときに十分かか

わり，ときには十分悲しんだほうが，認知症の人が亡くなったあとの悲しみ
の生活に早く適応できるとされているが，家族として最善を尽くしたという
満足感を抱くことができるようなサポートが必要である．

　さらに，家族が休めるような場所の確保が望まれる．病院ではなかなかむ
ずかしいが，介護施設などには家族のための部屋が準備してあり，必要なと
きには家族も泊まることができ，ときには日中もその部屋で休むことができ
るように配慮されている場合もある．

　「自分がいない間に亡くなったらどうしよう」という不安から，ベッドの側
を離れない家族もいる．そのため，家族のほうが睡眠不足となり，疲労して
いる場合も少なくない．状況を適宜知らせながら，家族が休めるように部屋
を用意するなどの配慮が必要である．そして，1人でがんばっている家族に
は，介護の交代を勧めることも考える．家族のための軽食や飲み物を準備す
るなどの配慮も大切である．

Ⅳ．死後のケア

　人が亡くなったあと，家族との別れとともに，その人の身体を清め，生前
の姿でもとくに美しいままに，死後の世界に送る手助けをすることが死後の
ケアである．

　本人がどのようにしてほしいかを遺言として残している場合もあるが，多
くは家族の希望に沿ってケアがなされる．宗教や地域によって方法が異なる
ことから，そのことを前もって確認のうえ，ケアを始めなければならない．
わが国で行われている一般的なことを以下に述べる．

　まず，家族に十分なお別れをしてもらうことである．もちろん，身体を清
めながらであってもお別れをすることはできるが，慌ただしい雰囲気ではな
く，ごく静かななかで別れを惜しむような環境を整える．

　そのうえで，家族といっしょに死後のケアを行うようにする．家族のなか
には，自らは手を出そうとしない人，かかわろうとしない人もいるであろう．
しかし，前述したような終末期のケアに対するかかわりだけではなく，亡く
なられたあとのケアにもできる限りかかわってもらうように勧めてみる．家

族関係の修復の機会にもなることを理解して，できる限り家族を巻き込む
いっしょのケアが望ましい．ただし，そうしたことが必ずしも家族の気持ち
に沿うことにはならない場合もあることから，決して無理強いをしてはなら
ない．

　通常，死後硬直が始まるのは死後2〜3時間とされることから，それまでの
間に，以下のような手順で死後のケアを行う．

1）身体を整える

　医療機器がついていた場合は，それらを外し，整える．

2）湯灌・お清め

　納棺の前に亡くなられた人の身体を清めることを，一般的には湯灌とい
う．身体を清めるのは，遺体を拭き清める方法で行うが，ときには，お風呂
を用意し，そこに入ってもらうこともある．施設などでは，ポータブルバス
を用意しておいて，入浴してもらう方法をとっているところもある．身体を
拭くにしても，浴槽を用意するにしても，水に湯を足してぬるめの湯にする
という「逆さ水」の方法で湯を用意する．湯のなかに「白檀」「ラベンダー」
などの香油を2〜3滴入れておくと，死臭を防ぐこともできる．髪を軽く洗っ
て汚れをとるとともに，いつもの質感に整える．

　感染症があった場合などには，消毒薬を使うこともある．

3）希望の衣服と新しい寝具

　あらかじめ新しいシーツに交換しておき，そこに休んでもらう．衣服は，
生前から自分で準備している人もいるが，多くは家族に用意してもらうこと
になり，重篤な状態になったときには，家族にそのことを依頼しなければな
らない．

　下着をつけるか丁字帯をして，用意していた洋服や和服を着てもらう．着
物のときは，襟を左前（右の前身ごろが上になる）にして，ひもは縦結びに
する．傷があるような場合は，包帯材料を新しいものにする．

4）エンゼルメイク

　亡くなられたときの表情は，人々の心に印象強く残る．また，その安らか
な顔によって，家族やまわりの人々は癒されることにもなる．そのため，そ
の人の姿をできる限り美しくとどめる必要がある．

　まずは，髪を整える．いつも髪を染めていた人が生え際だけ白くなっている場合は，スプレー等で一部染めるとよい．爪が伸びているようであれば切る．

　女性の場合には薄化粧をするが，最初に水で肌に湿気を与えたり，蒸しタオルでパックしたりすると化粧がしやすい．化粧水，乳液，ファンデーションを使用して生前の状態に近づける．眉を書き，ほお紅，口紅などを使って化粧を行う．化粧品は本人のものがあればそれを使用する．好みによっては，香水をつけたり，髪かざりやネックレスなどのアクセサリーで飾ったりする．男性の場合にはひげをそり，そのあと乳液などで整える．鼻毛が伸びていたり，耳から剛毛が出ていたりするときには，それも切っておく．

　やせてほおがこけているときには，口のなかに綿を入れてほおがふっくらするようにするとよい．義歯は忘れずに入れる．水でぬらして入れると入れやすい．硬直してからでは入れにくいため，亡くなられたらすぐに入れるようにする．

　死化粧や装束を整えるときを，家族が思いを込めながら別れをする機会となるよう，急がないで時間をとるようにする．

　目は上瞼をそっと押さえて閉じるようにする．なかなか閉じないときは，ガーゼを水でぬらしたものを乗せて乾燥を防ぐ．ティッシュペーパーを3〜4mmほどに切って水に湿らせてから角膜の上に乗せ，上瞼をかぶせるようにすると閉じることができる．口も結ぶように整えるが，開いてしまう場合には，しばらくの間顎の下にタオルを挟んで枕を少し高くすると整えられる．

　手は，胸の上で組んでもらうが，合掌ができないときは，自然に腹部の上に置くだけでもよい．

5）休むことのできる場所

　しばらくその場でお別れをするようであれば，北枕になるようにして，枕はしないで休んでもらい，死に顔を人にみせないようにするために，顔には白い布（ガーゼなど）をかける．しかし，最近はきれいに整った顔であれば白い布をかけない場合もある．

6）死に水（末期の水）

　死後の世界で渇きに苦しまないようにという意味で，亡くなられた人の唇

を潤す．枕元に脱脂綿などと割りばし，湯飲みに入った水を用意する．脱脂綿などを浸して，近親者に口を潤してもらうようにするが，この死に水をとるのは，通常は身内のなかでも，親しい間柄の人から順番に行う．施設などでは，スタッフが気持ちを込めて行うこともある．

　病院や施設に霊安室が用意されている場合は，前述の手順のあと，家族が十分なお別れをしてから霊安室に遺体を移送する．霊安室に移送するときも，生前と同じように，遺体をていねいにお世話する．

7）エンバーミング

　欧米などでは，亡くなられたあと，エンバーミング（死体処置）が行われることが多い．顔面の矯正や化粧ばかりでなく，血管に化学剤を注入し，縫合をして，あたかも眠っているような姿に整えるものである．遺体の保存状態もよい．このような方法は葬儀屋の技術であり，家族は亡くなってからすぐに遺体に対面し，ケアをするというわが国と違って，これらの技術が終わってから対面することが普通である．わが国においては，この方法を行っているところはほとんどない．遺体への思いにも文化的な違いがあることが分かる．

V．死亡診断書・死亡届書

　死亡診断書と死亡届書は左右一対になったものである．これは，亡くなってから1週間以内に，親族などの手で市区町村に提出されなければならない．変死などで検死がなされた場合は，これらの書類と共に，死体検案書を受け取り，いっしょに提出しなければならない．

　生命保険などの支払い手続きにもこの書類が必要になることから，必要な枚数を家族に確認し，用意する必要がある．家族は気持ちが動転していることが多いことから，看護や介護のスタッフが配慮して準備しておく．

VI．残された家族へのサポート

　終末期ケアは，本人だけではなく，その家族へも合わせて行うこととされ

ている．終末期においても，そして，亡くなられたあとにおいても，家族へのサポートはたいへん重要なことである．

　終末期に，あるいは死後のケア時において家族のかかわりを深め，家族の満足感を高めるようなケアが必要であると前述したが，家族のなかには，十分なかかわりができないままに後悔を抱いてその後の生活を送っている人も少なくない．また，急死であったり，それまでの関係性のために手が出せなかったりすることで，死を受け入れられないでいる人も少なくない．そのため，遺体が自宅に戻ったあとや葬儀がすんだあとなどに，電話や訪問によって家族の悼みを慰め，亡くなられた人への家族のケアやかかわりを認めるような言葉をかけ，家族の後悔を和らげることが必要になる．

Ⅶ．ケアスタッフへのサポート

　看取りにかかわるということは，たとえ専門職として覚悟のうえの役割であるとはいえ，たいへん強い心理的影響を受ける出来事である．そのため，同僚や上司などからの慰めや言葉かけは，看取りを果たしたケアスタッフのその後の生き方にも影響を与えることになる．専門職としては，他の患者や入所者への影響にも心を配りながら，新たな気持ちでケアに当たることが求められるが，ときには，ゆっくり休めるような配慮をしたり，亡くなった人を忘れるというより，いっしょに心に留め置くことを大切にして，思い出を話し合ったりすることによって，精神的支援が必要なことがある．

　さらに，亡くなった人への支援がどうであったかを，スタッフ間でカンファレンスをしながら，その後の看取りへの対応のあり方を考える機会にすることも重要である．

Ⅷ．おわりに

　以上，認知症の人の終末期ケアについて，死についてよりも，最期のときまでどのように生きてもらいたいかを考えながらまとめた．

　しかし，認知症の人本人の心にはなかなか近づけないことを感じている．

本人も，自らの気持ちを認識することがむずかしいままに死を迎えていくのではないであろうか．とくに，認知症の人にとっての「死」は，本人の意思の確認がむずかしくなったときからすでに始まっているのかもしれない．死が間近になったときには，どのように感じているのであろうか．その気持ちを知ることは困難であるがゆえに，われわれは相手の気持ちに少しでも沿うことを考え，穏やかな表情を求めて，痛みや苦しさをできる限り除くことを求めてケアを行う．そして，亡くなられたあとは，その人が家族をはじめ周囲の人々の心に，美しい姿で生き続けられることを願って，死後のケアを行うことが大切であると考えている．

　そのように考えてケアすることで，われわれのようにケアに携わる人にも，その亡くなられた人の姿が美しく生き続けるものと考えている．

文　献

1）一般財団法人厚生労働統計協会：国民衛生の動向 2021／2022．一般財団法人厚生労働統計協会，東京（2021）．
2）日本老年医学会倫理委員会「エンドオブライフに関する小委員会」（2019）「ACP推進に関する提言」（https://www.jpn-geriat-soc.or.jp/press_seminar/pdf/ACP_proposal.pdf）．
3）日本老年医学会（2012）「日本老年医学会の立場表明 2012」（https://www.jpn-geriat-soc.or.jp/proposal/pdf/jgs-tachiba2012.pdf）．

索　引

316

316

見当識への環境支援　291
原発性進行性失語　239
構音障害　166
抗がん剤　204
口腔乾燥　55
口腔機能訓練　63
口腔ケア　58
口腔粘膜疾患　55
抗痙攣薬　204
攻撃行為　199
攻撃性　193
高血圧　29
抗コリン剤　204
口臭　57
口唇傾向　174
向精神薬　132
肯定的なコミュニケーション　221
工程分析　218
行動・心理症状（BPSD）　107,125,198,209,250,271
行動障害　193
抗パーキンソン病薬　204
抗ヒスタミン薬　203
抗不整脈薬　204
興奮　199
誤嚥　232
誤嚥性肺炎　57
語間代　168
呼吸　88
呼吸困難　81,304
呼吸不全　91
国際障害分類（ICIDH）　210
国際生活機能分類（ICF）　210
個室・ユニットケア　272
個人因子　211
語性錯語　166,237

誇大妄想　143
骨粗鬆症　47
個別介入　220
コミュニケーション　108,110,236,264
コミュニケーション技術　113
コリンエステラーゼ阻害薬　185,187

【さ行】
再生　241
再認　241
作業療法　213,215
作業療法士（OT）　209
作業療法実践　215
作業療法の定義　213
錯語　166
作話　164,167
嗄声　238
参加　211
参加制約　211
三環系抗うつ薬　203
歯科・口腔内疾患　52
自己選択の支援　294
死後のケア　307
自己分身症候群　150
脂質異常症　36
支持的精神療法　259
歯周病　54
指拭法　95
字性錯語　166
姿勢反射障害　230
自尊心　111
失禁　201
失語　164
実行機能障害　118
失語症　168,237
失神　64,86

認知症ケア標準テキスト

改訂6版・認知症ケアの実際Ⅱ：各論

2004年	6月25日	第1版第1刷
2004年	11月5日	第2版第1刷
2007年	3月1日	第2版第12刷
2007年	9月20日	第3版第1刷
2012年	4月5日	第3版第7刷
2013年	11月30日	第4版第1刷
2016年	1月27日	第4版第3刷
2016年	11月25日	第5版第1刷
2022年	3月30日	第5版第6刷
2022年	11月30日	第6版第1刷
2024年	1月30日	第6版第2刷

定価：本体2,400円＋税

●

編集・発行　一般社団法人日本認知症ケア学会

発売所　株式会社ワールドプランニング
〒162-0825 東京都新宿区神楽坂4-1-1
Tel：03-5206-7431　Fax：03-5206-7757
E-mail：wp-office@worldpl.co.jp
https://worldpl.co.jp/
振替口座　00150－7－535934
表紙デザイン　星野鏡子
印刷　三報社印刷株式会社